平衡心態

掌握成功的四腳桌法則
穩步累積你的財富、幸福與健康

ANDREW HALLAM

安德魯‧哈藍——著

沈聿德——譯

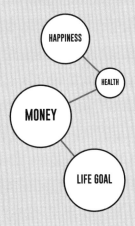

BALANCE

HOW TO INVEST AND SPEND FOR HAPPINESS,
HEALTH, AND WEALTH

獻給所有不顧旁人眼光、用自己的方式勇敢過生活的人

目　錄

工作或生活？關於人生最重要的那些事

　・借錢買到的，不是快樂
　・有錢人都開什麼車？
　・你該花多少錢買車？
　・升級物件，不如升級經驗
　・荒島檢驗法則
　・關於炫富，單身人士怎麼看？
　・活得更好的祕訣

衡量的黃金四原則：幸福感，健康、收入與地點

　・財富自由的極端情況
　・只剩一隻腳的大桌子
　・收入漸高，成功卻打折？
　・鄰居的影響力超乎想像

推薦序 ————————————————————
快樂人生的祕訣 文／綠角（財經作家）

我們看個假想情境。目前你年收入 300 萬。有個新工作機會，年收入將增加到 480 萬。你要不要接受呢？

答案很明顯。這麼大幅的所得增加，當然要接受啊。

但是美國普度大學的研究顯示，年收入 16 萬美元以上的人，平均來說，生活滿意度比收入 10 萬 5 千美元的人低。

怎麼會這樣？賺更多錢怎麼會不快樂呢？

問題在於，人不是有錢就會快樂。假如收入更高的工作，要求更多的工作時間，造成你每天睡眠不足、沒時間陪家人、沒時間從事自己的嗜好活動、沒時間運動。請問，你會比較快樂嗎？

這就是《平衡心態》一書的核心論點：平衡。想要有快樂的人生需同時顧及四個面向：金錢、人際關係、健康與人生目的。四方面都照顧到了，達到平衡的狀態，才會帶來快樂的人生。

問題在於，現代人太看重金錢了。我們常直覺認為，只要

錢夠多，其他一切問題都將迎刃而解。

　　而由於把錢放在首位，把金錢視為唯一目標的態度太常見，太容易深陷其中。我們需要主動且自覺的去探索，自己是不是在金錢方面投入太多，反而帶來不平衡與不快樂的生活。

　　書中引用臨終照顧護士布朗妮‧維爾所整理的臨死之人的五大後悔。其中之一就是：「希望自己沒有如此努力的工作。」

　　後悔自己工作太努力？

　　你曾覺得自己工作太努力嗎？

　　不會嘛。一般觀念就是要更努力的工作，以達到更高的職位與更高的收入。這樣才是更有成就、更加成功的人生道路。

　　那為什麼許多人在人生的最後階段，躺在病床上，說出：「我很後悔自己在工作上花了太多時間。」

　　因為當這些人在回顧自己的一生時，他發現，為了追求更多金錢，他放棄了其他讓自己真正會感到滿意與快樂的重要元素。

　　他放棄了與最親近的家人與朋友相處的時間。

　　他放棄了自己比較有興趣但收入較低的工作。

　　他放棄了自己的嗜好。

　　他不夠注重健康。

　　然後這一切堆疊起來，形成人生最大的後悔。

　　當然，這不是說金錢不重要。金錢有其重要性，它是人生四大面向的其中之一。作者在書中也教導讀者用正確的態度與

方法去處理它。

　　在購買東西方面，有所節制。畢竟東西可以帶來的快樂相當短暫，經驗可以帶來更長久與深層的快樂。買一個高單價的名牌包然後擺著不用，往往不如把錢花在與家人一同旅行。而且花錢買好東西想跟別人「一較高下」，那是一個沒有終點，也沒有贏家的競賽。

　　投資方面，採用指數化投資。不需要花高費用去聘請大多績效將落後市場的主動基金經理人。也不要花時間主動選股。因為自己去做，也大多是落後市場。就算贏過市場，也常付出太大的代價。

　　首先，你不需要勝過市場的報酬來達成富足的人生。一個長期有成長的市場，光市場本身的報酬就可帶來明顯的財富增值。再者，當你研究股票到有機會可以與專業投資人一較高下，有可能取得勝過市場的成績時，這代表除工作之外，你的閒暇時間也全部投入金錢這方面了，你很難均衡的顧及人生其他重要面向。

　　有效的利用有限的時間與資源處理好金錢問題，而不是沒有限制的將所有時間與精力投入其中，你才能均衡的顧及人生四大面向。

　　多年前開始研究投資時，我覺得重點就是如何透過更高的收入，更好的投資成果賺到更多的錢。當時我認為答案是「更

多」。

　　而過一段時間後，我發現重點其實不是更多的錢，而是足夠的錢。只要能讓你覺得夠了，那就是好用的財富。假如覺得不夠，就是想要更多，那麼再多錢都是枉然。這時我覺得答案是「足夠」。

　　最後，我發現，理財的真正關鍵在於如何運用你的時間。因為，人生有限。時間，才是真的無可替換的寶貴財富。現在我認為，時間就是真正的財富。

　　《平衡心態》就是一本提醒讀者，人生不只是金錢的書。一本告訴讀者，如何正確處理金錢，同時顧及其他重要面向的書。

　　正確的運用時間，維持均衡的生活，而不是拿所有的時間去追逐金錢。你將體會富足的人生，找到真正的快樂。

前言

穩健成功的四腳桌法則

　　當時如果我的問題是「你們為什麼不想要尿褲子？」，那些人八成也會用一樣的方式睜大雙眼盯著我。

　　我的說話對象是一群菁英私立學校的高中生。他們的爸媽大多懷抱著孩子要進常春藤名校的夢想，彷彿哈佛、耶魯與史丹佛大學就是飛機墜落時的乘客降落傘。想當然爾，我的開場提問就引起他們的騷動：「你們為什麼想把書讀好？」

　　沉靜了許久，有個學生回答：「因為我們想進好大學啊。」

　　我接著問：「你們**為什麼**想進好大學？」

　　好幾個學生回答：「這樣才可以找份好工作啊。」

　　接下來的對話大致如下：

　　「你們**為什麼**想找份好工作？」

　　「這樣才能成功。」

　　「你們**為什麼**需要高薪的工作，才會覺得自己成功？」

　　身為他們的老師，我支持他們想進常春藤名校的夢想。只不過，問了一堆**為什麼**之後，我從中頗有心得，也希望自己

的學生有相同領會。跟人聊天時，我都會問很多問題，不管對象是學生、企業執行長、或是家裡附近健身房的某位壯漢都一樣。想必讀者現在應該很高興自己捧著書在讀，而不是在火車上碰到我又甩不掉，是吧？

偶爾會有朋友利用我的這個怪習慣。他們可能會問我：「哈藍，那邊有一個臉頰穿了超大魚鉤的傢伙，他背上為什麼有個紫色的蝴蝶刺青啊？你能不能過去問問看？」

我從「為什麼」的問題中學到了一件事：每每我問大家為什麼希望做某件事、買某個東西、達成某種目標，或是協助某個人時，得到的回應確實各有不同——但這僅限於一開始，如果我繼續追問「為什麼」，答案聽起來就差不多了。

人人都希望自己的行動或決定讓自己感到快樂、安全，或無後顧之憂。換句話說，驅動我們的就是生活滿意度。舉個例子吧，想像一下你心目中最無私的行為（純粹出於善意的行為），然後問別人為什麼要這麼做。根據我的經驗，如果繼續追問「為什麼」，對方可能會開始說：「因為這就是應當做的事啊。」但當我追問「這**為什麼**是應當做的事？你**為什麼**要這麼做？」，到頭來大家都會說，因為這讓他們感覺自己是個全人、活得有目的，或者感到快樂。

追求成功的人很多，但人們多半不以全方位的方式定義成功，就像我的學生。對許多人而言，成功象徵著帳戶裡的存款、美好的職涯，或是高級住宅區的大房子。你是否經常聽到人家

說（或自己說）這種話：「那位女士真的好成功啊。她坐擁超大豪宅，出入有 BMW，還有自己的法律事務所。」

可惜的是，這種描述只不過是成功的元素之一：即金錢上的元素。依我看，成功的生活由四個元素組成：

- 擁有足夠的金錢
- 維繫穩固的關係
- 維持身體與心理健康的最佳狀態
- 活得有目標

我們可以把成功想像成四腳桌，每支桌腳代表著四個元素之一。元素之間相依相存，若彼此不能均分其職，桌子就會倒。其中一支桌腳若是不穩或裂開，我們就很難維持最高生活滿意度，無論其他三個元素多麼穩固都一樣。　　　　　，

很遺憾，我們在定義成功時，往往都過份著重於金錢的那支桌腳。舉個例子說明吧。我很喜歡看《美國達人秀》（America's Got Talent）這類節目。據說冠軍可以拿到一百萬美元，但每當參賽者脫口「這筆錢會從此改變我的人生」時，我往往為他們捏把冷汗。那種說法似乎表示一大筆錢就能解決所有事，包括長期痔瘡到有毒的情感關係，全都能治癒。

我十九歲開始投資時，想的並不是這些事情。快四十歲之前，我已經用學校老師的薪水建立出價值百萬美元的投資組

合。過去二十年間，我一直在替雜誌、報紙、以及線上刊物寫個人投資理財文章。我寫過一本暢銷國際的書《我用死薪水輕鬆理財賺千萬》（*Millionaire Teacher*），也在高中教個人投資理財課，每年還到世界各地發表幾十場演講，教導投資方法，並協助人們弄清楚自己退休需要多少錢。

2014年，我與太太佩列辭去在新加坡的教職，決定放自己一年的假去旅行。但一年一變變兩年，很快地又延成六年。我們在各地短租過生活，待過墨西哥、泰國、峇厘島與馬來西亞。我們騎著協力車在歐洲四處遊歷了幾個月。我們本來還想從加拿大開露營車一路玩到阿根廷，不過，花了十七個月卻沒能完成。我們還自嘲這段期間才發生一次差點要殺了彼此的情況。

我們唯一一次身陷危險是在宏都拉斯和尼加拉瓜的邊界，當時那裡爆發內戰。不少勇於冒險的人都把露營車的油加滿，狂踩油門一口氣開過國界，但我們後來決定等到沒有子彈飛，再往南繼續行程。

旅程中碰到要飛往世界各地演講理財時，我們通常都要找個地方停放自己的露營車（有時還會把車停在不太穩靠的地方）。我到過國際學校與跨國企業，例如杜拜的臉書（Facebook）分公司與馬爾他的麗笙渡假村（Radisson Blu Resort）等地方演講，也去過科技公司、投資公司、以及保險公司演講。

話說回來，在那六年間，有件事挑起了我的好奇心。我遇

過許多傳統定義上的成功人士（也就是透過金錢與職涯衡量的成功），但隨便一個開著露營車全家去墨西哥玩的阿根廷人，看起來都比他們還快樂滿足。我的意思不是 A 型職涯人格＊的人，過的生活較不成功。只不過，如果全方位的成功是一張有四支桌腳的桌子，那麼，傳統上的成功人士似乎有一兩支桌腳壞了，而且比例高得驚人。有些人壞掉的桌腳是健康與適切的體能。有些人則是情感關係出了問題，因為他們把工作看得比家人和朋友更重要。

這不表示有錢人都過得慘而窮人都十分快樂，也不表示我們都錯誤追求不會大大提升快樂的事物。我們陷入了一種傳統的思維方式，這不僅妨礙你我的生活滿意度，還會中傷我們的自然環境。

我寫這本書的目的，就是要幫助各位追求個人的全面健康。我會利用故事與調查研究，說明金錢、健康、快樂、以及目標之間的關係，同時提供幫助各位活出最佳人生的建議。假如你願意抱持開放的態度，尊重調查研究，並時不時跟旁人唱點反調的話，那這本書就很適合你。

在第 1 章，我們將探討用什麼方法花錢，能獲得最大的生活滿意度。（專家的小祕訣：雖然我們對生活優渥的人＊＊要友

＊　譯注：A型人格表示個人在語言、心理與動作上，表現出異常的急迫感、積極性、競爭性、好勝心、敵對性與攻擊性的特質或行為組型。

＊＊　譯注：作者以 Mr. and Mrs. Jones 代指收入達平均值以上、相對富有的一般夫妻。

善，但不要仿效這些人的消費習慣。）第 2 章討論的是收入、快樂、與你選擇之居住地間的奇妙關係。（請注意：除非特別指明，否則本書都以美元為單位。）

在第 3 章，我們會討論自己與他人的關係；第 4 章談的是維持身體與心理健康最佳狀態的各色研究，並提供各種訣竅；第 5 章為各位說明，我們為何該把錢花在自己最看重的東西上。我們表面上覺得自己看重的東西，卻往往與內心深處實際看重的東西大相逕庭。

第 6 章到第 9 章的重點是股票與債券市場的投資。我會說明怎麼做才妥當，讀者可以藉此不浪費過多時間思考投資的事。希望財務獨立的人也可以按照我的消費與投資心法，這樣就不用做著自己痛恨的工作，而可以追求自己的專業熱情（即便薪水較低），過更有成就感的生活。我會從最基礎的講起，讀者對投資沒有任何概念也無妨。我會教大家怎麼挑選好的理財顧問，或者（如果你想自己理財）如何在不時時刻刻盯盤的情況下，打敗大多數的理財顧問與專業交易員。我會一步一步教大家做什麼、買什麼、避免什麼陷阱，讓你可以把時間花在更重要的事情上。說到底，思考投資這件事，一年花一個小時以上的時間都太浪費。何況，你我擁有的資源裡，唯一一個不可再生的就是時間了。

第 10 章說明的是如何利用類似的投資心法，投資環境永續（即社會責任投資〔socially responsible investing〕）基金，同時

不費吹灰之力，依舊能打敗大部分的投資專家。那一章也會探討地球因為你我看似無害的行為而面臨的一部分威脅，同時提供解決之道，讓孕育我們的大地喘口氣。

第11章會接續這個未來的議題，教你如何幫助自己的孩子成功。很多小事對孩子們的發展影響深遠，例如指派家務等等。我還會清楚解說如何教育他們從小投資，用複利的魔法為自己張滿船帆，航向未來。

最後，第12章主要談的是長壽與退休之間的關係。如果你擔心自己沒有足夠的錢退休，就要讀讀這一章。我會說明老齡打工對健康的好處，闡述怎麼用打破常規的解決辦法，讓退休人員將辛苦掙來的錢發揮最大效用，同時拓展個人的人生經歷。

這本書有一個最重要的前提：在你選擇買東西、居住地、做什麼、或是接受特定工作之時，先從「為什麼」這個問題下手。然後，把重點放在你的核心價值上，了解行為科學或許能以什麼樣的方式提升你的生活滿意度。

感謝各位讀者加入我的行列，朝著全方位的成功，並肩同行。

第 1 章 ——————————————————

成功跟你想得不一樣

工作或生活？關於人生最重要的那些事

　　某天，我跟我的朋友安德魯（Andrew Chacko）走在古巴瓦拉德羅（Valadero）的飯店裡，正要穿過大廳。那家飯店是全包式的度假村，取用酒精飲料就像打開水龍頭裝水一樣，讓住客們喝得放縱恣意。

　　無意間，我們聽到一名中年俄羅斯旅客跟另一名年輕加拿大人聊起冰上曲棍球。經過他們旁邊時，我們聽見很大的一聲巴掌聲。俄羅斯人把加拿大人摔倒在地，用鎖頭技將對方的頭緊挾於腋下。這時來了兩名飯店服務生，將年紀較長者從年輕人身上拉開，否則俄羅斯人搞不好得賠一大筆錢讓對方整牙。那個俄羅斯人雖然年紀較大而且顯然有點醉了，卻還是像專業的終極格鬥賽（UFC）選手一樣，將年輕人扭制在地。

　　當天晚上我們在度假村其中一間餐廳用餐。有名男子與老婆、兩個小孩坐在我們附近。這位爸爸狼吞虎嚥地吃著醃製蔬菜（古巴渡假村常見的主食之一），另一個男子經過他身後時冷不防打了一下他的頭。而且不只一次。打人的傢伙作勢威脅享受親子用餐時光的男子，不但用俄文辱罵，每隔十幾秒還衝著對方打。被打的人縮了一下，但大致上還是吞忍了下來。

　　這景象實在離奇，我們以為又會發生另一場打架事件。不過，安德魯跟我又不是專程飛來古巴看伏特加喝多了的人打架，所以，隔天我們就攔了計程車前往哈瓦那（Havana）。我們在這座指標城市四處遊玩了幾天後，便動身前往古巴南方的海岸。沒多久，我們身上的古巴幣就花完了。找不到自動提款機，

但我還有好幾張 50 美元新鈔。我試著在這個小地方換鈔，郵局的女職員一張張仔細檢查，似乎很擔心我們專幹偽鈔勾當。

雖然這些鈔票在我眼裡幾乎是全新的，但其實每張上面都有個小裂痕，而且還都破在同一處。她好像看到了什麼般睜大雙眼，伸出手指左右來回擺動。她說道：「不行，這些鈔票有問題。」慘的是，方圓幾英里之內，沒有任何一家店願意收我們的信用卡。

我們的回程班機在隔天——這下可好，我們受困在距離瓦拉德羅 60 英里（約 100 公里）外的地方，身無分文。所幸在我們千求萬求之下，終於搭上一輛巴士回到渡假村。我發誓，看到酒喝太多的俄羅斯人能避就避。

這個故事的重點在此：如果今天我跟安德魯和朋友們圍著營火聊天，那我們可能會聊當初在飯店大廳目睹的打架事件，也搞不好會笑談當時如何央求當地巴士司機（他中途還下車買雞和牛奶），對方才願意載我們一程。不過，我們大概不太可能聊當年我們買了什麼。對我們來說，經歷比買的東西重要。沒錯，我們或許是兩個傻子，但大多數都比較看重人生經歷，猶勝物質。

每每我以幸福與金錢為題演講的時候，都會叫出席的人回想一下，在自己買過的所有物質類東西裡，印象最深的是什麼。我有時會要他們寫出買下那個東西之初的感覺。我記得有位男士寫道：「我很喜歡科技小物。第一代 iPhone 上市時，我

是第一批買的人。我好喜歡，覺得這手機實在太棒了。」

接著我會叫大家想一想自己花錢買到的經驗裡，最鍾愛的是什麼：某種跟朋友或家人一起共享過的東西。同一位男士的答案是，他和他兒子曾經飛去紐西蘭，騎登山自行車玩了一週。

接下來，我會給大家這樣的假想情況：你只剩一個月的生命。死神說：「我要消除你的一段記憶。你對最喜歡的物品的記憶，或者你對最鍾愛的經驗的記憶，兩者擇一。」

我一點都不意外，那位男士表示願意犧牲對所有買過「物品」的記憶，最後才會放棄與家人共處的快樂時光的記憶。

根據吉羅維奇（Thomas Gilovich）與范博分（Leaf Van Boven）兩位教授的研究，人類幾乎都會說一樣的話。他們發現多數人重視經驗而非物品，因為我們的經驗會成為身分認同的一部分。因此，我們往往事後會回想這些經驗。[1]這就是為什麼我見到安德魯的時候，兩人常常都會笑談當年的古巴行。我們會聊孩童時期時的趣事，卻不會懷念自己購買物品的記憶。

我知道，你們現在八成在想：我們買的部分物品確實也帶來經驗啊。沒錯，我們晚點會回來談這點。不過，大部分我們購買的非必要之物，只帶來如同吃糖一般的短暫興奮感而已。

做人就是這麼痛苦。理由無他。我們時常為了爽而買東西，「享樂適應」（hedonic adaptation）也就隨之發生。也就是說，嗯，一旦新iPhone或新包包變成你所買過的手機或包包之一，那麼買新東西的興奮感很快就失效。我們會習慣擁有，這種行

為甚至讓人豪不自覺。因此，這便猶如在消費的跑步機上跑步。我們為了讓自己更爽，會接著買別的東西，完全不知道這麼做也不會提升生活滿意度。然後，一切又從頭循環。

我們不妨試試：找出舊的信用卡消費明細。在每一個消費購買的物品旁，依據你把東西買回家時（或是開箱時）的快樂程度，寫下1到10之間的分數。接著，在這個分數旁，寫下如今那個物品讓你感受到的快樂程度。你甚至可以問問自己：「幾年後，這些購買行為會不會出現在圍著營火的聊天內容裡？」大部分的購買都是不會的。但如果你把錢花在某種經驗上，你會比較常聊到那個經驗。還有，如果你跟我的朋友有那麼一點像的話（只能說他們太有創意），這種經驗分享的內容會隨著時間越來越誇張精彩。

借錢買到的，不是快樂

在大部分的情況下，買東西不會提升我們的生活滿意度。事實上，如果我們借錢買東西，有可能甚至會不快樂。我們或許會跟自己說：「信用卡消費債務是稀鬆平常的事。大家都有。」但債務就像花園裡的雜草。除非斬草除根，否則只會繼續長。

想要盡可能過最棒的人生，我們就不應該合理化信用卡債務或汽車貸款。英國諾丁漢大學的布莉姬（Sarah Bridges）和迪

士尼（Richard Disney）在 2005 年發表了《債務與憂鬱症》（*Debt and Depression*）[2]這份調查報告。研究期間，他們找了七千多名英國的媽媽，要她們評比自己的整體身心健康。同時，他們也詢問受訪者是否為醫師診斷的焦慮症或憂鬱症患者。研究人員發現，比起債務較多的人，債務較少的人對自己的生活更加滿意。

　　債務的最大來源之一就是汽車貸款。根據益博睿（Experian）2021 年 4 月的報告，美國人總共積欠約 1.2 兆美元的車貸。[3]事實上，85％的新車都有貸款。很多人深信車子更新、更快、更順或是更高規的話，他們的生活滿意度就會因此大大提升，所以他們會借錢購買比自己所需之物更浮華的東西。

　　但研究指出，多數擁有高規汽車的人，其駕駛經驗也不會比開低階車款的人更高。討人厭的「享樂適應」會消磨掉他們的樂趣。

　　舉個例說明吧。密西根大學的舒華茲教授（Norbert Schwarz）以及北京大學的徐菁教授要求研究受試者根據自己的感受，來評價最近的駕駛經驗。受試者評比完自己的快樂程度後，接著就被問到他們開的是什麼車。有些人開的是高級車款，有些人不是。只不過，受試者開車時感受到的快樂跟車子本身，並沒有關聯性。換句話說，高級車款不會讓人開車時更快樂。[4]

　　《密西根新聞》（*Michigan News*）引用舒華茲教授的話：「我們試開新車的時候，注意力集中在車子上，車子越奢華，開的感覺就越好。這種經驗是既真實、發自肺腑，而且還教人難以

抗拒。但我們卻忽略了一件簡單的事。一旦我們有了這輛車，過了幾週，它就不再是我們注意的焦點，因為開車時我們還會想其他的事。只要這一發生，我們的感受就會跟開便宜車款一樣了。」[5]

還有，如果一輛高級車的原裝配備還包含了車貸，最後車主得到快樂淨值通常在零以下。

有錢人都開什麼車？

很多人渴望開好車。不過，汽車是最大的個人財富破壞者。我們往往要借錢買車，而車子卻每個月貶值。[6]

在某些情況下，我們可能會認為擁有一輛對的車子，自己就是某種社會團體的一份子。然而我們或許在騙自己。想一想你愛的人或你尊敬的人吧。假設他們沒有車（而且也不會三不五時就要搭你便車）的話，你對他們的愛或尊敬會不會變少？再來，如果情況是他們擁有一輛高階的車款呢？你對他們的愛或尊敬，會不會因為他們開的車而有所增加？我希望不用我說，你們就知道這些問題的答案了。

很多人砸錢買奢華的車是為了要讓其他人羨慕，此舉卻可能會反傷自己。

我的鄰居裡有人擁有一輛新的雪佛蘭 Corvette 跑車；他

的車牌是「UR2ND」*。我還沒見過他本人。搞不好他其實人很好，那張車牌只是他的瑪蒂達姑姑臨死前送他的，還堅持要他用——可惜，她沒機會知道這輛車與車牌的組合，對鄰居極盡輕蔑。

　　我跟大家談論到有錢人的習慣時，往往會這麼問：「有錢人最喜歡開什麼車？」大多數人會大聲說出法拉利、瑪莎拉蒂、特斯拉、賓士、奧迪、BMW，或是保時捷，但研究結果卻不是這樣。

　　行銷教授史丹利（Thomas J. Stanley）博士從1973年開始就以美國的百萬富翁為對象，收集彙整的習慣、職業、以及購買物品相關資料。他與丹柯（William D. Danko）1996年合著出版了一本震驚四座的書，名為《原來有錢人都這麼做》（The Millionaire Next Door）。直到2015年辭世為止，史丹利都一直在收集百萬富翁的資料。離世當年，他與女兒莎拉（Sarah Stanley）還在收集研究資料，準備寫另一本書。女兒承續兩人的工作，2018年時出版了《如何把收入轉化為財富》（The Next Millionaire Next Door）（她將父親列為共同作者）。

　　史丹利和女兒共同合作的這份二十一世紀研究，證實了他先前的研究發現：大部分的百萬富翁都不開名車。最受美國百萬富翁歡迎的前三名汽車品牌為豐田、本田、福特。只有兩個

---

*　譯注：即You are second，暗示「我最厲害」的意思。

高級品牌擠身前十名：排第四的BMW跟排第六的凌志。在百萬富翁間，現代與起亞（Kia）的車比保時捷、賓士、還有特斯拉更受歡迎。很多人以為有錢人大多數會買昂貴的車。但多數百萬富翁卻可能說：「我不覺得一輛昂貴的車能讓我更常笑。」一般百萬富翁名下最新的車大約是35,000美元，而不是花六位數豪買車子。

好，既然我們談的是百萬富翁：說穿了或許也不過是想辦法要東減西省的凡人罷了。但如果是全世界最有錢的那些億萬富翁呢？出乎意料的是，全球最富有的前十七名富翁裡，有九個人開的車子價值不到50,000美元。[7]

根據CNBC（美國全國廣播公司商業財金頻道）的報導，臉書創辦人祖克伯最喜歡的車是他的Acura TSX。他也有福斯的GTI，而且一直都有人目睹他開Honda Fit。這些車子沒有一輛超過30,000美元。[8]

不是每一個臉書員工的收入都高得驚人。也許祖克伯會覺得自己開著賓利或勞斯萊斯到公司停車場很傻。但無論究竟事實是什麼，很多世界最有錢的富豪都開同樣不張揚的車。

表1根據2020年《富比世》（Forbes）的列表，列出全球前十七大富豪。[9]我將他們開的車款也列入表格，以及這些車2021年的新車價格。

表1　有錢人開什麼車？（2020年世界富豪）

排名	姓名	資產淨值（億美元）	車款	大約的新車價（美元）
1	傑夫・貝佐斯（Jeff Bezos）	1,130	Honda Accord	26,000
2	比爾・蓋茲（Bill Gates）	980	Porsche Taycan	185,000
3	貝爾納・阿爾諾（Bernard Arnault）	760	BMW & Series	86,450
4	華倫・巴菲特（Warren Buffett）	675	Cadillac XTS	46,000
5	賴瑞・艾里森（Larry Ellison）	590	McLaren F1*	2,200,000*
6	阿曼西奧・奧爾特加（Amancio Ortega）	551	Audi A8	83,525
7	馬克・祖克伯（Mark Zuckerberg）	547	Acura TSX	30,000
8	吉姆・華爾頓（Jim Walton）	546	Dodge Dakota	25,000
9	愛麗絲・華爾頓（Alice Walton）	544	Ford F-150 King Ranch	49,000
10	羅伯・華爾頓（Rob Walton）	541	無資料**	
11	史帝夫・鮑爾默（Steve Ballmer）	527	Ford Fusion Hybird	24,365
12	卡洛斯・史林（Carlos Slim）	521	Bentley Flying Spur	214,600
13	賴瑞・佩吉（Larry Page）	509	Toyota Prius	39,000

14	謝爾蓋・布林 （Sergey Brin）	491	Toyota Prius	39,000
15	弗朗特索瓦絲・ 麥耶絲（Françoise Bettencourt Meyers）	489	無資料 **	
16	麥可・彭博 （Michael Bloomberg）	480	Audi R8	83,525
17	馬雲	388	Roewe RX5 SUV	15,000

* McLaren Speedtail 是 McLaren F1 的下一代。

** 我找不到羅伯・華爾頓或弗朗特索瓦絲・麥耶絲的汽車品牌資料。

你該花多少錢買車？

　　知名部落格「金融武士」（Financial Samurai）的作者杜根（Sam Dogen）認為大多數人都花太多錢買車。《富比世》、《華爾街日報》（Wall Street Journal）、《商業內幕》（Business Insider）、《芝加哥論壇報》（Chicago Tribune），以及《洛杉磯時報》（Los Angeles Times）都刊登過這位白手起家的百萬富翁的理財妙招。

　　他有一套極為反文化的買車規則。[10] 他說任何人買車的錢都不應該超過自己年總收入的十分之一。換句話說，假如一個人一年賺 40,000 美元，他就不應該花超過 4,000 美元買車。一個人如果年收入 100,000 美元，他就不該花 10,000 美元以上買車子。而年賺 600,000 美元的人，買車的錢不該超過 60,000 美元。

　　這種標準也太低了。我可不是說每個人都得遵照杜根的規則，但這也不表示你不能按照他的方式。我1986年時花了2,400美元買了輛Honda Civic。當年我的年收入為6,000美元，所以，收入的40%都用來付車款了。所幸，當年我十六歲，還住在家裡也不用付房租。

　　但從那時開始，我就套用比杜根更低的標準。目前我開的這輛車是五年前購入的，花了4,500美元。這是輛2004年的福斯Golf，外觀好似從新車展示廳開出來那樣，開起來也像新車。我和我太太還有一輛2007年的Toyota Yaris，買的時候花了6,000美元。這兩輛都是靠得住又省油的車。即使我買得起貴一點的車，但我知道我們不會因此更快樂。何況花50,000美元買車，車門要是不小心被購物車撞到的話，我可能會惱火。開在擁擠的車陣時，這些便宜的車還讓我比較好放輕鬆。而且路邊停車時，就算我停得太靠人行道，也無須擔心撞壞昂貴的輪子。我的意思不是所有人都該仿效我或杜根。只不過，擔心少一些，我就活得好一些。

升級物件，不如升級經驗

　　一如我們先前討論的，研究指出花錢買經驗比買東西（例如車子）更能提升生活滿意度。然而，你可能會好奇：「東西不能帶給我們經驗嗎？」這是值得思考的微妙問題。

　　我和太太 2020 年時因為 Covid-19 的全球疫情而受困在加拿大的英屬哥倫比亞省。我承認，這倒不是受困的壞地方。我們一度還在幫我爸媽物色露營車，好讓他們自己去遊歷。某間車行的銷售人員注意到我們是開著自己的露營車去的：也就是那輛載著我們在墨西哥和中美洲遊歷的車。

　　「我猜你們或許有意升級吧。」他說。

　　我們的露營車並不便宜，而且只買了幾年而已，車況依然相當不錯。我們想升級到一輛 170,000 美元的賓士 Era，在他眼中合情合理（而且他想賺佣金入袋）。那輛車跟我們的 Winnebago Travato 類似，只不過更貴，太陽能系統、高科技暖氣都更好，賓士的引擎當然也貴。

　　各位也可能有過相似的處境。你擁有某個帶來某種經驗的東西（也許是愛斯基摩式的獨木舟、露營車，或是腳踏車），而你想知道升級物品能否進一步提升你的經驗。

　　就我們的情況來說，我知道賓士 Era 不會帶來任何我們那輛 Winnebage Travato 無法帶給我們的經歷。它不會讓我們因而造訪更多地方、認識更多朋友、深深愛上更多不同的文化。可是維修倒會比較貴。大部分的人會用錢換時間，工作是為了購買需要或想要的東西。但那些不會帶來新經驗的物質升級（除了一開始有如吃糖般的短暫興奮感），往往要人花更多錢買，而且還要花更多錢維護。因此，人們就得更努力工作以負擔這些事物——結果人生的時間就被抽走了。我之前也提過，

我們擁有的資源裡，唯一不可再生的就是時間。

可惜，我們活在一個升級的文化裡。許多人會升級自己的腳踏車、露營車、房子還有車子。然而，我們應該不斷地問自己，我們會不會因為這種升級而得以做以往無法做的事。

在部份情況下答案是肯定的。不過答案往往都是否定的。

我年輕時夢想自己有天能參加自行車環法大賽。雖然我沒有強到可以轉職業，但已經贏過許比賽。我最近又重拾這項運動，花了 1,000 元買了輛二手競速自行車（假如你是自行車迷的話，這是一輛 Norco 的碳纖維自行車，裝配 Shimano Dura-Ace 扳機變速器）。

我買的這輛在七年前左右算是頂規，重 16 磅（約 7 公斤），僅僅比環法大賽規定的參賽自行車最輕重量多了 1 磅（不到0.5 公斤）。我如果夠年輕而且強得能角逐奧林匹克代表隊的資格，那區區 1 磅可能會有舉足輕重的影響。然而，我是個沒有時光機的五十歲男子，更輕的新自行車不會帶給我新的經驗。如果我騎一輛 16 磅的自行車，速度跟不上我的朋友，騎 15 磅的自行車也一樣跟不上。

只不過，在某件事上花更多錢，有時可以增進經驗，如果這件事是你生活的一大部分，尤其如此。

舉例來說，我有個朋友很愛找自己的好哥們騎自行車登山，大概一週四次之多。他的自行車大約 2,000 美元。不過，原本他的自行車沒有後輪避震器，所以遇到地形、樹根等高低

落差時就跟不上隊友。跟在大家後面吃了幾個月的土塵後，他花大錢買了前後輪都有避震器的高級全避震登山車，結果馬上就有很大的進步。多虧了避震系統，自行車不會損傷他的身體，如今他可以跟上大家了。

另一個恰當的例子是電動自行車的風行。我二十多歲時很喜歡跟一個大我十歲的朋友一起騎自行車。他到現在依然愛騎車，可惜健康大不如前，所以我們現在很少一起騎車了。在他狀況還行、可以騎車的時候，他總是很在意自己跟不上我，所以不想跟我騎車。他擔心自己的速度會讓我騎得不夠盡興。

他最近買了電動自行車。那可不便宜，但他現在因此能跟朋友一起騎車，享受大家一起的感覺，而且……假如他想的話，還可以把我們甩在後頭。

這麼說來，我們購買之物能否帶來提升快樂感或促進身心健康的經驗——這該如何測試呢？我們要捫心自問：該物品所創造的經驗，是否為其他東西都無法帶來的。諸如新的手機、包包、名牌服飾、車子可能都沒有這種效果，原因就在於享樂適應。許多升級的購買行為（以我為例，好比新的競速自行車）只會短暫提升快樂感，如此而已。如果某物既可以改善你的經驗，而且你又會經常使用（以我朋友為例，即電動自行車），那麼購買就是合情合理。在評估自己使用某個「東西」的頻率時，可一點都不能馬虎。

舉例而言，擁有船的人大都不常開船，但購買與養護都很

花錢。因此,如果你一年只使用兩週,那不如租船就好。只負擔原本費用的一小部分,你可以享受同樣的經驗。這一點適用於所有「想買卻不如租就好」的東西,例如燕尾服、結婚禮服、或是畢業舞會禮服(除非你有辦法修改禮服,重新利用)。

至於其他的東西,我會建議套用荒島衡量法。

荒島檢驗法則

羅伯(Robert Fooks)小時候的夢想是擁有一輛保時捷911跑車。當上律師後,他朝自己的夢想邁進了一步。但跟許多年輕且高薪的專業人士不同的是,他拒絕在就學貸款上債上加債。相反地,他決定繼續等待。

他打造出自己的事業、清償了就學貸款、而且存夠了買保時捷的錢。他訂了車子,等著交車。這時故事開始轉折。等到汽車銷售員終於打電話通知羅伯車子到了,羅伯並沒有急著去取車。幾天後,車商又打電話給他。羅伯還是待在家裡沒出門。等車商第三次來電,羅伯卻什麼也沒做。距離第一通電話已經一個多禮拜,他的妻子塔娜開口了:「羅伯,車商又打電話來了。你得去取車。」

炭灰色的C4S Cabriolet,這輛保時捷完全是羅伯想要的,只是當羅伯終於到車商那裡取車時,銷售人員注意到他一點都不興奮。對方問他是否出了什麼問題。塔娜說道:「別擔心,

他很愛這輛車。他這個人就是這樣。」

　　羅伯把車停在自己的車庫裡，頭兩個月他只開了一或兩次。他回憶起自己最鍾愛的駕駛經驗時說：「第一次開的時候，我真的很享受這輛保時捷，那是在開往英屬哥倫比亞省的長程公路上。我一個人開著車，我知道沒有人在看我。我知道這樣說有點怪，但我開得有點不好意思。」

　　羅伯擁有這輛車好幾年，卻越來越少開。「它對我來說越來越像一種責任和累贅，而不是成就或快樂的來源，所以，我決定處理掉。」他說道。

　　這彷彿是倒過來的中年危機。話說回來，很多人都跟自己購買與擁有的東西都有著複雜關係。假如羅伯是生活在一座滿是蜿蜒山路的荒島上，他或許會天天開那輛保時捷。畢竟他買這輛車不只是當作一種身分象徵，但他其實不想讓別人看到他坐在車裡。我們考慮要不要買某個奢侈品時，應該問問自己，如果絕對不會有人看到它的話還會不會買。在羅伯的例子上，答案或許是肯定的。他或許會買這輛保時捷──而且把它留下來。只不過，我認為在其他大部分的例子上，答案都是否定的。很多人買奢侈品是為了讓別人看到自己擁有，這最起碼是一部分的理由。

　　我和我太太最近騎登山自行車的時候認識了蒂安（Deanne），她體格健壯、有兩個孩子。有一次，我跟在她後面騎在一連串髮夾彎山路，於是跟她聊起了Covid-19。她說：

「疫情也有好的一面,它強迫我要慢下來,好好想想什麼才重
要。」在疫情之前,她花很多時間買自己不需要的東西。我聽
到這裡,提出了購買奢侈品時的荒島檢驗法則。她答道:「這
聽起來很有意思。我幾個月前買了特斯拉 Model S。如果真要
我誠實面對自己,要是沒有其他人看得到我開這輛車,當初我
就不會買了。如果住在荒島上,我還是會買電動車,但會買小
一點、比較不張揚的車款。」

　　這一點,在你買房購屋或想把房子弄得更奢華時,也值得
好好思考。如果絕對不會有人看到你的房子,你還是會照樣買
或裝修嗎?朋友或家人對我們的愛,並不會因為我們決定買富
有區的豪宅、租高級公寓、或是重新裝潢客廳就有所增減。這
也就是為何荒島的問題是深刻自省的檢驗法則。如果同住家人
外的其他人絕對不會看到你的房子,你還是會買大一點的房屋
或裝修自己的家,那麼,就放手買吧。話說回來,要對自己誠
實。問問自己,這些改變能否增進你整體的生活滿意度。在大
多數情況下,答案都是否定的。

　　《紐約時報》引用過一份德國研究,研究人員追蹤了1991
年到2007年間升級住家的民眾。每個人換完新屋五年後,研
究人員都一一詢問他們整體的生活滿意度,是否因為新屋而有
所增進。受訪者一面倒地回答沒有。[11]

　　我們買的東西很少會讓我們更快樂。其實比較常見的情況
是,買東西非但不會讓我們更快樂,反而會讓我們買得多、想

要的更多，因為我們會不知何故地認為更大、更奢華，或更新的東西會讓我們更快樂。而且，假如我們還借錢買東西的話，那更慘上加慘。這也就是為什麼與其買更多或「更好」的東西，不如好好想想把錢花在經驗上。或許你可以選擇學跳舞、吉他，或烹飪課；到某個地方旅行，學習外語；可以存到足夠的錢，暫別工作，好好放自己一場假；也可能是留職停薪，跟家人一起探索自己的國家，或者一起開心參與一系列活動。畢竟，想活得好，最重要的關鍵就是擁有良好的關係。我們接下來會針對這點好好討論。

關於炫富，單身人士怎麼看？

讀到這裡，有些單身人士也許會說：「如果用錢總是小心翼翼，別人可能會覺得我小家子氣。這應該無助於我與人交往或尋找生活伴侶。」然而，研究顯示的結果卻恰恰相反。

三十三歲的史蒂芬妮（Stephanie Weber）和我聊的時候還是個單身女子，住在加州聖荷西（San Jose）。她跟好幾名科技業的高收入對象交往過。她說花錢最不手軟的人，深信花大錢會讓約會對象刮目相看，以證明自己的消費者能力——可是，史蒂芬妮卻說那種行為「最教人興致全無」。

「有個在蘋果上班的傢伙請我去高級牛排館。」她說：「這本身滿好的。但他太刻意了，顯然是要讓我知道他賺多少錢還

有他怎麼花錢。他說他每個週末都搭私人飛機到洛杉磯，還問我想不想一起去。」史蒂芬妮出身於企業家族，但她說她的家庭對錢可是很有概念。

「我遇過好多賺多少就花多少的高收入份子，」她說：「有些人會租漂亮的房子，但他們把75％薪水都花在租金上了。這是不負責任的行為。我不想跟那種人長久相處。」

我還跟一個在中國生活工作的男子蓋文（Gavin Taylor）聊過，他三十三歲，單身。他表示：「我住的那條街上有一家很大的店，專賣名牌仿冒品。所以我不確定約會對象是不是花的比賺得多。但話說回來，假如對方會花5,000美元買包包、2,000美元買鞋，那對我來說可能是個警訊。」

我跟住在堪薩斯市（Kansas City）、四十四歲的單身女子珍娜（Jenna Nelson）聊的時候，她說：「我向來對別人亂花錢一事特別敏感。我如果對方的大頭照是倚著昂貴的車，或他貼了一瓶貴得離譜的酒的照片，我會連約會都不考慮。這樣聽起來我似乎是在批評，但我跟花太多錢而且有財務問題的人約會過。所以，我絕對沒辦法接受花大錢這一種型。」研究指出，大多數人都跟史蒂芬妮、蓋文，以及珍娜的意見一樣。

印第安納大學凱萊商學院的行銷助理教授歐爾森（Jenny G. Olsen）與密西根大學羅斯商學院的行銷副教授瑞克（Scott I. Rick）深入研究了約會交往的情況。他們想知道單身人士是否比較喜歡花錢大手筆的人，還是用錢明理的人。[12]

　　他們的部分實驗在線上約會平台進行，部分則在傳統面對面的狀況下進行。參與者都知道這些安排的，重點在於了解他們如何評估交往對象，而不是讓他們真正快樂約會。其中一個實驗是要求中西部某一所大型大學的異性戀單身學生，在盒子裡隨機抽出四個問題。學生將用這四個問題問異性受試者。問題之一是「談到錢，你認為自己算比較會存錢的人，還是會花錢的人？」

　　接著，研究團隊要求單身者每回被問到該問題時，要輪流使用以下兩個答案：這次問答說自己是會花錢的人，下一次問答時就要說自己是會存錢的人。這麼一來能降低外貌吸引力造成的偏誤，以免研究結果歪曲。

　　每場提問結束後，研究人員都會要求提問方填寫一份保密的線上問卷。其中一個問題是「這些參與者當中，你比較想跟誰交往？」

　　參與實驗的人，一面倒地都比較喜歡會省錢的人。

　　歐爾森與瑞克還另外進行好幾項線上約會的實驗。這次他們不以異性戀學生為限，而是要求受試者選擇自己偏好的性別。他們的線上約會平台個人資料，會顯示出使用者屬於會存錢還是會花錢的類型。有時候則是暗示個人的花錢習慣，而非清楚寫明。舉例來說，個人資料會寫到每一個使用者獲得一筆意外之財時，會怎麼處理。

　　除此之外，研究人員還會輪流替換使用者的大頭照，改變

外貌吸引力。他們不希望外表干涉了受試者的變因。研究結果又再次顯示，這些受試者偏好跟花錢方式顯然合理的人交往。

假如在四十年前進行這項實驗，結果或許會不同。當時花很多錢的人，大部分也真的非常有錢。但信用卡的使用（濫用）、房貸限制鬆綁、以及車貸等已然創造出一套障眼假象。

「花錢方式不見得是『如實反映』財務資源的指標。」歐爾森和瑞克表示：「信用讓我們得以花得比賺得多，觀察家可能會質疑習慣花大錢的那些人，到底有沒有能力負擔自己買的東西。何況，大家多半認為會存錢的人長期下來比較有辦法累積財富、守住財富。」

研究人員也推測出另一個因素。在潛意識裡，未來伴侶的人選在看到存錢的行為傾向時，或許讀到的是：「嘿，這個人有自制力。自制可以幫助雙方維持體態與身心健康。這或許能幫助他信守承諾，而且，吵架時還能讓他控制脾氣呢。」

活得更好的祕訣

■ 你買的東西不會讓你更常笑，也不會讓你更有愛，還不會幫你吸引到生活伴侶。

■ 物質的東西幾乎不會提升生活滿意度。然而，倘若某物品能帶來你在一般情況下無法享受的經驗，尤其是能讓你跟朋友的相處時光更快樂的話，那它就值得你花錢。不過，如果那個東西你不會經常使用，那麼，與其購買不如考慮用租的吧。

■ 花少一點錢買東西，花多一點錢在難忘的經驗上。你跟一群老朋友聚會時，幾乎不會回憶十年前買了什麼。相反地，你會聊到自己做過的事。

■ 小心升級的陷阱。這往往是浪費錢，因為我們很快就會習慣自己有什麼。除非你目前的東西已經不能用了，或者，你唯有買新東西才能享受與朋友固定相處的時光，這時升級才有意義。

■ 購買前，好好想想荒島檢驗法則。問問自己：「如果沒有其他人看得到這個東西，我還會買嗎？」

■ 了解享樂適應。我們買的東西（多半還不是我們真正需要的）通常都會帶來像是吃糖般的短暫興奮感，而且我們很快就會陷進去。陷入那種興奮感，往往會使你我接著再買其他東西，整個過程會不斷重複，永無止盡。

第 2 章

你能不能拒絕高薪工作？

衡量的黃金四原則：幸福感，健康、收入與地點

「我不喜歡我的工作。」阿妮塔（Anita Sutton）在跟朋友喝著葡萄酒聊天時，第一次鼓起勇氣吞吞吐吐地說出這件事。她在三年前一直都是國小老師，但如今她是教育主管的職務。她一直都想要當教育主管，何況，她的收入因此翻倍，這一點很好。

起初，新工作的挑戰讓她樂在其中。她學會了新技能、接手新責任、還有一群新同事一起成長茁壯。多出來的收入讓她得以有品質更好的東西、更奢華的假期、還有更多的退休金。不過兩年光景，她的角色開始變了。她說：「大家對我有越來越多期望，而且我不知道怎麼拒絕，因為我覺得拒絕會讓我顯得沒能力。」工作占去了阿妮塔越來越多時間——她跟朋友相處的時間變少，也沒時間從事自己熱愛的活動，像是跳騷莎舞、畫畫、騎自行車，還有健行等。

接受升職三年後，她又回頭教書。她比較喜歡跟孩子相處，也願意接受做自己喜愛的事但薪水少50％的事實。你可能理解阿妮塔的處境，或者覺得她頭腦不清楚，答案會根據你是什麼樣的人、住在哪裡、現在賺多少錢等等因素而有變化。

假如有人連吃飯的錢都不夠，或者沒錢負擔像樣的住所與健保，那麼，更多錢可以讓他們的生活變得更好，這點幾乎無庸置疑。但收入到了某種程度，便無法再增進生活滿意度。或許你聽說過，在美國，這個收入臨界值大約是每年90,000美元。而且既然生活開銷會增加，這個數字也會隨著增加。話

說回來，我們不該都把這個收入水準當成目標。為了讓讀者理解，我們用牛仔褲為例來思考。美國男性的平均腰圍是40.2英寸（約1公尺）——這也是另一種每年增加的「通貨膨脹」，但只有一小部分的男性人口腰圍剛好是這個大小。絕大部分的男性不是比較瘦就是比較胖。大部分的男性不會只因為全國平均值，就跟服飾店店員說：「我想買一件腰圍40.2英寸的牛仔褲。」這種邏輯就如同「調查研究指出每年賺90,000美元會讓我最快樂，所以我希望達到年薪90,000美元」。你的個別狀況就跟你特定的腰圍一樣，都是關鍵的考量因素。

財富自由的極端情況

凱西（Casey Coleman）不是我們刻板印象中的街友。他博覽群書，留著一頭精心修剪的白髮，穿著乾淨輕便的衣服，說起話來炯炯有神。看上去比較像大學教授或退休的企業高階主管。不過，這位體態結實的七十七歲男人，過去二十七年來都以車為家。

他不喝酒、不抽菸，也不吸毒。他不是那種滿口陰謀論的人（我遇過好幾個不靠傳統電網生活的陰謀論者）。凱西是我所認識思緒最清楚的人之一。只不過，他每天晚上都睡在自己那輛2014年式Subaru Outback的後座。

結識凱西時，我和我太太正展開一趟為期十七個月的旅

程，我們開著露營車，打算遊歷美國、墨西哥與中美洲。以露營車來說，我們那輛21英尺長的Winnebago Travato算得上移動的香格里拉。車上有淋浴間、馬桶、床、雙口瓦斯爐、大型冰箱、電視機、發電機、微波爐、冷氣，以及奢華的電動遮雨棚。車頂還有太陽能板。

這些東西，凱西的車子一樣也沒有。他說他不需要。大多時候他都把車停在凱巴布國家森林區（Kaibab National Forest）裡距離大峽谷國家公園北側入口處四分之一英里的地方，因為那裡露營免費。他也喜歡南加州安扎博雷戈沙漠州立公園（Anza Borrego Desert State Park）的山區。

我們和凱西是在加州雷德蘭茲（Redlands）的某個共同朋友家中結識。「凱西是我所認識的人之中，最能一直保持快樂的人了。」他的老友英格麗（Ingrid Dahlgren）如此說道——這位退休教師每一次看到凱西的車開進她家車道時，就滿心歡喜。她以前會主動邀請凱西睡在她家客房。只不過，凱西比較喜歡睡自己車上。

凱西每天早上都會靜心冥想。他也做伸展運動和伏地挺身。接著他就散步很長一段時間，一次往往都要兩、三個小時。假如他在路上看到人家不要的東西，覺得或許對某人有用，他就會撿回車上。我們聊天時，凱西聽到我太太佩列（Pele）說我應該買雙容易穿脫的鞋子時，問我：「你鞋子穿幾號？」我說出尺碼，他走到自己車上拿了一雙不用綁鞋帶的Salomon懶人

跑鞋。正合我腳。

「你在哪撿到這雙鞋的啊？」我問。

「某天早上沿著海灘散步時撿到的。晚上出來狂歡的小鬼們忘了帶回家，實在不可思議。」

他常常在長時間散步中撿到被丟棄的夾克、或是別人放在自家車道尾端等著隔天早上垃圾車來收走的「垃圾」，然後他會晃進街友的群聚處，分送這些東西。他時常看到街友，就給對方一件夾克，說：「你看起來需要計畫計畫。我們一起想想該怎麼辦吧。」那就是凱西的人生目的。

我們在英格麗家跟凱西相處了幾天，他問道：「你們想不想來趟冒險？」我們很少碰到像凱西一樣有趣的人，所以他這麼一提，我們二話不說答應了。離開英格麗家後，我們跟著凱西開在公路上，接著轉進一條安靜許多的路。兩個小時後，我們開進一條灰塵飄揚的狹窄山路。爬坡的過程中，仙人掌和有刺植物嘎嘎刮著露營車的兩側。等凱西找到他喜歡的免費露營處，我們才停了下來。

接下來好幾天，我們每天早上都跟他一起散步，探索沙漠峽谷，攀爬高坡。

當時凱西已經「退休」約二十六年了。他說：「我很喜歡也做過很多工作。我當過調酒師、救生員、公寓維修人員。我還替國際綠色和平組織募過款，而且在工廠做過糖果。」他也是南加大的商學院畢業生。他有爭取奧運游泳國家代表隊的資

格，而且，因為他習慣每日規律運動與健康飲食，他的體格看起來跟最佳時期大概相去不遠。

　　凱西每個月的生活開銷大約500美元，包含食物、油錢、保險、還有娛樂。他每個月從美國政府的社會安全計畫（Social Security plan）取得600美元的退休金，另外還有他投資終身年金的月領額1,000美元。諷刺的是，這位街友每個月可以存下約1,100美元。

　　我不是要各位拋開「正常的生活」（暫且不論定義）然後住進車子裡。不過，我們可以從凱西這種人的身上學到很多。例如，我從沒想過他會符合我對成功的定義。他的四腳桌子既穩固又牢靠：他擁有足夠的錢（依據他的標準）、他具備絕佳的健康以及非常好的關係、同時還有堅定的生活目的。

只剩一隻腳的大桌子

　　在很大程度上，我們一旦有了足夠的錢負擔基本需求，收入增加對於生活滿意度就幾乎沒有作用。事實上，有時候多出來的錢還會造成反效果，尤其當這些錢來自於變多的工作量或責任時，更是如此。

　　有時候，錢有一種助長物質主義、帶來不幸的能力。舉例來說：我有個朋友是室內設計公司的老闆。為了保護她的隱私（以及他的事業），以下我會以珍妮絲（Janice）稱呼她。過去

二十年來，珍妮絲的合作對象都是全世界最富有的人。她說：「我們通常不會跟資產不到 1.5 億美元的客戶合作。」連英國名演員休・葛蘭（Hugh Grant）還排不上。

我還記得第一次進入珍妮絲別墅的情景。她在入口處附近的牆上掛了幾幅照片，是她做過的一些案件。那些漂亮的室內裝潢，包含宮殿一般的住家、遊艇，還有一個我看不出來是什麼場所。

我問：「珍妮絲，這是什麼地方？」她微微笑了笑，回答：「那是私人飛機。」那幅照片跟我在電視上看到的小型噴射客機不同。相反地，那是一架室內裝潢有如五星級 Spa 的 737 客機。

珍妮絲熱愛設計，如果客戶極為闊綽，她就更愛了。倘若根據成功這種概念的不完整定義來說，她的客戶們一看就是成功的代表。他們有錢，坐擁奢華之物。但珍妮絲說，這些人在情感生活支持方面是大輸家：「我過去二十年來的客戶之中，我認為只有一個人看起來是快樂的。」她有很多朋友也為億萬富豪的住宅或超級遊艇做室內設計，大家聚會時，常常會分享這些超級富有之人有多悲慘與失能。

珍妮絲如是說：「他們資產有 5 億美元的時候只是有點神經質。不過，只要達到 10 億美元門檻，他們大多就完全瘋了。」接著她補充：「他們很多人會失去對自己生活的控制。他們用奢華的房子、遊艇、飛機、車子，以及收藏品讓別人驚嘆，而

這就是他們建立一切的關係的基礎。這是拒人於外、孤立自己的行為，因為他們很難與那些純粹愛他們、尊敬他們的人建立或維繫真正的關係。」

我不認為大多數的百萬或億萬富翁都不快樂或精神有問題。他們之中，也有許多人過著健康又平衡的生活。但那些會花幾百萬買自動清潔的馬桶（哈，未來可能真的有這種產品！）、鑲鑽狗屋，還有黃金吊燈的人可能就不同了。這些人看重物質的東西，或許到了不健康的地步。[1]

收入漸高，成功卻打折？

本章一開始，我曾介紹過阿妮塔這位從教育主管職回任學校老師的人。她回歸教室（而且收入砍半）之後，我們可以說她更成功了。她有足夠的金錢、恢復了健康、關係更穩固，而且活得有目的。這並不表示擔任主管職務的教育人士不比老師成功。但對阿妮塔來說，情況確實如此，因為她那份高薪工作的要求奪去了她的時間，讓她無法做自己喜歡做的事。

根據普渡大學的研究，阿妮塔並不是個案。研究團隊評估了一份一千七百萬人的蓋洛普世界民調（Gallup World Poll）資料。正如先前好幾份研究，這份研究也指出快樂會隨著收入增加而提升，卻只到某種程度為止。舉例而言，根據這份普渡大學的研究，年收入105,000美元的北美洲人回報的平均生活滿

意度比年收入 160,000 美元的人更高。但年收入超過 160,000
美元的人，其回報之生活滿意度倒不及年收 105,000 美元的
人。[2]

　　普渡大學的研究人員表示，收入較高的人花更多錢買物質
上的東西。正如珍妮絲的客戶，太過執著於「東西」可能會拉
低生活滿意度。我們先前也提過，研究顯示物質主義者的快樂
程度往往遠不及非物質主義者。普渡大學的研究人員也推測，
收入較高會導致工作責任與時間增加，使人們剩下比較少時間
做自己最喜歡的事，例如：和朋友與家人連絡感情、維持健康
的睡眠量、從事體能活動與嗜好。

　　表 2 顯示出，快樂持平不再增加時的相對收入最高點（最
起碼根據普渡大學的研究而言）。不過，人們所賺的錢要遠高
於這些標準時，才會回報快樂感開始降低的情況。以北美洲人
為例，根據回報，每年收入超過 160,000 美元的人不比一年賺
105,000 美元的人還快樂。

　　從此表中我們會看到，世界各地的人生活滿意度達到最高
點時所需的收入等級都不同。有一點我應該先澄清：研究人員
進行這些調查時，並不是提出「你需要多少錢才會最快樂？」
這種問題。如果他們這樣問的話，幾乎所有人（無論賺的錢多
寡）都有可能會說多多益善。這是人性。

　　此外，還有另一個值得我們深思的因素。

表2　快樂滿足點

地區	滿足點（年收入）
西歐／斯堪地半島	100,000美元
東歐／巴爾幹半島	45,000美元
澳洲／紐西蘭	125,000美元
東南亞	70,000美元
東亞	110,000美元
拉丁美洲／加勒比海地區	35,000美元
北美洲	105,000美元
中東／北非	115,000美元
非洲撒哈拉沙以南地區	40,000美元

資料來源：〈世界各地的快樂感、收入滿足點、以及轉向點〉（Happiness, Income Satiation, and Turning Points around the World.），杰布（Andrew T. Jebb）等人。

鄰居的影響力超乎想像

你的收入或許足夠負擔自己的基本需求，但你的生活滿意度可能決定於鄰居賺多少錢。無論承認與否，大部分的人都會有意識或無意識地拿自己與他人比較。而且當我們賺得比鄰居還多時，往往會比較快樂。當然，你也可能跟我的好朋友凱西一樣對此不屑。但話說回來，就算你是在潛意識中比較，你的健康卻可能收到連帶影響。

面對這種狀況，我會給讀者一些有用的訣竅。但在此之前，我想先分享唐恩（Don Tetley）的故事。我當時為了替一本財經雜誌撰文，安排唐恩接受我的訪談。他早已退休，住在泰

國七岩（Cha Am），靠著他的美國社會安全金過生活。唐恩到了我們事前安排好的會面地點後，把他的Toyota貨卡停在一輛生鏽的摩托車和一輛老舊無比的Honda Civic中間。他開的車子是這附近最好的。這位身無贅肉的六十五歲男子朝我走來，他跟我握手時，嘴上掛著一抹微笑。

唐恩說：「我很喜歡住在這，因為我不需要跟上有錢鄰居的腳步。在泰國，我就是有錢鄰居。」我在前文提到，研究指出美國人大概年賺105,000美元就達到收入／快樂滿足點。不過，放諸四海皆準的標準並不存在，唐恩就是活生生的例子。我與他碰面時，他年收入遠遠低於105,000美元。但他賺的卻比他大部分的泰國鄰居還多。

我並不是說你應該搬到自己國家裡的低收入地區，甚或搬到另一個國家住。那些地方可能犯罪率很高，而且人民水深火熱。不過，泰國七岩的犯罪率低，大部分居民的收入足以負擔相對舒適的生活。唐恩還有辦法靠著社會安全金支票過上他在美國絕對負擔不起的生活。上館子吃飯最低只要花他4美元，這還包含啤酒的錢。按摩每小時大約12美元——修手指甲和腳指甲的價格通常不到這個的一半。

想體驗快樂不需要搬到國外。不過，我在國外認識的一些人，我從他們身上得到了許多對快樂的領悟。我和太太駕著露營車在墨西哥和中美洲旅行的十七個月，認識了許多退休的北美洲人和歐洲人，他們像唐恩一樣在生活花費較低的國家過

著優渥的生活。我們也認識了勇於嚐鮮的家庭，他們開著露營車、帶著孩子在薩爾瓦多、瓜地馬拉與貝里斯這些國家到處旅遊。這些冒險嚐新的人是我認識的人當中最快樂的一群。

其中一家人是史黛西（Stacey Joy）、馬特烏（Matteu DeSilva）還有他們三個年幼的兒子。他們住在一輛1979年式的Airstrem露營車上。史黛西原本來自加州。她的丈夫馬特烏則在英國長大。我們結識於墨西哥的阿西西（Ajijic），當時這對夫婦以向加拿大音樂家瓊妮·密契爾（Joni Mitchell）致敬為名，舉行了一場音樂表演。他們邀請我們到他們的露營處共進晚餐，一邊吃著美味的雞肉咖哩，一邊分享他們的故事。這對夫婦讓孩子在家自學，同時在墨西哥與中美洲四處旅行，接演各式各樣的演出。史黛西也透過好幾種線上零售服務出售自己的音樂。他們不帶雜物，也不讓個人債務跟著。他們所需的東西一樣也不缺，還有辦法存錢。由於Covid-19封城，他們受困於墨西哥的瓦哈卡（Oaxaca）時，也不必操煩孩子沒有食物。這種簡單的生活方式（更別提他們銀行裡的存款），或許就是當全球疫情期間失業率攀升之時，他們體驗的壓力比大部分人還少的原因。

史黛西與馬特烏不同於珍妮絲的億萬富豪客戶，他們不會無止盡的消費。他們的成功比較像四腳具足的桌子。他們沒有賺很多錢，但也夠生活，而且還有錢可以存下來。他們身體健康，也培養出穩固的關係，同時活得有目的。除了創作音樂，

他們還非常熱心助人。馬特烏擔任好幾個環境計畫的志工，常常到南美洲協助當地村民對抗非法採礦、森林濫伐與盜獵。

當高收入還是不夠高

我們穿過中美洲之後往北開，最終到達美國。我們認識了一對住在加州波托拉谷（Portola Valley）的夫妻（暫且以約翰與凱西稱呼他們吧）。他們離舊金山很近。我本想跟約翰隨意聊聊，於是指著他的保時捷911跑車說：「這輛看起來真不錯。」

約翰與凱西都是大型科技公司的員工。他們很和善，不過跟我們在墨西哥和中美洲遇到的遊牧家庭截然不同。當時我身上穿著大家露營時可能會穿的衣服（但並非奢華野營那一派的）。我腳上的New Balance慢跑鞋側面有洞，所以襪子常常會露出來跟人打招呼。我褪色的T恤破了一個洞，是之前被營火燒到的。還有，我頭上褪色的帽子看起來像是垃圾堆裡撿到的寶。約翰對我一無所知。不過他卻天真地問我是不是也有一輛保時捷。顯然，在他住的世界裡，保時捷、特斯拉與瑪莎拉蒂都是路上常見的便車。

我們已經知道快樂與收入有關，也知道在美國年收入達105,000美元時，快樂感應該會到達最高點。話說回來，我很好奇年收入105,000元的人如果有約翰與凱西這種鄰居會有什麼想法——這樣的年收入想在波托拉谷買棟房子，如果沒有外

援，大概連房貸都辦不了。在我寫作的當下，波托拉谷掛牌出售的房屋售價中位數為420萬美元。

我們來想像一下以下學生跟自己五年級老師之間的對話：

「史密斯女士，妳住哪裡啊？」

「喔，湯米，我之前住在50英里外的地方。不過我後來受不了開那麼遠的路，所以我在這裡附近找到一座橋，在橋下搭了帳篷。」

這似乎扯遠了，但我曾經在英屬哥倫比亞的惠斯勒（Whistler）認識一個學校老師，她因為負擔不起當地極高的房租，所以住在樹屋裡。

波托拉谷的居民想過得快樂，假如少了與眾不同的心態，那年收入要遠遠超過105,000美元才行。畢竟，許多研究都已經證實快樂與收入相關：中產階級或中上階級者，看到自己鄰居更有錢（或只是看到鄰居家裡泳池比較大）可能會覺得很不好受。[3]

這就是為什麼在泰國七岩年賺30,000美元的人，要是跟在波托拉谷年收105,000美元的人相比，更有可能快樂幸福。住在普遍收入比自己高的地區，我們就會覺得，收入較高者往往（通常在無意之中）擺高姿態。住在高收入地區的父母或許能體會——他們會聽到這種話：「嘿，把拔馬麻，我所有的朋友十六歲生日都收到一個新的□□（你可以填上隨便一個貴得離譜的禮物）。為什麼我沒有？」

不是每個人都有資格選擇自己想住在哪裡。正因如此，心態才是關鍵。我們要著眼的是自己擁有什麼而非缺了什麼。否則，若身邊住的都是薪水較高的人，也可能影響我們的健康。

健康與金錢是死對頭嗎？

讓我們來想像一下這個情況。卡蜜拉和綺亞拉兩人約在酒吧碰面小酌。卡蜜拉是一家小公司的財務長，年薪120,000美元。她在鄰居們收入都比她高很多的地區買了一棟很棒的房子。綺亞拉是護士，一年大概賺60,000美元，她住的地方很多工廠工人、教師、還有醫療照護工作者。她的鄰居大多收入都比她少一些。

突然之間，坐在吧檯椅上的卡蜜拉向後一倒，她打嗝、放屁，接著身體癱軟不醒人事。原來是心臟病發作。她死了。她收入雖高，但鄰居的收入更高，而這對她的健康造成了危害。

跟綺亞拉相比，卡蜜拉死在酒吧的可能性（就地點而言，死在其他地方也一樣）更高。這個說法是根據英國斯特靈大學（University of Stirling）行為科學副教授達利（Michael Daly）的研究結果。

達利的研究團隊主張，在特定族群之中，收入排名可以預測人的健康程度。[4]

想方設法要與收入較高的鄰居一較長短（無論有意識或潛

意識地這麼做），會損及你我的健康和財富。事實上，研究人員已經發現，樂透中獎者的鄰居往往最後會破產。[5]

　　彷彿溫水煮青蛙，這些人開始效法剛變有錢人的鄰居的消費習慣。沒錯，這聽起來不合理，但人們確實會照樣做。這種行為會導致債務與壓力增加。不幸的是，沒必要的壓力可能會縮短我們原本的壽命，使人提早死亡。

　　即便是億萬富豪，也會成為同儕壓力消費的犧牲品。我們朋友珍妮絲就靠這做生意。「不用解釋也知道，客戶付的錢越多，我們的營收就會越多。如果有人身價10億美元，開給我們的預算卻很低（比其他人低！），我們會表現驚訝，然後說他們認識的某某人最後挑了更高價的選項——這種方式通常很有效。他們的錢包會開得更大。」珍妮絲說此策略會奏效，是因為這些超有錢的客戶愛較勁過了頭。他們會根據別人對他們擁有的「東西」的可能評價，來決定自己的個人價值。

　　許多有錢人，社交圈裡多的是收入比自己更高的朋友。我們先前提過，與財富有關的快樂是一種相對概念。舉例來說，根據《富比世》的全美富豪排行榜，2019年時唐納・川普排第265名。對川普來說這個名次挺不錯，因為這位第45屆的美國總統幾年後連前400名都排不上。根據《富比世》，他的財富有31億美元。

　　開心的笑容不是川普的招牌動作。但假如他跟貝佐斯、比爾・蓋茲、還有祖克伯當鄰居，他的眉頭可能會皺得更緊。畢

竟2019年時，上述幾位富豪裡最窮的祖克伯，財富也是川普的20倍。

假如巴菲特是川普的鄰居，那川普可能會特別難熬。想像一下這個畫面：巴菲特隨手從家裡冰箱拿了一罐櫻桃口味的可樂，然後晃進川普家後廊，開口說：「嘿，唐納，我今天心情特別好。剛剛才捐了36億美元給慈善機構。」巴菲特2019年捐出去的就是這麼多。他在2006年到2020年間捐出驚人的370億美元，其中大多捐給比爾與梅琳達・蓋茲基金會（Bill & Melinda Gates Foundation）。[6]

如果川普隔壁鄰居每年的慈善捐款就超過他的身價，那他會不會覺得自己一無是處呢？如果川普是甘地或達賴喇嘛，那他或許不會這樣想。話說回來，從他的樣貌或說話方式來看，我都不覺得他像那些有修為的人。

上班地點與家庭關係

這麼說來，研究指出，只要我們不必工作得太辛苦，而且收入超過、或符合鄰居水準的話就能更快樂。但至少還有一種例外情況：如果你上班需要長程通勤，就算符合以上條件也不見得比較快樂。你或許會以為，搬到自己負擔得起、鄰居又收入較少的地方會比較好。根據針對快樂的研究，這聽來分寸合宜，但如果花太多時間通勤，那麼你的靈魂伴侶搞不好會跟郵

差跑了。瑞典的研究人員杉道（Erika Sandow）以通勤者與關係為題，進行了一項從1995年到2005年的長期研究。她發現，如果雙方之中有至少一人的上班通勤時間超過四十五分鐘，這樣的伴侶離婚率最高。[7]

　　記者雪佛（Annette Schaefer）在她發表於《科學美國人》（*Scientific American*）的文章裡引用了好幾份通勤相關的研究。她說通勤時間較長的人比較不快樂。他們花在與家人相處、個人嗜好上的時間少很多。通勤也會影響他們的健康。這可能會導致未來的生日比較少，因為年紀輕輕就過世了。[8]

　　別忘了，時間是我們擁有的資源裡唯一不可再生的。這就是為何該珍惜時間。如果因為薪水很高而選擇一份自己痛恨的工作，那就是用珍貴的東西換取不一定會改善生活的東西。若想自己的健康達到最佳狀態，同時還能活得最快樂，你必須謹記這一點。

活得更好的祕訣

■ 如果你賺的錢已經足夠負擔基本開銷，還能存一些起來的話，就不要單純為了額外收入而追求一個新職務。高薪的工作如果佔去太多原本能花在家人、朋友、嗜好、以及追求健康的時間，你的生活滿意度可能會減少。

■ 如果可以，考慮從事與自己興趣相符的職務與職涯，這麼一來感覺就不太像工作了。

■ 選擇居住地時，考慮選擇你的財務資源與鄰居能相符或更高的地方。只要確定不會因此長程通勤就好。

■ 如果無法選擇住哪裡，要記得心態才是關鍵。看重自己擁有什麼而不是自己缺了什麼。

第 3 章 ————————————————————

財富自由的再思考

最神奇的投資，莫過於我們與自己或他人的關係

不久之前，在大家只把Corona當啤酒品牌的時候＊，我和太太佩列在哥斯大黎加騎著我們的協力車到處玩。我們很喜歡偶爾花錢放縱一下，住住度假村──尤其是在騎上火山的山肩，對抗30英里滿布石礫的泥土路（旅遊App卻顯示這是「鋪好」的路）之後，我們才特別愛花錢享受。

話說回來，我們最喜歡住的是背包客旅館。通常就是在那種地方，我們才會結識最有意思的人。在哥斯大黎加的最後一週，我們沿著距離青年旅館幾英里外人煙罕至的加勒比海海灘散步。經營那家青年旅館的是阿根廷人，他們以前來到這裡當觀光客，後來決定要留下來。

他們留下來的原因很容易理解。食物非常美味、生活費不貴，而且當地不像滿是渡假村的城市，沒有太多觀光客。就在日落之際，我們看到一個美國家庭在海灘上做瑜珈。這個四口之家裡有三人在變換瑜珈姿勢時，一頭栽進尚有餘溫的沙灘，全家人都笑開了。

艾美（Amy Halloran-Steiner）是最後一個撐著沒倒的。她跟她丈夫席拉斯（Silas）住在奧勒岡州麥克民維（McMinnville）的一座小農場。他們帶著兩個孩子──十四歲的尤凱亞（Ukiah）和十二歲的麥托里爾斯（Metolius）──來哥斯大黎加，可不只是為了度個陽光假期。艾美說：「我們決定規畫一個人生的大

＊　譯注：而非冠狀病毒。

轉彎。我是臨床社工／正念導師，向工作告了一段長假；席拉斯則辭去工作，他原本是楊希爾郡的衛生與人群服務部主任。」

　　艾美與席拉斯計畫要在哥斯大黎加待上好幾個月。他們雖然沒有高收入，但他們靠著聰明的生活方式，存夠了錢，得以放一段長假。席拉斯說：「我從來不花超過8,000美元買車。」與其花錢買物質，他們寧願花錢讓家人一起擁有經歷。艾美表示：「時間過得很快，存下那些錢，我們得以盡可能延展跟家人在一起的珍貴時光。」

　　不是每個人都想要跟家人到外國長時間旅遊。然而，根據針對生活滿意度的調查研究，艾美和席拉斯的想法沒錯。快樂人生唯一最重要的關鍵，就是把時間優先用來培養我們的各種關係。

　　布芮尼・布朗（Brené Brown）博士在她的暢銷書《脆弱的力量》（Daring Greatly）裡寫道：「我們之所以存在，就是因為連結。和其他人連結是我們與生俱來的能力。正因如此，我們才活得有目的、有意義；沒了這些連結，就會感到痛苦。」[11]布朗的調查研究與哈佛大學成人發展研究的結果一致。[2]

　　哈佛大學這份長達八十年至今仍持續進行的研究，在1938年開始時以268名哈佛大學的大二男學生為對象（當時不收女學生）。研究人員追蹤這些人，想知道何種環境與行為會讓生活快樂又健康。隨著時間，他們把研究對象擴大到這些人的下一代。到1970年代，這份調查研究又再次擴大，納入456

名波士頓內城區的居民。研究人員針對研究對象及其家人實施問卷與訪談，從而彙整初期的研究結果。這一份目前仍在進行的研究，還包含一整組類似於電腦斷層掃描與核磁共振顯影的醫學測試；其研究方法在研究萌芽之初彷彿是科幻小說情節。各位或許猜到了，最初的研究對象，有些後來成為富有的人，有些則身無分文。有人一開始過著穩定的生活，不料後來脫離正軌；有些人雖然一開始過得辛苦，但後來人生也上了軌道。

　　然而，在這份持續近一世紀之久的研究中，有一個主題對所有的人口統計族群而言都成立：緊密的關係是快樂人生的單一最大影響因素——其重要性遠勝於金錢。事實上，相較於社會階級、智商、或甚至基因，個人關係才是預測快樂、健康、以及長壽的更佳工具。

　　所以花時間與朋友和家人相處才會那麼有道理。也因為如此，艾美和席拉斯才會訂出目標，並且徹底執行計畫，與孩子要在哥斯大黎加待好幾個月。這些好處影響的不只是他們的直系親屬而已。艾美和席拉斯也在孤兒院擔任義工，和當地社群建立關係。在奧勒岡的家鄉，他們每年也會將朋友與社群大眾組織起來，大家一起種樹。

　　在開發中國家，社群對彼此的依賴更重。隨著區域變得更加富裕，居民會開始拉開彼此的距離——但這對我們個人和集體都很不利。

羅賽托效應，更進步卻更短命

1964年，一篇發表在《美國醫療學會期刊》(Jouranl of the American Medial Association)的研究聲稱賓州的羅賽托鎮（Roseto）是醫學奇蹟。[3]

研究人員發現，這個小鎮的居民壽命遠超過美國其他地方的人。跟鄰近的城鎮相比，他們的死亡率也低了30％到35％，六十五歲以下的居民罹患心臟病的情況非常罕見。科學家們研究了該鎮的水質後，發現與附近社區無異。他們一開始以為羅賽托居民的飲食或許比較健康，但後來發現並非如此。居民們熱愛含糖食物，有很多人抽菸而且過重。從飲食中無法找出他們如此長壽的原因。

好幾年後，科學家找到了答案：羅賽托的社會化程度很驚人。居民們會互相照顧，而且謹守著祖先們的義大利傳統。他們好幾代人同住一起，習慣去彼此家裡交際，據說他們會晃悠進出別人家，整個社群有如一個超大家庭。他們也常常會一大群人一起煮東西、共同慶祝。

羅賽托的人口數大約是2,000——有二十二個民間組織，其中包含漁獵俱樂部、圖書館團體、運動俱樂部、基督教青年組織等。羅賽托的有錢人不會炫富。大家都認為那代表品味很差，所以有錢人住在樸實的房子，開著不張揚的車子。

世界上有好幾個記錄有案的地方，人們活得出奇地長壽

又快樂。這些人稱藍區（Blue Zones）的地方，包含日本沖繩、義大利薩丁尼亞（Sardinia）、哥斯大黎加尼柯亞（Nicoya）、希臘伊卡里亞（Ikaria）、美國加州的洛馬林達（Loma Linda）。[4] 這些地方的社會組織關係跟羅賽托很像——至少跟過去的羅賽托很像。

1970年代，羅賽托開始變了。小鎮的年輕居民開始追求美國夢。他們建造更大、離鄰居更遠的房子。他們開始更常以車代步。小鎮高度社會化的文化開始瓦解。到了1980年，心臟疾病與死亡率已經跳升。如今，羅賽托雖然還是維持二千個居民，但昔日的高度社會化的生活型態、普遍可見的健康狀況、還有讓人印象深刻的長壽，都成為了過去的注腳而已。[5]

我們從羅賽托的例子可以學到很多東西。身為記者、同時也是社區發展人的布特納（Dan Buettner）在著作《藍色寶地》（*Blue Zones*）中，不只解釋藍區在哪裡，也同時說明這些地方存在的原因；他還鼓勵社區推動計畫，要以提升美國城鎮居民的健康與壽命為目標。他靠著「藍區計畫」（Blue Zone Project）的工作，鼓勵社區以藍區常見的穩固社會組織關係為榜樣。在某種程度上，他希望借鑑舊的羅賽托，並重塑社區。而目前為止的成效驚人。舉例來說，在加州的海灘城市，地方官員於2010年就採用了藍區計畫，因為兒童與成人肥胖的比例很高。而且，根據調查，社群的壓力指數也很高。藍區計畫把凝聚人心與鼓勵體能活動視為重點。計畫實施七年後，成人肥胖的程度

下降了 25％，兒童肥胖的程度則下降了 68％。海灘城市居民每週至少運動三天、每次三十分鐘的人數增加了 9％。在 2015 年以 190 個美國境內都會區為調查對象的福祉調查＊，結果或許最震驚四座。海灘城市搶下了第一名的寶座。[6]

在後疫情社會裡，我們應該用過去未曾嘗試的方式，打開大門（或至少打開後門）歡迎鄰居。我們可以增加社區烤肉、街區派對、社區大掃除、植樹計畫……凝聚人心的活動。說到底，我們都渴望實實在在的連結。沒有這些連結，我們壽命可能會縮短、過得較不快樂，而且晚年時會後悔。

接受他人，忠於自我

最美好的關係是真誠又慷慨的關係，包含了你與他人的關係，也包含你與自己的關係。維爾（Bronnie Ware）是一名在安寧病房工作的澳洲護士。她與剩下最後十二週生命的病人長時間相處。維爾與病人訪談他們的人生，後來寫了《和自己說好，生命裡只留下不後悔的選擇》（*The Top Five Regrets of the Dying*）這本書。

臨終的病人被問到人生後悔的事時，並不會回答自己希望能住更大的房子、開更好的車、穿更好的衣服，或是擁有更多

＊　譯注：well-being survey，也作「幸福感調查」。

東西。他們不會希望自己能有薪水更高的工作。對他們來說，
排名前五的是基於關係的後悔。

- 他們希望自己能活得更忠於自己的價值觀，而不是抱著
  別人對他們的期待過一生。
- 他們希望自己不要那麼努力工作。
- 他們希望自己有勇氣表達自己的情感。
- 他們希望自己能跟老朋友保持聯繫。
- 他們希望自己能讓自己過得更快樂，而不是陷入無趣的
  日常。[7]

　　維爾列出的這五點中，有一點或許會讓你回憶起孩童時期
的事。你的朋友可能曾想盡辦法要說服你做一件蠢事。對此，
你父母的回應大概會跟我爸媽的差不多：「難道你的朋友把頭
埋進火堆，你也照做嗎？」我們都曾面對過早期的同儕壓力測
試。而且在許多情況下，就像布朗妮・維爾後來發現的一樣，
我們依然在別人的影響下過一生。我們忠於自我嗎？還是在別
人對我們的期待下生活做事？

　　父母會試著幫助孩子做好面對人生現實的準備，但有時他
們的策略是一蹋糊塗。舉例來說，我的朋友喬（Joe）小時候有
個鄰居是塊頭比他大的男孩，名叫克里斯（Chris）。他倆大約
十歲時，某天打了一架。喬被克里斯揍了一頓，流著鼻血回到

家。喬的爸爸不但沒有安慰兒子，還對他大吼：「不要哭了。給我回去揍**對方**，也讓他流鼻血！」儘管我和喬如今對這件事一笑置之，但回去打架，對他與克里斯的關係毫無助益。

　　我的父親跟喬的爸爸不同，他重視的不是養出身體強悍的兒子，而是教養出具備強悍社交力的人。他不希望孩子們因為別人的期待而失去了自己。只不過，就算泰山崩於前也能忍著面不改色的小孩，大概也會因為他的教育方式（假如稱得上教育方式的話）困窘不已。

　　我十五歲時，偶爾會跟朋友在附近購物商場的美食街消磨時間。其他成群湧入的孩子們也常常在那兒閒晃——有些人跟我讀同一所學校，有些人則是其他學校。我跟朋友幻想可以在那裡搭訕女生。儘管滿心期待，但我們像是手裡揮著蒼蠅拍的網球選手，根本無計可施。某個週末，我跟我爸爸一起去了那家購物商場。我跟很多青少年一樣，有同儕在的時候會想辦法跟爸爸保持距離。我爸爸發現我這個弱點，決定要好好利用一番，一來他想看好戲，二來還能讓我在社交上強悍一點。

　　我們走過滿是青少年與青少女的美食街。我爸爸牽起了我的手，他是技工，手勁奇大無比。為了不引起大家的注意，我盡量嘴巴不動地說：「爸，放開我的手。」他只是笑了笑，這下握得更緊了。我低聲央求：「爸，放開我的手。」我覺得所有的孩子都在看。就算當下沒有，也很快就會注意到了。他放開手，倒退一步，把手插在腰上作態地說：「就算我比你年紀

大上許多，你也不用以我們的關係為恥哪！」

　　那件事如果發生在今天，大概會被其他孩子拍下來，變成爆紅的Youtube影片。搞不好我這輩子都會需要心理治療。所幸那發生在1980年代。雖然大家都不應該這樣對待自己的孩子，但他的怪舉動（他真的怪招很多）或許真的奏效了。我對社群壓力越來越免疫。（我二十幾歲時報了這個仇。我先用車子擋下一輛滿載乘客的公車，而我爸爸當時也在公車上。接著，我快速亮出假證件，然後一邊招搖過市地押著他下車，一邊聲稱他是逃出精神病院的病患，而我冒著危險拯救了大家。）

　　好吧，或許我爸爸真的沒把我教好。但忠於我們自己、讓自己不受他人期待而動搖，會讓我們創造出更健康的自我關係。如果同儕鼓勵你要誠實、要飲食健康、要運動、而且要善待他人，那麼同儕壓力的影響就可能是好的。可惜的是，同儕壓力往往都是負面的。

社會壓力傷害我們與自己的關係

　　我們二十來歲的時候，很多人都覺得自己幾乎沒有不能做的事。我在先前任教的新加坡高中就目睹過這種情況。高中畢業後，這所學校的學生便去美國讀菁英大學。不過，由於他們因公外派的爸媽還是待在新加坡生活工作，所以他們偶爾會回來見家人，也會常回來學校見見我們這些師長。他們回來時自

信滿滿，好像大勝的征服者。我記得有個從耶魯大學回來的學生。我們一起出去吃午餐，她說：「我要改變世界！」不過同一批學生，時間一久就會開始改變。之後幾年，他們回來時就沒那麼自信了。

至少有一份研究指出這是正常情況。經濟學者布蘭奇福勞爾（David Blachflower）認為，成人之間的生活滿意度往往分別在二十歲出頭時和過了五十歲後達到最高。他評估了132個國家的數據後發現，這些資料在已開發國家間相當一致。[8]

不是每個人生活滿意度起伏的情況都一樣。漲落因人而異。有的人樂觀看待世界，有的人則相反。但平均下來，這份調查研究是相通的。我們二十來歲時散發著自信與力量，在我們傻傻地以為自己比爸媽懂得還多時，這樣的自信與力量達到高點（可笑的是，年紀輕輕就發生了）。我們活著就是為了玩樂與做愛。房貸、帳單，還有退休規畫等都是遙遠而模糊的概念。然而，學貸、婚姻、孩子、離婚、帳單、退休規畫等可能會讓我們覺得自己是扛著世界的亞特拉斯*，而到了三十好幾與四十幾歲，我們的不安全感達到高峰。壓力攀升。我們望著臉書和Instagram上那些造假強化的精彩亮點（幾乎都是騙人的），渴望自己也能擁有那樣的生活——而且我們還會奮力工作，以維護自己造假的形象。社群媒體有許多好處。只不過根

---

*　譯注：Atlas，在希臘神話當中遭到宙斯降罪，以雙肩扛起大地的泰坦巨人。

據研究，越常使用社群媒體的人越會變得憂愁。[9]

勞赫（Jonathan Rauch）在《大人的幸福學》（*The Happiness Curve*）一書中提到，三十幾歲和四十幾歲的人就像是在跑步機上奮力前進。他們想辦法提升身分或是以身分為導向的東西，來增進自己的快樂。[10]

我們可能會追求身分地位更高的工作、買更好的車、或升級房子等，期待這麼做會改善我們的生活——然後我們往往就在臉書上貼文。但這些東西並不會改善我們的生活。可惜我們通常學得很慢。我們花太多時間才明白身分與物質不會讓我們更快樂的道理。因此，我們有可能再換工作、買更好的車、再改裝廚房、不然就是購買其他物質類的東西填滿我們的生活。我們內心深處想的是：「我真的會好好享受這一切。」

然而，就像勞赫所言：「讓我們渴望身分的野心與抱負，同樣會讓我們追求更多的身分地位。我們就如同在享樂的跑步機上前行。」他也說，等我們到五十幾歲時，通常就不會受到這種追求身分地位的驅使。我們在意別人怎麼想的程度會開始大幅下降。這就好像肩上的重擔慢慢被移除。[11]

研究指出，隨著年齡漸長，我們的社交圈也會越小。我們決定少跟那些在社交、情感、或是靈性上不會提升我們生活的人相處，多與那些連結深入的人交往。這可能是中年後生活滿意度會增加的又一原因。[12]

好險各位無須等到自己五十幾歲、六十幾歲、或是七十幾

歲時才明白這個道理。你可以老早就選擇把重點放在相互滋養的關係上。你可以忠於自己，不要盲從。雖然說比做容易，但我們有辦法達成。當我們為人既善良又寬厚時，也會改變看待自己的方式。

為他人付出時的大腦

我二十幾歲時，常常在餐廳偷偷幫其他客人付帳。我這麼做不是為了當聖人。當時只是在找樂子，我可能只是在跟朋友或我的姐妹吃午餐。然後我們會暗中觀察吃午餐的群眾，決定該替誰付帳。

我們一半的吃飯時間都花在思考人選。有時候我們會選看起來善良、悲傷、或是孤單的人；有時候我們會選對服務人員很兇的人。一想到讓那些生氣的人搞不清楚狀況，我們就覺得好笑。決定好對象後（可是能一個人或是一對伴侶），我們會請服務人員偷偷把對方的帳單拿給我們。我們很喜歡在遠處觀察，看著服務生說「餐廳裡有人剛剛幫你（們）結完帳了。」從來都沒有人懷疑過我們。

我做過很多只是為了好玩的事。我的朋友常說：「你還記得你那次〔在此填進某件蠢事〕嗎？」我有時記得，有時不記得。但每次我匿名付帳單的事，我卻幾乎都記得。

研究指出，這可能有背後原因。根據美國心理學會發表的

研究，相較於把錢花在自己身上，我們花錢在別人身上時會得到更多快感。[13]

研究人員在其中一個實驗裡要求路人評比自己目前的快樂程度。接下來，研究人員給他們一個裝有5元美元或20元美元的鈔票。他們要求路人在下午5點之前把錢花掉。其中一半的人被告知要給買個小東西犒賞自己，另外一半則被告知將錢花在別人身上。

研究人員下午5點時打電話給這些人，要求他們各自評比快樂程度。把錢花在別人身上的人所回報的快樂程度，都高於把錢花在自己身上的人。至於他們花了5元美元或20元美元，實際上並不影響結果。

驗光師柯兒博士（Dr. Elaine Kerr）就有過類似經驗。當時她在溫哥華泛太平洋飯店參加一場為期多天的會議，有些朋友說服她一起去煤氣鎮（Gastown）的Fluevog鞋店買東西。她當下興致一來，買了一雙昂貴的鞋。而當她走過伸手要錢跟食物的街友身旁時，卻開始覺得不自在。

會議第二天結束時，她發現許多與會者沒有把裝袋好的午餐帶走，於是她決定執行一個計畫。她抓起那些裝袋的午餐，拿多少是多少，然後往鞋店的方向回去。一路上，她跟碰到的街友們打招呼，接著給大家午餐袋。她說：「我問他們餓不餓，把手上所有的袋子都送出去了，大家真的很感謝。他們感謝的不只是食物，是他們覺得有人注意到他們、跟他們說話，這讓

他們覺得不可思議。我感覺好極了。」

　　她退了那雙昂貴的鞋，把鞋款捐給了食物銀行。並不是她不愛那雙鞋子，而是為別人的一天帶來小小改變，帶給她的快樂大多了。「我感覺棒透了。這加強了我對於什麼會帶給我快樂的認知。我不曾想念那些鞋子，也不曾後悔把它們拿回去退貨。」她告訴我這是自己不會忘記的回憶。這就是能讓她感覺良好。

　　柯兒的快樂情緒證實了哈佛大學商學院某篇論文整理而得的研究發現。在其中一例中，蓋洛普世界民調（Gallop World Poll）調查了 20 萬以上的民眾，詢問他們們過去一個月以來有無捐款做慈善。同時也要求這些人評比自己的快樂程度。根據回報，捐錢的人比較快樂，而且，這點在 136 個國家中的 120 個國家裡成立。富有與貧窮的國家都出現了這個趨勢。無關乎捐款人的收入高低。[14]

　　只不過，這份研究並未具體說明不同種類的慈善捐款。鄧恩（Elizabeth Dunn）是英屬哥倫比亞大學的心理學教授，同時也是《快樂錢》（Happy Money）一書的共同作者，她發現，人們捐錢的同時看到自己的慷慨之舉能帶來某些結果時，獲得的快樂遠超過將錢捐給不特定的組織。她將這稱為「利社會捐助」（prosocial giving）。[15]

追蹤你的利社會開銷

鄧恩研究快樂，她知道捐錢理當讓人更快樂。但她發現自己捐錢的時候，情緒並沒有因此提升。她在TED演說〈助人讓我們更快樂，但做法大有關係〉（Helping Others Make Us Happier—but It Matters How We Do It.）裡也解釋了這件事。

她表示，目睹自己的慷慨發揮作用時會比較快樂。以她為例，她加入了一個二十五人的團隊，協助某個敘利亞難民家庭搬到加拿大。他們以團體（提供一個具備社群性、團隊般的組織內容）身分募款，也另外尋找企業贊助商。他們替那個難民家庭找到住所、在冰箱裡放滿食物，還到機場接機。她說，這些難民時至今日依舊像是她的親戚。

她在那場TED演說中補充，利社會捐助（例如她為敘利亞家庭所做的一切）對捐助人的影響，比捐助人在無法看到好處的情況下更加正面。「我們已經在實驗裡見識到，當捐助人覺得自己與自己幫忙的人之間有一種真實的連結，同時也能輕易想像自己帶來的改變時，捐助的好處就會大幅提升。」[16]

這讓我回想起偷偷幫人在餐廳付帳的經驗。在決定誰能免費吃午餐的過程裡，我們樂在其中。你也可以跟朋友一起做類似的事。只不過，如果想大幅提升利社會捐助的好處，你可能要跟一對年長的伴侶一起吃午餐聊天，或許還可以多找一些人捐錢幫低收入家庭的青少年買台筆記型電腦，讓對方能做學校

功課。你也可以打包午餐，送給街友們。

　　你不妨考慮透過 Kiva.org，選定全球某個地區，享受把錢借給當地小企業主的快樂。這在某種程度上比捐錢更好。畢竟受款人會用你的錢壯大自己，讓自己能力更足。舉例來說，假設某個想開烘焙店的孟加拉婦女、或是某為想開路邊小吃攤的菲律賓男子，總共需要 200 美元圓夢，那你只要借他們 25 美元就可以了。在那種情況下，你的 25 美元會跟其他也選擇借錢給同一個人的借款合併起來。在 Kiva 的網站上，有幾十個受助人的類別可供你選擇。例如協助單親爸爸或媽媽、購買牲畜、協助教育相關花費等各種類別。你也可以選擇特定地區的受助人：北美洲、中美洲、南美洲、東歐、中東，或亞洲。

　　你透過 Kiva 捐款時，會有一家獨立的貸款公司審核該申請者同時向貸款收受者收取利息。雖然作為借款人的你不會獲得利息，但如果收受者違約的話，你往往會拿回大部分的錢。這家貸款公司通常會付錢讓你的損失降到最低。這麼一來，你就不會因此感到灰心，而（他們希望）會繼續利用 Kiva 借錢給別人。與其說這是慈善，不如說這比較像某種賦能的形式。

　　你可以趁著跟幾個朋友喝咖啡或吃午飯時，在 Kiva 上選出一個對方面臨的困境與難題讓你深有所感的人。如果你們每個人都借錢給同一個對象的話，你們就會感覺自己好像是一個帶來改變的團隊。大家可以一起每個月幫不同的人。根據研究，這種行為甚至還能提升你的健康、增加你的力量、幫助你

活得更長壽。

提升健康與力量的魔法

新聞記者札拉斯卡（Marta Zaraska）為了寫《越活越年輕》（*Growing Young*，暫譯）這本書時，拜託幾位科學家幫她做一個實驗。她拜讀過許多調查研究，都指出善行會提升健康，於是也想自己做個實驗。科學家們寄給她塑膠試管，讓她連續七天收集自己的唾液，一天三次（早、中、晚）。然後，她再將唾液寄回倫敦國王學院的壓力、精神醫學暨免疫實驗室（SPI-Lab），由科學家們量測她的皮質醇濃度。

皮質醇是造成壓力的連鎖效應其中一部分，濃度太高的話可能會影響我們的情緒，進而導致健康上的併發症。研究人員要求札拉斯卡在收集唾液的其中四天維持日常的生活，但要求她在另外三天一定要做些具體的善意行動。

一週實驗期的第三天是她必須有意識地行善的第一天。她在《越活越年輕》裡如此描述：

> 我一邊坐在書桌前計畫著自己能幫其他人做什麼有意思的事，一邊感受到自己的精神振奮了起來……我買了一小盒巧克力送給附近圖書館裡一名友善的女性工作人員，而且還親自送過去。在超市的時候，我趕在提著沉重購物袋的年長

女性前幫她開門。到了晚上，我幫附近所有我最喜歡的餐廳和公司行號在 Google 地圖上留了五顆星的評價。[17]

在這三天的善舉日期間，她不僅覺得更快樂，測得皮質醇的濃度還比她自己的基線濃度低了 16％，這表示她的壓力降低了。所以，假如她繼續這種善舉，那她可能會延年益壽。

雖然這個實驗只有一個人參與，不過有好幾個經同儕審查的大型科學研究也獲得同樣的結論：善心與慷慨會讓我們更強壯也更快樂，還能使我們增加壽命。

舉例來說，英屬哥倫比亞大學的研究人員就以年長的高血壓患者進行實驗，為期三週。每一週他們都會給這些年長的病人 40 美元。他們將實驗對象分為兩組：一組人必須買東西給自己，另一組人則必須把錢花在別人身上。三週結束之後，被要求把錢花在別人身上的那一組人，測得的血壓值較低。[18]

或許有人會拿出一份 1999 年關於死亡率的研究，辯稱善心與助人不會延長你我的壽命——這份研究的對象是照顧失能伴侶的年長者。只不過，當初的研究人員之一卻告訴札拉斯卡，他們當年只研究年紀非常大而且相當虛弱的人。[19]

札拉斯卡的書援引了好幾份大型研究，證實照顧別人能幫我們活得更久。在其中一份名稱「簡短」的研究〈家庭照護與總死亡率：一份傾向配對的族群分析結果〉中，研究人員發現，在人口特徵類似的族群裡，照護者的死亡率比非照護者的死亡

率低了18％。[20]而且，照顧孫兒的祖父母顯然也會經歷類似的好處。根據柏林老化研究（Berlin Aging Study）的結果，「提供非法律撫養之安親照顧的祖父母，其死亡率風險比不提供安全照護的祖父母或非祖父母低了37％」。而且這並不是因為他們在照顧孫輩之前的健康狀況就比較好。這份研究將身體健康、年齡、社經地位，以及兒孫輩的各種特徵都設為控制變項。[21]

照顧別人還能增強你的力量。運動競賽前你可以給你的孩子機會做善事，這或許能幫他們獲勝。

馬里蘭大學的心理學教授葛雷（Kurt Gray）帶領了一個研究團隊，在波士頓地鐵站詢問路人是否願意參與一項舉5磅（大約2.3公斤）啞鈴的實驗，宣稱可以測試力量。受試者要拿起啞鈴，然後手臂完全張開伸直。研究人員要求他們保持這個姿勢，直到撐不下去為止。測試完研究對象們的肌耐力後，他們讓這些受試者休息。接下來，他們給了這些人一美元，作為協助實驗的酬勞。不過，研究人員在給錢的時候，會詢問實驗對象是否想將這一美元錢捐給聯合國教科文基金會還是要自己留著。接著，他們會再測試一次這些人的力量。把錢捐出去的人，拿起啞鈴維持姿勢的時間較之前多15％。錢留給自己的人，表現則沒有任何進步。[22]

許多人都會設定以職涯為導向、金錢相關，或者個人健康的目標。假如你問大家：「你為什麼想達成這些目標呢？」他們會給出各式理由。但如果你繼續追問：「你**為什麼**想要那樣

呢？」多數人可能會把重點放在同一件事情上：「我覺得這樣
會讓我快樂。」

　　話說回來，我們設定以助人為目標的次數又有多少？有些
人自然而然會這麼做，就像有的人覺得吃健康的食物和運動都
很簡單。不過有很多人（包含我在內）卻往往因為別的事情耽
擱了這項目標。這就是我們為什麼應該要重視這份研究。我們
的關係（跟自己以及跟他人的關係）對我們的生活滿意度與健
康的影響，是任何健身法或飲食都望塵莫及的。

活得更好的祕訣

- 多多和自己愛敬的人相處。
- 關係不求多而淺（很多點頭之交），要控制交友人數
  且深入交往（幾個好友即可）。
- 忠於自己。不要追求別人期待下的地位或生活型態。
- 對別人要善良慷慨。可以的話，將善行轉為利社會
  經驗。
- 支持並參與可提升社會與／或社群互動的活動。

第 4 章

像真正的有錢人一樣思考

贏在心態與習慣，你就不需要富爸爸

幾年前，亞洲新聞台的記者為了報導我的著作《我用死薪水輕鬆理財賺千萬》而安排訪談。她詢問了我的成長教養背景，也問及我2009年罹癌期間的事。當她問到我的病時，我直視攝影機鏡頭，說了一些讓她捏把冷汗的話。事實上，製作人還把我的話剪掉了。雖然我這輩子說過很多蠢話（大家不都這樣嗎？），但他們刪掉的卻是我這輩子說過最有智慧的話之一。

2009年時，我三十九歲。當時我的身材結實得宜，而且就我所知，我健康得很。此前五年，我年年都參加摩根大通企業挑戰賽，想贏得這個新加坡最大型跑步比賽的冠軍。雖然我與冠軍差距不大，但就是從來沒有第一個衝過終點。對這種短距離且求快的比賽而言，我的年紀有點大了。僅管如此，我還是希望2009年是我的幸運年。

起跑聲響起後，前半段我一路都跟著領先的小組跑。我們後面跟著超過一萬一千名其他跑者。我趕上了沒多久之後就代表新加坡站上國際舞台的梅爾文・王（Melvin Wong），我們兩人直到最後一英里（約1.6公里）都不相上下，接下來我一點一點慢慢超前。大家都曉得比賽的總長應該是5.6公里。只不過，那一年主辦單位決定要移動終點線。慘的是他們沒有好好量測新的賽道，結果賽道的距離比原本預期的長了半公里。雖然這聽起來不多，但當你想要使出最後一點力，才知道還有500公尺，那可是非常傷。

我硬逼自己贏得了比賽，成為這場賽事有史以來最年長的冠軍。

接下來我的人生就崩壞了。幾個月後，我被診斷出骨癌。

沒有人逃得過癌症的影響。或許你、你的朋友、或是你的父母有過這種經驗。我的情況是在例行的掃瞄檢查時，發現有個惡性腫瘤包在我的三根肋骨上。

很快地我就動了手術，移除部分的三根肋骨、脊椎骨、還有部分的肺上皮內襯。外科醫師還在我的背部割了一大塊健康的肌肉（我左下部的背闊肌），折起來蓋住他們要取出那三塊肋骨時開的洞。手術完後，醫師問我：「你的腳指頭可以動嗎？」讓我嚇壞的是他們得知我的腳指頭能動時，竟然看起來很開心甚至有些驚訝。

經過幾個月的復健，我又能跑步了。

我想起記者的問題。她說：「既然你得過會危及生命的病，我想你會因此更重視生命吧。」我直視著攝影機說：「不。一個人的IQ要多高都無所謂。如果必須得過會危及生命的病，才能承認自己有一天會死的話，那麼，這種人就是白癡。」

沒錯，這很惡毒。我心裡有一部份明白他們為什麼要剪掉那句話。也許，用「白癡」這個字不公平。也許當初我要是稍微調整一下自己的評判力道，就能跟大家分享我認為最重要的訊息了：我們都會死。我們的朋友，我們愛的人，通通會死。這就是為什麼我們該帶著感激而活的原因，要感謝自己的生

命，感謝我們朋友和所愛之人的生命。如果我們每天都提醒自己人人都是暫時存在的話，就比較容易這麼想。

　　我的腫瘤科醫師塔克（Steven Tucker）就拿這點開玩笑。當時他告訴我：「大家總是問我『我會死嗎？』，我都想回答『會啊，你當然會死。如果你兩百年後還在這晃來晃去，大家會嚇壞吧』。」

　　你的生命就像一個不透明的沙漏。這個沙漏從出生的時候開始翻轉計時，沒人曉得自己還剩多少沙子。正因如此，我們才應該抱著每天都很珍貴的認知過生活。如果必須要向他人的生活型態看齊的話，我們該以誰為榜樣，又為什麼要選那個人呢？

美好生活需要轉念

　　艾許麗（Ashley MacPherson）二十出頭的時候，人生近乎完美。她快樂就學，畢業後也享受著在職專業人士的生活。雖然背負著高額學貸，但當時她不覺得那有什麼。她回憶道：「那是人生中幸福快樂的一段時間，當時我（學貸）負債越來越重，卻不擔心還錢的事。」她心想自己遲早會還完，而且並不擔心，因為幾乎每一個她認識的人也都債台高築。

　　她和丈夫摩根（Morgan）剛開始工作時，兩人加起來的學貸超過125,000美元。這對夫妻會把錢花在自己無法負擔的東

西上：他們太常上餐廳吃飯、旅遊、購買昂貴的衣服和包包、名牌手錶、還有奢華的車子。艾許麗說：「這些事物沒有讓生活更好，結果一晃眼我已經畢業三年了。當時我的薪水很好，學貸卻幾乎沒有減少。難道這是我們要為自己和孩子們建立的生活嗎？」

在很多方面，她選擇走的就是大部分自己朋友們都走過的老路。然而，他們夫妻有了第一個孩子後，她的壓力指數激增，兩人個信用卡帳單金額創新高。艾許麗放產假時家庭收入大減。這對夫妻同時有巨額的房貸、車貸，以及壓得人喘不過氣來的學貸。她說：「我突然認清，到了月底，我根本沒有足夠的錢付這一切的帳單。」

艾許麗大可逃避現實，怪別人害自己債台高築，但她沒有這樣，而是採取因應行動。她先暫時止付學貸，也不再去星巴克消費。她也開始處理不需要的東西，她描述：「我們賣了好多東西，有包包、洋裝、不用的嬰兒用品、摩托車設備，還有我鍾愛的Michael Kors——當初我覺得非要不可，結果三年來只用了五次。我也告訴我丈夫，我們出門在外也不該吃午餐，甚至喝咖啡。那個月我們才睜大眼睛看待現實，總之，我們勉為其難地熬過了，我可以自豪地說，我們的債務在我產假期間沒有繼續增加。」

很快地，他們賣了房子，如今兩人在房價較低的區域租屋。艾許麗和摩根還做了另一件有助於他們成功的事。他們選

擇跟朋友和家人保持往來，而不是埋首努力工作、犧牲自己的
親友關係。

　　哈佛大學有史以來最熱門的課程是班夏哈（Tal Ben-Shahar）
的幸福學，艾科爾（Shawn Achor）則是這堂課的助教。班夏哈
在哈佛大學待了幾年之後，創立了一家研究暨企業訓練公司
「好思維顧問公司」（GoodThink），同時也寫了好幾本暢銷書，
《哈佛最受歡迎的快樂工作學》（The Happiness Advantage）就是其
中之一。[1]艾科爾表示，如果面臨困難挑戰，我們不該離群索
居躲起來。舉例來說，債台高築的時候就不該為了專心處理債
務而斷絕社交網路。相反地，我們應該維持所有社交管道的運
作。有太多研究告訴我們，人類是社會性動物。我們要具備社
會性才會發展茁壯。與朋友和家人相處，會使我們更快樂也更
健康，同時有助於我們達成自己的目標。

　　艾許麗與摩根繼續與朋友們保持往來。只是，他們會約
在不需要花錢或是花不了太多錢的地方和朋友碰面。而且，他
們後來恢復去星巴克的習慣時，也不是像以往一樣一週去好幾
次，而是把上星巴克當成犒賞自己的方式。

　　正因如此，他倆如今已經完全沒有負債。他們現正存錢打
算買房，同時也投資理財。他們放棄追趕別人，所以現在得以
累積財富，而且，如果他們正確花錢的話，他們的生活滿意度
也會因為財富的累積而大大提升。

心態勝過財富

　　我是 1970 年出生的，即所謂的 X 世代。我的父母出生於
1940 年代，是第一波嬰兒潮的代表。我父母的那個世代買的
東西比他們的上一代還多。一般說來，X 世代的人又比嬰兒潮
世代更會消費，接下來每個世代掙得的可支配所得都越來越
高。這是大多數已開發國家的普遍趨勢。根據聖路易聯邦儲備
銀行的經濟研究報告，美國的真實家庭收入中位數在 1984 到
2019 年間增加了 30.4％。換句話說，按通貨膨脹調整過後，個
人購買力幾乎增加了三分之一。[2]

　　不過，根據美國社會概況調查（US General Social Survey），
如今的美國人不比 1984 年時的美國人快樂。該調查從 1976 年
開始，年年都會要求美國人評比自己的情況為「非常快樂」、
「有點快樂」，抑或「不太快樂」。結果顯示，從 1993 年起的趨
勢都往下掉。[3]

　　研究指出，「不知足地追求更多東西」或許就是越來越不
快樂的原因。而且我們因此舉債，可能還加劇了問題。

　　美國人 2020 年平均卡債為 6,194 美元。[4]美國北邊的鄰居
也沒好到哪裡去，加拿大人該年的平均卡債為 3,636 美元。[5]
何況，根據《金融郵報》（Financial Post），在七大工業國（G7）裡，
加拿大人用來償債——包含信用卡、車貸與房貸——的收入佔
比最高，納入這一點，無論怎麼看都很可悲。[6]

美國的房子為什麼越蓋越大間？美國家庭的孩子數量比五十年前還少。按照邏輯，新房子應該更小間才是。不過，在1973年到2015年間，美國房子的平均大小卻增加了1,000平方英呎（大約93平方公尺／30坪）。[7]

慘的是很多人卻為了這些更大的房子，受房貸所苦。《彭博》(*Bloomberg*) 的資深編輯坦茲 (Alexandre Tanzi) 在2017年的報導中就提到，9.1％的美國屋主持有的房貸高於房子實際的價值。[8]

美國人還會使盡財力開一輛自己負擔不起的車。《致富心態》(*The Psychology of Money*) 一書的作者摩根‧豪瑟 (Morgan Housel) 就指出，1975年到2003年間，按照通貨膨脹調整後的平均車貸就上漲了一倍之多。1972年到2007年間，家庭債務對上收入的佔比成長了一倍以上。儘管利率下跌，但如今人們還款金額占收入的比重卻逼近歷史紀錄。2020年，車貸債務更創下歷史新高，平均車貸高達33,739美元。[9]

猖獗的消費主義遠及北美洲以外的其他地區。何況，想躲也很難——尤其當我們看到自己所有的遠少於許多同事、朋友與鄰居時，更是難上加難。如果你偶爾會有這種感覺，那麼以下的故事可能會讓你好過一點。

消費文化背後的幻象

對許多人來說，到人潮眾多的海灘游泳是教人難為情的經驗之一。我們脫到僅著泳衣泳褲，身上皮膚鬆弛、有贅肉、突起之處一覽無遺。部分男女炫耀著猶如希臘眾神般的體態。拜基因與後天努力（有時甚至是藥物和手術填充物）之賜，這些人展現了堅硬的腹肌、完美的胸膛、強壯的後背與肩膀，還有結實有力的腿。我曾經在泰國遇到一個看起來像年輕版阿諾‧史瓦辛格（Arnold Schwarzenegger）的澳洲男子。我們合拍了一張照片：猛男與弱雞。

如果大部分的完美軀體只是全息影像或是肌肉裝呢？假如我們曉得這些影像大多是假的，或許至少能對自己的樣子坦然一些。這又跟錢以及我們買的東西有什麼關聯？

幾年前，某公司的董事要我跟他的員工聊聊存錢和投資理財的事。演說前，他邀我外出共進午餐。他說：「我之所以邀你來演講，是因為我不希望我的員工跟我犯一樣的錯。」當時他快六十歲，連續十幾年都年賺幾百萬美元。他擁有一座在法國的別墅，房貸之高令人咋舌。他戴勞力士、開瑪莎拉蒂，每年夏天都要搭頭等艙去冰川滑雪。大部分的人都覺得他很有錢，我也這麼認為。但他不有錢。事實上，我很多當學校老師的朋友都比他有錢。他幾乎賺多少就花多少。

我問他：「如果你沒了工作的話怎麼辦？你靠存款能維持

這種生活型態多久？」

　　他說：「幾個月而已。」

　　你大部分的朋友和同事可能不會年賺幾百萬美元。然而，很多人（甚至是大部分人）可能花費都超過自己該有的能力。而這是從表面上看不出來的。人們負擔得起的東西跟實際上買的東西之間，落差甚大。由此可知，假如你想要財務安全的話，了解背景故事就很重要了。

向真正的有錢人學花錢

　　我在第 1 章提過大部分的有錢人不開高檔車。大多薪水高但財富層級低的人反而會開賓士、特斯拉、保時捷、奧迪以及 BMW。誠然，部分有錢人的確開這些車，但從車子的價格很難看出個人財富。

　　與其像個打腫臉充胖子的人那樣花錢，不如培養一般富人的心態。我說的不是那些找我的設計師朋友珍妮絲、花幾百萬美元重新設計浴室的人。我之前就提過，她的客人只代表富人的其中一種，他們以自己擁有之物定義自己，但大部分的富人有別於此。

　　從史丹利教授四十年的研究看來，大部分的百萬富翁都不會買名車或豪宅。這就是你也不該買這些東西的原因——假如你真的負擔得起，且在沒有其他人的情況下也會買，那就另當

別論。我說的不是**負擔分期付款**。依據月付金額決定自己的負擔能力，就好像被丟進海中央還說「我沒問題，我會游泳」一樣。以車子而言，問問自己有無能力直接付清。以房子來說，問問自己如果利率加倍或是失業六個月，是否還能付擔房貸。如果你對這些問題的答案都是否定，就表示你真的負擔不起。

　　有些城市的房價中位數在百萬美元以上，假如你住在這些地方，可能躲不過購買高價房子的命運。雖然房地產的價格如此，但住在這些地區的人大多並不富有。他們反而以債務為槓桿。在此以英屬哥倫比亞省的溫哥華為例。該市為加拿大最昂貴的大城，根據線上平台 Zolo 上房地產房源共享系統的資料，2021 年 5 月溫哥華獨棟房屋的售價中位數為 217 萬加幣（179 萬美元），一般連棟透天屋的售價為 125 萬加幣（105 萬美元），而公寓的售價中位數則為 716,450 加幣（592, 246 美元）。[10]

　　這些屋主的房子值多少錢不打緊，住溫哥華的人大多都不是百萬富翁。根據加拿大統計局的資料，2019 年時，所有溫哥華家庭的淨值中位數為 521,500 加幣（408,798 美元）。這個數字包含他們的房屋淨值（幾乎 64％ 的溫哥華人有房）與他們在投資方面的金額。我們可以合理假設：溫哥華有許多坐擁百萬房屋的屋主揹著龐大的房貸。[11]

　　同時，雖然在撰寫本章的當下利率並不高，但那般債務仍舊很難償還。畢竟，根據 2020 年溫哥華的城市社會指標剖析（*City Social Indicators Profile*），溫哥華所有家庭的年收入中位數為

92,000加幣（72,117美元）——而且還是稅前！有孩子的夫妻伴侶年收入中位數為112,000加幣（87,795美元），一般單親家庭的年收入則為53,000加幣（41,546美元）。只有15％的溫哥華家庭稅前年收入超過150,000加幣（117,583美元），[12]而即便有那般收入，要償還百萬債務也可能讓人壓力倍增。

如果綜合檢視美國坐擁百萬房產的屋主，就會知道大部分擁有昂貴房子的屋主也不是百萬富翁。史丹利教授在《別再裝有錢》（*Stop Acting Rich*）一書裡便寫道：「我的研究結果發現，住在價值百萬房宅裡的人，大多並非百萬富翁。雖然他們可能是高收入者，但想模仿光鮮亮麗的百萬富豪，這些人其實過著像倉鼠跑滾輪般的生活。在美國，同樣是百萬富翁，但住房市值不到30萬美元的人數卻是住房市值超過百萬美元的人的三倍。」[13]

史丹利的那本書出版於2009年，此後房子的價格飛漲。然而講到富人買的房子，你可能會覺得他們不如想像中奢華。在另一本他過世後出版的《如何把收入轉化為財富》一書中，史丹利和女兒莎拉揭露美國的百萬富翁裡，只有64.8％的人住宅價值超過百萬。[14]

史丹利在《別再裝有錢》裡也告訴大家，大部分的百萬富翁不會買昂貴的葡萄酒或名錶，也不會到米其林五星級餐廳用餐。確實有些百萬富翁會這麼做，但大多數不會。

如果你的朋友和同事花錢很不負責任，那麼你想理性消費

會特別困難。菜鳥律師與醫生覺得有壓力，要活得像律師和醫生才行；這就如同老鳥律師與醫生會有股衝動，想在新人面前擺出樣子。也因此根據史丹利的研究，醫師是相對其收入而言財富層級最低的人之一。他發現大部分的醫生都是出手闊綽之人。[15]

　　無論我們的職業與收入為何，在仿傚友人和鄰居的消費習慣之前都應該三思。對於學人裝闊卻可能最後一貧如洗的運動明星而言，三思還不夠，要六思才行。舉個例子吧：根據CNBC 報導，NBA 球員大多年薪都是數百萬美元。可是這些球星不打籃球之後，有60％的人在五年內就破產，而78％的NFL 球員退休後兩年內不是破產就是有財務困難。[16]英國足球雜誌《四四二》（FourFourTwo）記者亞芬恩（Alec Fenn）解釋了職業足球選手為何破產比例同樣也如此高──因為他們幾乎沒有財務常識。而且跟多數人一樣，他們會模仿自己職業圈和社交圈裡其他人的生活型態。[17]

　　這正是心態重要的原因。我們買的東西大多不會提升自己的生活滿意度。而且高築的債台會讓你我情緒低落。因此，看到人家擁有更多時別心生羨慕，他們實際上可能生活難安。在消費上，我們不如仿效極簡主義者或較不奢華的有錢人。同時別在消費的跑步機上踉蹌地追隨別人，要反過來感謝自己擁有什麼。還有，要盡力找出你的財務團隊。

對錢負責的好朋友

不管是跑馬拉松或是取得學位，只要你想達成某個目標，那麼支援網路會很有幫助。這就是運動員往往一起訓練、學生常常一起做功課的原因。對於想戰勝成癮症的人來說，諸如戒酒者匿名會（Alcoholic Anonymous）和老牌減重顧問公司Weight Watchers等支援網路，就有助於他們按部就班達成目標。

財務目標跟身體保健並無不同。我剛移居新加坡時，就得找到自己的財務團隊。我學校的社群提供了網路線上服務，大家可以在上面提出任何疑問，尋求解答。我要尋找泰國度假的住宿地時，在上面貼文：「嘿，有沒有人能建議乾淨又價格適中的普吉島飯店？」眾人的意見接連出現，但大多是昂貴的飯店就是了。有些留言推薦五星級度假村的人，還是我認識而且很喜歡的人。不過我卻暗自心想：「可以好好享受跟這些人做免費活動的時光，但不要經常跟他們出去吃飯或一起度假。」

有些人的點子跟我的皮夾比較合拍。我想找美味又平價的餐廳時，就會聽取這些人的意見。我跟這些人一起搭公車，不坐計程車。他們聊的是自己熱情鍾愛的事物，而不是物質的東西；他們談的是存錢規畫未來，而不是賺多少就花到幾乎不剩。我們鼓勵彼此存錢、投資、尋找會帶來奇妙經歷的假期，而且還要運動。我們不在鄉村俱樂部聚會交流，而是在家裡或戶外碰頭。

這不表示我沒有花大錢的朋友。我也有，但我通常不會
跟他們一起旅遊，也不會經常和他們出去吃飯，或是一起逛街
買東西。說到底，社會團體會建立各自的常規。如果你追求的
是財務的健康，就最好找到目標一致的人，就是這個道理。而
如果你無法找到對錢負責的朋友，那就在網路上找。例如你可
以在臉書上找到好幾個財務獨立群組。只要搜尋「財務獨立」
（Financial Independence）或「FI」加上你所在的城市就可以了。

珍惜自己所擁有的

幾年前，我和佩列在找葡萄牙的住宿地點。瀏覽 Airbnb
網站時，我們看到了一則露營車廣告。車主的創意讓我們印象
深刻，所以我們決定租那輛露營車一週。

那是一輛紅色的雷諾 Kangoo 箱型車。車主在裡面安裝了
一張床，車上抽屜還裝有做菜用的小型瓦斯爐、湯鍋、平底鍋、
兩個杯子、兩個盤子、兩組餐具，以及其他生活必需品。這輛
Kangoo 箱型車小到我們在床上都無法坐直。車身倒是夠長，
所以我們不必蜷起身子睡覺。

我們開著它在葡萄牙的阿加夫（Algarve）地區四處玩。我
們會查找最風景如畫的地點，在人煙極為罕至的路邊過夜。有
一次，我們在湖邊過夜，還全身脫光在四周毫無人影的湖裡沐
浴；還有一次，我們跟著一隊其他的露營車，覓得能鳥瞰一座

美麗海灘的免費停車處宿營。我們的廂型車有窗簾,所以甚至還曾在好幾處城市的廣場與停車場過夜。

唯一的問題是:車上沒有廁所。這在鄉下有樹林的區域還有辦法處理。車主當初笑笑地給了我們一個小鏟子和一捲衛生紙。

早上我們如果想上廁所,卻在城市的廣場上過夜的話,往往得等到當地的咖啡廳開門營業才行。要我說,葡萄牙對早起的人可不太友善,沒有專為忙碌上班族而早上6點營業的星巴克。他們是慢活文化。對葡萄牙人而言,外帶咖啡就如同在麥當勞辦婚宴一樣不討喜。因此,我曾在卡帕里卡海灘(Costa da Caparica)的街上焦急地來回走,一邊憋尿一邊找廁所,整整耗了二十分鐘。咖啡館開門營業時,我還逼自己不要快步跑進店內廁所。我慢條斯理地走進去,點了一杯茶,拿著我的茶找座位⋯⋯然後才衝到廁所。

我知道自己現在分享的是非常基本、通常算很私密的事。但是我相信讀者可以體會。當你快忍不住尿出來的時候,找到廁所有如中了樂透。我可能會因此至少開心一個小時,心想自己還沒那麼老,真好。(據說年紀越大,會越難控制膀胱跟括約肌。)

在那輛廂型車上住了一週,我們在法洛(Faro)最棒的精品飯店訂了兩晚。飯店有自來水。而且不只有冷水,也有熱水。有浴室。房間裡有個超大的淋浴間。我心懷感激地讚嘆著這些

你我平常視為理所當然的東西。

　　感激是生活滿意度最重要的關鍵。有些人天生樂觀，甚至常有感激之心。在寒冬開車上班途中，他們可能會花點時間感激自己車上的暖氣。搭公車時，他們可能會深思大眾交通工具的美好。打開手機時，他們可能會想起幾年前的生活，那時沒辦法隨身攜帶一台能拍照、放音樂、傳訊息，以及找週五約會對象的裝置。他們不會難過自己沒有新一代的iPhone，而可能思考之後說：「哇，看啊，我現在的手機有好棒的功能！」

　　當我們有感激的心，就能展現自己對朋友和家人的愛。我們能感激自己擁有什麼，生活就會變得更好。

感恩，改變世界的神奇習慣

　　關於感恩，我以我的朋友比爾（Bill Green）為榜樣。認識比爾的時候，我是一個二十六歲的中學教師。比爾當時四十歲，是我們學校的副校長。雖然以職位來說他相對年輕，卻一直飽受腎結石之苦。他常常得住院做雷射結石手術或震破結石。他會拿這開玩笑，說道：「痛苦是我的朋友。」

　　他也長期飽受髖部疼痛的折磨。這位打過業餘美式足球、籃球，還有鐵人三項的運動員，才四十一歲就換了一個髖關節，幾年後另一邊也換了。過了好幾年，他又換了第一個換的髖關節。

在此之前，還發生了一件打擊更大的事。他擔任國小教師的愛妻，四十歲時就中風，身體孱弱。這件事從此改變了她的人生、比爾的人生，以及他們兒子的人生。

即便如此，比爾還是我認識的人最正面的一個。每週一早上他都會問我：「週末過得如何？」我通常的回答都是好壞參半。比爾總是專心聆聽，然後當我問他週末如何，他只會挑好事分享。他不是那種害怕面對現實的人。我問到他的困難時，他會坦然吐實，不過他述說的方式總是流露出感激。

他還會把自己的健康煩惱講得好像奧運一樣。「你知道嗎，我週末在醫院認識了一位超棒的醫生。有一顆腎結石讓我痛得要命。但這傢伙給了一些策略，讓我試著自己把這該死的結石排出來。我可以的！這傢伙……現在是我們團隊的一員了。」

我最近聯絡如今六十多歲的比爾，聊聊近況，也聊到了他的健康。他總結過去幾年，回答：「他們摘掉了我一顆腎。我換了三次髖關節。不過我現在很好！我每天早上都能運動健身。能做這些事我真的好開心。」

你或許也認識比爾這樣的人。很多時候，他們的正向態度是與生俱來。然而比爾也自我訓練。他會在便利貼上寫下自己對什麼感恩，然後貼在鏡子上，這樣他每天早上就能看到這些文字。他會大聲讀出來，提醒自己感恩些什麼。他說：「大部分的人都覺得自己太忙，沒辦法這樣做。可是我們沒有不做的

本錢啊！我們需要繼續思考自己感恩的事物。不這麼做，就會變得自滿。我們一旦自滿，就不會把生活過到最好的程度了。」

　　這個策略有效。事實上，這不只對比爾這種或許天生樂觀的人有效，對憂鬱纏身的人也有效。

　　研究顯示，心懷感激會提升身心健康。[18] 雖然這些研究大多以無困擾纏身的人為對象，但至少有一項研究採取了不同的方法。布朗（Joshua Brown）是印第安納大學心理學與腦科學的教授。他在 2017 年與助理教授王（Joel Wang）在《至善》（Greater Good Magazine）雜誌共同發表了一篇研究摘要。他們研究了近三百名臨床心理健康低下的成年人，這些人大多飽受焦慮與憂鬱之苦。

　　他們將病人分成三組。每一組的所有人都要接受諮商。此外，研究人員安排寫作功課給其中兩組。他們要第一組每週寫一封信給別人表達感激，連續寫三週；然後他們要第二組一週深省一次自己的負面經歷，寫下想法和感受；第三組則不需要寫任何東西。

　　研究人員發現，根據寫作功課結束後四週與十二週時的回報，寫信感激他人的受試者（無論信件有無真的寄出去給對方）所展現的心理健康程度，遠高於其他兩組。

　　布朗和王如此寫道：「結果顯示，感激的寫作不只對健康、適應良好的個人有益，對於遭受心理健康問題困擾的人也有幫助。事實上，接受心理諮商並同時練習感激的話，似乎比只接

受諮商更好，即使練習感激的時間很短也一樣。」[19]

實用的感恩技巧

　　艾曼斯（Robert Emmons）是世界一流的感激科學專家之一。這位加州大學戴維斯分校的教授認為，寫感激日誌是有效的。好消息是，寫得次數少，效果似乎更大。根據調查，同樣是紀錄自己對什麼心存感激，一週寫一次的人比每天寫的人生活滿意度更高。以下是幾個採用感激日誌方法的小技巧：

- 要有意識地設定心懷感謝的目標。對於清楚知道自己這麼做是為了增進快樂感的人而言，寫感激日誌最為有效。
- 要集中而深入，不要太廣又淺薄。描述自己感激什麼的時候，不要一次羅列好幾樣。只專注在一件事情，說明自己為何對此心懷感謝。
- 重點在於人，不是事物。我們書寫自己對他人的感謝時，身心健康受到的影響更大。
- 寫下你的生活若沒了某些東西會變得如何。例如：沒了工作、沒有熱水可用、或（甚至更重要的）沒了你的朋友與親人。
- 記錄下意料之外或令人驚喜的開心事件。
- 一週寫一次或兩次感激日誌即可。更常做這個活動也不

會帶來更好的結果。[20]

感恩他人，也感恩物品

購買物質並不會提升我們的生活滿意度，除非這些東西能帶給我們新的經歷，或者讓我們愛的人能共聚一起。否則，我們越向物質主義靠攏，就會變得越不快樂。我們還要知道，不該羨慕那些把昂貴品味展示給眾人看的高收入份子。畢竟他們不見得更快樂。何況，根據史丹利父女的研究，大部分擁有許多昂貴東西的人，財富並沒有很多。他們多數是負債累累。而債務會讓我們非常不快樂。

話雖如此，就算知道這一切，我們偶爾還是免不了渴望擁有新東西。看到別人買新車、整修房子，或是買最新的iPhone，我們也許也想要。又或者，我們只是想擁有購買這些東西的財力。

無論買不買，我們都應該要練習感激。舉例來說，如果你決定要買新車，那就利用感激來消除享樂適應。每週至少漫無目的地開車上路一次。感受座椅的舒適度，留心車子的加速、平穩度，還有剎車系統。隨時停下車來，走到車外，好好欣賞你的車（但別在臉書或Instagram上貼文低調自誇）。

好好照顧你的車。定期自己洗車，然後欣賞你的車。不要讓那輛新車僅僅是另一個工具，只是把你從一個地方送去其他

地方的東西。好好花時間，感念並認可它的存在。

　　更好的做法是感謝自己所有的一切，不要有任何購買新東西的想法。我從沒買過新車。但我常常開著我的2004年式福斯Golf，同時心裡想著感謝自己所有之物：加速平穩、操控敏銳、夏天可以開天窗、冬天可以座椅加熱。我把這輛車子照顧得很好（沒有鏽蝕、刮傷或凹痕），保持得乾乾淨淨。

　　我會想起自己的車比年輕時開的那些車好太多了，而不是一心一意想著車子比我更新更貴的那些人。有時我會想像（在1990年）二十歲的自己開著現在這輛2004年式福斯Golf的樣子。光是電子車門鎖大概就會讓我激動不已了吧。我也知道，如果我穿越時空回到過去，把這輛車送給從前的自己，那麼享樂適應大概很快就會發揮作用了。有些人二十歲就能進化到練習心存感激，但我不是這種人就是了。

活得更好的祕訣

- 生命真的就像一個不透明的沙漏。沒人曉得自己的沙子什麼時候會漏完。這就是為什麼我們應該想辦法努力活出自己最好的人生，今天如此，明天如此，日日皆然。
- 要知道大部分的人都過著不健康的財務人生。他們花太多錢，而且通常還會借錢來花。不要羨慕擁有更多東西的人。物質類的東西不會提升快樂，還有，購買昂貴東西的人，大部份沒有很多錢。
- 花時間感念自己所有之物。動筆寫感謝日誌。
- 跟人聊錢。到頭來你會找到生活型態與你人生哲學相符的人。

第 5 章

價值百萬的消費決定

我們在財務之路上，機會損失遠比想像的巨大

　　在新加坡時，我習慣下班之後跑步回家，邊跑還要邊留意鱷魚。我有一個朋友說，他在我跑步會經過的湖邊看過一隻鱷魚。那座湖位於軍事訓練區。我沒看過湖邊有鱷魚，但在神經兮兮的警覺張望下，我卻看過比較不具殺傷力的奇妙生物：巨蜥、猴子、野豬，偶爾還有網紋蟒（據悉會吃人，但不常發生）。

　　我最喜歡的就是每週的星期三。到家後，我會很快沖個澡、套上短褲，然後躺在按摩床上等著讓朱利安娜──指勁強到不行的馬來裔新加坡按摩師──折磨我。她按我的肌肉就像個虐待狂，有時她還會錄下我的慘叫聲，然後放給預約在我後面的朋友們聽，繼續傷害他們。

　　這聽起來有點恐怖，但我大部分時間其實都處在一種深層放鬆的狀態。而且等她按摩完，你真的得硬將我從按摩床上拉起來才行。我有個朋友曾說：「哈藍，對一個應該很會理財的人來說，你每年花在按摩上的錢實在太離譜了。」我跟我老婆都這樣，除了這個每週例行按摩，還常常犒賞自己去做足部反射按摩。我們週末去泰國和印尼玩的時候，常常一天內就去按摩幾次。

　　我的朋友估算了一下，說道：「我認為你跟佩列一年會花大概 7,000 美元按摩。」

　　很多人會有懂理財的朋友。但如果我們深入了解他們的財務生活的話，往往會發現某些不合理的事。以我們為例，那件事就是按摩。我朋友算得沒錯。

　　寶拉（Paula Pant）經營了很棒的部落格與播客，名為「什麼都買得起」（Afford Anything）。她假定的先決條件是你什麼都能買得起，但不是什麼都要買。

　　寶拉的意思是這樣的：如果你排出花費的先後順序，那麼，原本看起來奢華得離譜的東西，你也能買得起，只要你在其他方面小心用度就好。或許你每年非得度個五星級的假期不可。那好吧。只不過，如果你要這麼做的話，除非你會賺大錢，不然你就應該豪不留情地減少多項其他方面的花費。

　　就我的情況來說，如果我少按摩一些，那些按摩可能感覺起來更好。好比鄧恩和諾頓（Michael Norton）在《快樂錢》的觀點：如果奢侈品是用來犒賞自己，我們會更加珍惜愛護。如果我一個月才按摩一次，而不是每週按摩至少一次的話，可能會更享受按摩。

機會成本與增益

　　那些按摩的花費，也遠比字面上的還高。「機會成本」是做出最終決定於其他決定之間的成本差異。機會成本不一定是財務上的。但就我的情況而言，那些按摩的成本可能超過770,000美元。

　　聽不太懂嗎？且看以下分曉：

　　我們在十一年間（2003年到2014年），每週大約花150美元按摩。

　　十一年來就花了85,800美元。

　　在那段期間裡，我們的投資組合每年平均賺8.34%。

　　如果我們把按摩的錢用在投資上的話，我們的投資帳戶2014年時本來會多出143,239美元。

　　這是一大筆錢了吧，但我還沒說完。

　　我們2014年離開新加坡（我當年四十四歲）。假設我們拿那143,239美元繼續投資，而且我們的投資組合的年利率仍然保持8.34%，那就算不用再投一分錢，到了我65歲時，這筆錢會增加到770,241美元。

　　這就是每週花150美元按摩，不過才持續十一年就累積出的長期機會成本。

　　我可以主張每週按摩好幾次可以讓我繼續無痛地跑步，也可能有助於讓我睡得更好、強化我的免疫系統，讓我更能對付惱人的癌細胞。這些錢可能幫了我太太避免經常性的背痛，讓我們在週三時有所期待。或許，只是有這個可能——那些按摩真的有770,241美元的價值。

　　你同意與否都不重要。我的重點是，我們教書的薪水根本不夠我們享受那些按摩、五星級的假期、新車、每週外出用餐，以及奢華的衣服。我們雖然有能力什麼都買得起（以這個例子

來說是按摩），卻不能什麼都買。除非你年收百萬美元又存得了大筆的錢，否則同樣道理在你身上也適用。

收入不會決定你的財富

身為私立學校的老師，我的朋友大多不符領取州退休金的資格。有的人因為一輩子都在海外工作，不會收到美國的社會安全金（Social Security payment）或有明確的福利退休金收入。

我和佩列 2014 年離開新加坡的教職工作，我開始籌備更多投資講座。我有時到企業演講，有時到國際學校演講。我曾跟一對夫妻聊天，他們碰巧也待過我以前在新加坡的學校。他們比我年長，擔任同一份教職超過二十五年。他們養大了兩個孩子，還替孩子付了大學學費。這對夫妻想讓我看看他們的財務報表。他們沒有拿過一毛錢的遺產，卻累積了可觀的財富。

他們的狀況跟我認識的另一對夫妻類似，但同時也非常不同。第二對夫妻也是一輩子在學校教書，跟第一對夫妻也一樣，他們的孩子如今也二十多歲了。他們購買類似的投資商品。只不過，談到自己的財務情況時實在天差地遠。第二對夫妻的財富只是第一對夫妻的零頭。

這兩對夫妻都是我的朋友。從我的角度來看，他們生活型態類似——都喜歡旅行和上餐廳吃飯。然而，一些選擇上的細微差異就足以解釋兩方的財富落差。其中一對夫妻花在度假和

買車上的錢比另一對多一點。儘管兩對夫妻都喜歡外食，但是越來越富有的那對夫妻會選擇平價的小販食物（新加坡那些小食堂真的很讚）。即使這兩對朋友的生活型態沒太大差異，但經過二十五年，其中一對因為有能力多投資一點而成了百萬富翁。他們理解機會成本的道理。

當然，不是所有人每週都花150美元按摩。我們很多人其實可以減少無法改善生活的花費。簡單的幾個決定，可能就價值百萬。舉例來說，我曾在AssetBuilder.com上發表過兩篇關於買車的文章〈為何買新車不買二手車的決定價值百萬〉（*Why Buying New Cars Over Used Is a Million Dollar Decision*）[1]以及〈租車而不買二手車的決定可能值一百萬〉（*Leasing Cars Instead of Buying Used Could Be a $1 Million Decision*）[2]。如果選擇每五年就換一輛新車，那麼，相較於購入保養得宜的二手車、同時把省下的錢用來投資，該決定的機會成本可能超過百萬美元。在很多情況下，固定不斷地租車，隨之而來的機會成本也會達到七位數。

買低成本的車（或根本不買車）、用便宜一點的手機資費方案、多多在家宴客而不老是上餐館，這總總好處累積起來就很多。使用機會成本模型，就能輕易看出兩對終生收入相近的夫妻，最後的財富層級差異竟然如此誇張的道理。

節流跟減肥的相似之處

沒有人應該告訴你要怎麼花你自己的錢,尤其是一個可能因為按摩少掉 770,241 美元身價的傢伙。你的決定是個人的。要是你排出花錢用度的優先順序,搞不好幾乎什麼都買得起。我的朋友強(John)就是一例,他幾乎是我認識的人之中花最多錢度假的一個。不過他在其他方面都很吝嗇。他多年來拒絕買車。不管去哪裡都搭巴士。對他而言,那些高價位的假期值得他這麼犧牲。

他的旅伴是個什麼都不節省的女性。那個女性友人經常跟他一起搭頭等艙或商務艙去非洲參加野生動物之旅,住五星級的豪華渡假村。強跟她在同一個地方上班,兩個人長久以來的薪水都差不多。但共同之處到此為止。不同於強,他的朋友通常是靠刷卡付旅費,從未付清,而且持續進行。她如今七十多歲了,這輩子都得工作下去。如果她喜歡自己的工作,這也許不是壞事,可惜她不喜歡。原因就在於,她沒有像強那樣排出花錢的優先順序,所以她不得不繼續做自己不喜歡的工作。

排出花錢的優先順序,意味著減少不會改善生活的東西。想弄清楚這些東西是什麼,那就從追蹤自己的花費與收入下手。

網路上有好幾個追蹤支出的手機應用程式,如 Goodbudget、Mint 和 Pocket Expense 都很不錯。很多人會說你應該訂出每個月的預算,但我不會這麼建議。你的花錢用度按

月會有高低起伏，要是你花大錢去旅遊或是家裡突然有東西要維修，預算可能會超支，讓你覺得自己像個蠢蛋。對我來說，預算就像節食。有時候有效……但通常沒效。

例如《美國預防醫學期刊》（*American Journal of Preventive Medicine*）就發表過一篇研究，內容指出對於想減肥的人，寫食物日記記錄自己吃了什麼，是最重要的事之一。[3] 我猜只要他們記錄下當週吃的第六個果醬甜甜圈，可能就會明白自己吃下多少糖吧。一想到還要再記一筆果醬甜甜圈，他們或許會停下來問問自己：「我真的需要吃嗎？我這星期已經吃六個了。」

我們記錄自己吃了什麼、花錢買了什麼，當責心就會加深。這有助於我們吃得更健康、花更少錢。我有個朋友開始追蹤自己的花費後，說道：「我完全不曉得自己花多少錢買了那些幾乎沒在用的科技小物。」他現在決心要追蹤自己把錢花在哪裡，開支也因此少了許多。

多年來，我和我太太一直保持追蹤花費的習慣。每買一個東西，就會把開支加進手機應用程式。或許有人會說：「我不需要這麼做。我的信用卡都有紀錄。」但效果是不同的。當你用手機應用程式追蹤自己的花費時，可以知道每一類花了多少錢。你甚至還能自訂類別，例如我太太就專為酒類創建了一個類別。不知何故，她因此發現了更便宜的葡萄酒（她自己覺得一樣好喝）。

要不了多久，你就會看出某些模式。舉例來說，你可能會

很訝異，自己花了那麼多錢外食。看到自己花了那麼多錢買精品咖啡或甚至，咳咳……按摩。你可能會大吃一驚。

你人生接下來都要追蹤你的收入和花費。每一次買東西只需要花幾秒鐘記錄，還能讓你將自己家庭的收入和支出視為企業經營。企業要是沒有追蹤收支狀況，可能有倒閉的危險。

你看到自己的錢的流向，要確保這與你的快樂相符。比方說，你買了一杯精品咖啡，卻在交通尖峰時段的車陣之中邊開邊喝，那這杯咖啡是否值回票價？就算你是世界上最愛咖啡的人，答案可能也是否定的。你不會細細品味你的咖啡，而是想著其他事：會不會遲到？後座是不是有什麼臭味？那個慢跑的人頭上戴了粉紅色內褲嗎？那輛車幹嘛切入我的車道？

在這種情況下，通常比較合理的做法是在家裡泡好咖啡、裝進外出用的容器然後帶著。畢竟你在急急忙忙之下，可能品嚐不出精品咖啡的濃厚香醇。而且，如果你把本來能存下來的錢用來投資，那麼一杯昂貴的咖啡，以你整個職涯人生來算的話，機會成本可能超過一百萬美元。

我再舉以下例子說明。假設某人每天趕著上班時都花 5.5 美元買精品咖啡（包含稅和小費），一週七天都如此。假設他從二十二歲到六十五歲都這樣做。而在家裡泡咖啡，一天可能只要花 50 美分，如此每天會有 5 美元的價差。沒錯，這並不多，不過等我們算出長期的機會成本你就知道了。

雖然市場有漲有跌，但從 1972 年到 2020 年之間，6 成投

資美國股票和4成投資債券市場的多元投資組合，可以年賺
9.47％。（我在第8章和第9章會詳加解釋。）

　　我們假定同一個投資組合在接下來四十三年間都有這般收
益。假如有人把每天一杯精品咖啡和每天一杯自家泡的咖啡之
間的差額，都用來投資的話，每天投資的金額相當於5美元。
一年就是1,825美元（不包含閏年多出的那一杯咖啡）。如果
每年他們平均收益9.47％，從二十二歲到六十五歲，四十三年
後，這筆錢會增長為1,011,422美元。

　　我們假設接下來的四十三年股票和債券的表現不如1972
年到2020年間那麼好——我的意思不是看壞時局，這種事沒
人知道。但我們就假設情況會變差好了。假如這個投資組合平
均年收益為7％而不是9.47％，那麼精品咖啡相較於家裡泡的
咖啡，機會成本就是483,845美元，幾乎是五十萬美元。

　　眼尖的讀者可能會說：「等等，這是誤導視聽吧！到時候
五十萬美元（或483,845美元）的購買力跟現在不會一樣啊。」
根據通貨膨脹，的確沒錯。從穀麥片到剪頭髮，未來一切的一
切都會更貴。話說回來，一杯精品咖啡也會變貴。所以每天喝
一杯在家泡的咖啡，可以省下來的錢不會一直維持5美元。五
年後可能是6美元。因此，真正存下來的錢可能比483,845美
元還多得多（假設你投資的錢平均年收益為7％）。雖然較多，
但購買力跟如今的483,845美元可能一樣。

　　無論你怎麼看，看似小額的存款都可能造成重大影響。這

就是為什麼一對夫妻退休時有百萬美元，而薪水差不多的另一對同事到頭來卻什麼也沒有。所以啦，沒錯，匆忙間買杯昂貴咖啡可能是價值483,845美元的決定。再不然，假設未來的市場跟過去的收益相同（針對這點，第6章會詳加說明），這還可能是一百萬美元的決定。

再說一次，我並不是要你匆忙上班之際別買精品咖啡的意思。那完全取決於你。我要說的是，追蹤你的花費支出。然後少花錢在不會增進你生活滿意度的東西。如果某些事物真的能讓你開心快樂，那就不要減少用度。

不過，對自己要誠實──接著毫不留情地減少不會改善生活的開銷。這麼一來，再加上把存下來的錢拿去投資，你就會有更多的錢了。而你就能把那些錢用在可以增進自己與他人生活的經歷與目標之上。

記住，所有的選擇都有長期的機會成本。這不是說你得除去生活中所有的樂子，你要做的是聰明的選擇。別忘了，你可以買得起任何東西──但別什麼都買。

活得更好的祕訣

- 財務成本絕對不能只看面值。一定要考慮這筆錢如果用來投資，可能如何變大。

- 從利用手機應用程式追蹤自己的花費下手，讓自己可以記錄不同類別的支出。

- 把你的家庭想成一個企業。不追蹤支出的企業可能會倒閉。

- 問問自己是否能除去或減少某項特定支出。這麼做會不會降低你的生活滿意度？如果會，就別減少這筆開銷；如果不會，那就大刀闊斧地除掉。

- 假想一個情境，算算看機會成本，就像我在本章裡談按摩和咖啡的例子那樣。如此你就會明白砍掉那些支出的整體好處。

第 6 章

廁所中的市場

讓人每天都賺一點的金流，就是你該投資的好理由

　　如果你像我的朋友凱西一樣住在車子上，那你退休就不需要太多錢。但是，如果你選擇買露營車而不是Subaru，那退休所需的錢可能會比凱西多一些。有人或許還要在高級公寓或是山間木屋度過晚年。地點很重要——非常重要，不同城鎮、城市與國家的生活費，從便宜到貴得離譜都有。

　　不過，除非有人給我們豐厚的退休金或是信託基金，否則，我們大多都需要靠著投資，才有本錢退休。

　　我身為學校教師，後來成為理財作家，一直都沒有驚人的收入。但我年輕時就開始投資股市，這對我幫助很大。這不是說你投資得晚就沒有希望了，而是說，如果你有時間讓錢變多，錢就會像兔子一樣多產。

　　我認為你不需要時刻注意經濟、也不必知道如何選擇最好的那檔股票，這跟Youtube、電視，或是財經雜誌上的名嘴們要你相信的相反。你可以一年花一小時（通常連一小時都不用）研究投資，而且收益還勝過大多數的專業市場交易員。聽起來是不是像是保證治好禿頭和皺紋的資訊型廣告？你如果心存懷疑，我會很高興。要查證我的資料來源。講到錢，別人的話都不要信。包含銀行、保險公司，還有投顧公司裡面的人都不要信。很多時候，這些產業充斥著法律認可的騙子（偶爾會有心善又天真的人）。

　　我年輕時利用有同儕審查的經濟科學，每個月增加投資總額，而不是聽取銀行業者的話。我離傳統退休年齡還有二十

年的時候，帳戶就有超過百萬美元了。不需要技巧——這是好事，因為我沒那麼聰明。而且這也沒有佔去我日常活動的時間。這也是好事，因為我把朋友、家人、運動與生活型態擺在第一位。我不會借錢投資，因為我太神經質不能借錢。我做的是有效的事，而這也可以在你身上有效果。

在廁所幫你賺錢的朋友

約恩每天早晨起來，就拿起他床頭櫃上的 iPhone 往廁所去。是的，他帶著手機上大號。你應該至少有一個家人也這樣。約恩上完大號、擦屁股、沖馬桶，然後用肥皂洗手（謝天謝地）。在約恩走出廁所前，他已經幫別人賺到錢了。

例如，他的手機資費方案用是 AT&T 的。我持有 AT&T 小部分股權，所以他間接付費給我。他用寶僑（Procter & Gamble）的衛生紙擦屁股，我也有那家公司的股票。嬌生公司（Johnson & Johnson）製作了他用的肥皂，我也有嬌生公司的股票，所以我為他的衛生習慣鼓鼓掌。

約恩走進了他的廚房，打開電燈。我擁有供電的再生能源公司的股票。約恩倒了一碗 Cheerios 穀麥片當早餐，是通用磨坊（General Mills）的產品，我有通用磨坊的股票。

從約恩起床的那一刻到他上床睡覺為止，他的行動助長了上百家企業的產品與服務——而我擁有這些公司的股票。其中

包含了交通運輸公司、食品公司、能源公司、服飾公司、零售公司、餐廳與咖啡公司、製紙公司、儲存公司、電梯公司、空調或暖氣公司、衛生公司、保險公司、藥品公司、木材公司、天然資源公司、農產公司、科技公司、飲料公司、廢棄物管理公司、回收公司、太陽能公司……族繁不及備載。只要花100美元，你就能擁有數千家不同企業的股份。你的100美元可以分散到每一個產業。

你所處時期的經濟是蓬勃還是衰退，都不重要。約恩年紀大或小也不重要。約恩是單身男子還是十個孩子的爸爸，也不重要。他可以是純素食者或肉食性動物，可以是奎師那信徒（Hare Krishna）或者單純是毛髮旺盛的傢伙。除非約恩住在山洞裡，否則，他每天都要消費並使用幾百家公司的服務。

聽起來太牽強嗎？我懂。你可能會說：「我才沒有每天把錢貢獻給幾百家公司！」但你錯了。擦屁股這個簡單的動作牽連到的產業很廣。以衛生紙為例，約恩買新的衛生紙時，像寶僑這種衛生紙製造商可不是唯一得利的公司。如果他開車去買的話，他要使用燃油，這便會嘉惠如艾克索美孚（ExxonMobil）這類的石油天然氣公司。你說他開特斯拉是嗎？那輛車的電力絕大部分來自化石燃料或氫燃料企業。（環保小妙招：不管開什麼車，不如少開車吧。）

約恩可能在連鎖超市Safeway、好市多（Costco）、或是沃爾瑪（Walmart）買衛生紙。這會讓那些公司增加收益。擁有衛

生紙原料木材的是林業公司，Weyerhaeuser就是一例。而像強鹿（John Deere）這類公司會販賣伐木用的集材機、伐木歸堆機等設備給林業公司。因此，約恩擦屁股的時候，這些公司們滿心歡喜地期待進帳。諸如聯合太平洋公司（Union Pacific）這種鐵路公司，透過運送木材、木漿、還有紙張等等賺取收入。陶氏化學公司（Dow Chemical）這類企業則會製作衛生紙的包裝塑料。（環保小妙招：我們所有的東西都應該少買。）

　　儘管很難想像，但我們光是擦屁股就對幾百家企業有利。說到底，我所列出來的每一家公司都要使用其他企業的服務，才能運作如常。

　　從一杯咖啡到一條牙膏，所有東西的製造、運輸與販賣過程，都會牽涉眾多公司。它們大多都是上市交易公司。幾乎所有的公司，你都可以透過人稱指數型基金（Index Funds）或指數股票型基金（Exchange Traded Funds，以下簡稱ETF）的產品來擁有其股票。當你擁有全球股市指數時，就等於坐擁世界各地數千家公開交易的企業。

　　當人們使用那些企業的產品與服務之時，那些公司會獲利。而（透過指數型基金或ETF）身為那些企業的持有人，你會獲得回報。

分散股利：源源不絕的收入

你的賺錢模式會是這樣：大多數公司過一段時間會付股利給股東。那是從公司獲利的一部分付給股東的現金。隨著企業的獲利提高，也會增加發放的股利。

我在表3裡列出道瓊工業指數裡的八家公司。此表並不是擇優挑選，而是代表道瓊指數上按照字母順序排列的前八家公司。你可以把道瓊指數想像成一間俱樂部，有三十個靠著魁武身形才能擠入的美國企業。

舉例來說，3M公司（按字母排序的第一家）生產各式各樣的產品，有膠帶、牙齒與齒列矯正產品、汽車養護產品，還有消費者電子元件……有好幾個品牌生產六萬種產品。除非你靠漁獵種田維生、過著水電自理的生活，否則你可能這一週就用過這家公司的產品（別忘了衛生紙的那些連結）。

2007年時，3M公司發給股東一股1.92美元的股利。2008年跟2009年的金融危機並沒有減緩公司的發展。這家公司繼續賺更多錢，繼續增加發放的股利。2020年時，它每股發放了6.16美元的股利。如果你擁有多元股市指數型基金（再強調，我稍後會詳細說明），那麼這些股利會存進你的帳戶，或者你也可以再把這些錢用來買更多單位的指數型基金。

這份道瓊工業指數列出的第三家公司是安進（Amgen），全球最大的生物製藥公司之一。2011年以前，這家公司都沒有

發放股利,而是選擇以獲利再投資公司。如此的股利再投資,給股東的好處或許看似不如一年四次的現金股利發放。然而,當公司保留獲利而不是發放股利時,往往能讓股價漲得更高,因此到頭來對投資人有利。蘋果(Apple)的情況亦是如此,它一直到2012年才開始發放股利。

　　碰上景氣不佳,公司可能會暫時減少或維持發放的股利。以雪佛龍(Chevron)為例:2007年到2019年間,每年它都增加發放的股利。但由於Covid-19造成油價下跌,因此該公司2020年時就減少了發放的股利。

　　不管怎樣,如果你持有最多元的股票組合——可透過指數型基金購買,那麼時間久了你幾乎每年都會坐收公司發放的更

表3　道瓊指數前八檔股票的股利

公司	2007	2009	2011	2013	2015	2017	2020
3M公司	$1.92	$2.04	$2.20	$2.54	$4.10	$4.70	$5.88
美國運通	$0.63	$0.72	$0.72	$0.86	$1.10	$1.31	$1.72
安進	$0	$0	$0.56	$1.88	$3.16	$4.60	$6.40
蘋果	$0	$0	$0	$0.41	$0.50	$0.60	$0.80
波音	$1.45	$1.68	$1.68	$1.94	$3.64	$5.68	$2.06
開拓重工	$1.38	$1.68	$1.82	$2.32	$3.01	$3.11	$4.12
雪佛龍	$2.26	$2.66	$3.09	$3.90	$4.28	$4.32	$5.16
思科系統	$0	$0	$0.12	$0.62	$0.80	$1.10	$1.42
平均股利	$0.95	$1.09	$1.27	$1.80	$2.59	$3.17	$3.44

按照字母順序排列。資料來源:價值線投資調查(Value Line Investment Survey)[1]

多股利。

　　我在表3中，列出了道瓊工業指數前八家公司發放的股利平均值。2007年時，它們一股發放了95美分的股利。2009年時，每股平均股利為1.09美元。2011年增加到1.27美元、2013年1.80美元、2015年2.59美元、2020年時則為3.44美元。整體而言，市場上可見同樣的股利增加趨勢。（本書篇幅有限，為了將表格控制在一定大小，本表只顯示每兩年的數據，2019除外，改以2020年的資料呈現——不過，你會了解其中原因。）

　　在你透過指數型基金或ETF持有上千家公司股份時，就是把雞蛋分在好幾個籃子裡。那些公司，有的會年復一年地增加其股利。有的可能沒那麼順遂。但透過持有這一切，你每年收到更高總股利的可能性會提高，一如我們在上方圖表中看到的。這麼一來，你就可以再將股利轉為更多股票。有了更多股票，投資人就會收到不斷增加的股利。除此之外，那些股票的價格往往會上漲，讓投資人雙面獲利。

　　這種左右開弓的連續技威力在此：假設你某個祖先在1920年時替你的家族投資了100美元買美國股票。你的家族一百年後才能動用那筆錢。在投資期間，美國遭逢1929年的股市崩盤、經濟大蕭條、兩次世界大戰、多次美國主導的戰爭、1973年到1974年的金融崩盤、2000年到2002年的金融崩盤、2008年到2009年的金融危機，以及2020年中Covid相關的金融崩盤。

假設當初將這100美元分配到美國市場裡的所有股票。換句話說，這筆錢賺得的是美國股市於1920年到2020年間的獲利。在這一百年裡，光是這些股票，價格就上漲到528,111美元。真不賴吧。不過，如果我們將股利一併計入，並且再投資到同樣的股票上，當初的100美元會成長到237萬美元。

這可是別亂拿股利買太多冰淇淋的好理由呢。

複利的威力

我剛開始投資的時候，只是個放暑假時打工洗公車，而且利用晚上和週末在小超市打工的大學生。大學畢業後，我成為一名老師，收入也因此增加。這讓我能將越來越多錢投資於數千種企業。你也可以這麼做。

我於1989年、也就是我十九歲時開始投資。假設我從十九歲開始到五十歲為止，每個月都投資500美元（一天16美元多一點）。我剛踏上投資之路時，投資金額遠比這個還少。然而，我一開始有了全職工作後，投資的金額就比這個多很多。

你一個月可能沒辦法省下500美元。這也無所謂。如果你盡自己所能投資，後來擁有的錢還是會比沒有投資的情況多出許多。

那麼，1989年起，每個月投資500美元在美國的股市，假設股利也都再投資的話，那麼到了2021年1月時，這筆錢就會

成長到 123 萬美元。這相當於每年 9.85％的複合年均報酬率。有的股票報酬率比這還高。有的表現比較差。儘管如此，如果你持有全美所有公開交易的公司的一小份股票，就會賺到這樣的報酬。你認識的所有人可能都幫了忙。例如每次約恩付自己的手機帳單、吃東西、打開暖氣、上大號、洗澡，或是刮鬍子的時候，他都會用到你持有股份的公司的產品與服務。

為什麼高中老師不教這些？

過去幾百年來，美國股市是表現最佳的股市。只不過，這並不表示將來都會如此。同時這也不意味美國股市的表現在所有年代裡通通勝出。舉例來說，亞洲股市 2000 年到 2011 年間的表現就優於美國股市。加拿大、澳洲、紐西蘭、以及數個歐洲國家的股市（只是舉幾個例子而已）在好幾個量測期內的表現也把美國股市拋在腦後。

沒有人知道哪個股市未來表現最好──這就是為什麼最好全部持有。這樣一來，世界上每一個人（除非住在石洞裡的）多少都會對你的財報收益做出貢獻。

從 1920 年到 2021 年為止，把股利再投資也算進去的話，美國股市每年的複合年均報酬率為 10.67％。之所以拿美國股市為例，是因為我要取得歷史資訊較為容易。但稍後我會說明，你應該以全球布局，去投資美國和國際股市。

　　美國股市在某些年代的表現優於 10.67％，有的年代則不到 10.67％。在附錄的表 A1 裡，我列出了滾動報酬率，讓大家看看 1920 年開始每個年代的情況。如表所示，美國股市從 1920 年到 1930 年之間的十年，複合年均報酬率為 15.4％。這個報酬率可以把 10,000 美元在十年內變為 41,884 美元。

　　然而，1929 年到 1939 年間，美國股市表現每年跌 1.34％。換句話說，年均報酬率是負的。假如有人在 1929 年初時投資了 10,000 美元的畫，十年後價值只剩 8,737 美元。

　　但 2009 年到 2019 年的這十年當中，美國股市複合年均報酬率達 13.90％。10,000 美元可以變為 36,748 美元。

　　話又說回來了，美國股市在 1999 年到 2009 年間又出現負回報率。每年跌 1.89％。10,000 美元的投資會減少成 8,262 美元。

　　這看起來好像是很冒險的投資，對吧？以每十年來看，的確如此。只不過，時間是相對的。如果你是隻蜻蜓，十年是好幾個世代。但我們不應該以昆蟲的方式思考。時間範圍越大，整體風險就越低。

　　即使你已經六十歲了，你的投資期待大約還有三十年。而這三個十年是唯一具意義的視角。本週、本月、本年，甚至現在這個年代的股市表現完全不重要。別誤會，我沒有要你工作到九十歲為止。但目前，你要曉得短期的報酬率意義不大（十年算短期）。稍後我會解釋你可以在大規模崩盤的前一晚退

休、每年領錢、而且你的投資組合還能最起碼維持三十年。（所以六十歲的人應該想想三十年的投資期。）

　　不過我們還是回過頭來談點歷史。我們讀高中的時候，很多人都有考元素週期表的經驗。我倒希望老師們考學生股票的十年滾動報酬率。這樣的話，就會有更多人理解十年報酬率面對長期計畫時只是毫無意義讓人分心的事罷了。

生活滿意度與預期投資報酬率

　　我之所以收錄那份表格，可不是為了證實自己是怪咖。了解歷史，有助於教育投資人，也能調整期待。我太常碰到投資人只聽到股票每年報酬率大約10％的情況了。他們碰上連續好幾年下跌、或是某個年代沒賺到錢的情況時（詳見那份附錄裡的表格），可能會深信那不是正常現象。這麼一來，他們可能巴不得快將手中所有持股賣掉，或不再投入金錢。反過來，假如人們看到過去每十年的滾動報酬率，或許碰上股票走下坡時就不會舉旗投降了。連續多年下跌，其實是相當正常的現象。

　　2014年，倫敦大學學院做了一份調查研究，依據不同事件預測快樂指數。他們採用了一個叫「英國實驗」（The Great Brain Experiment）的應用程式，同時登錄了超過一萬八千名的研究對象。研究發現，個人的期待是快樂程度的最佳預測因子。換句話說，當我們期待著一件很棒的事，而結果卻不如預期，我們

往往會非常沮喪；當我們預期壞事會發生，而結果卻比預期好（即便還是有點糟糕），我們會感覺挺不賴的。[2]

　　符合現實的期待還可以幫你賺錢，以下便是一例。幾年前，我妹妹的朋友緊張兮兮地寫了一封電子郵件給我。她寫道：「股票每年照理會漲 10％，我現在有個指數型基金的多元投資組合，是照你在《我用死薪水輕鬆理財賺千萬》中的建議來建立的。可是過去兩年間，我都還沒有達到年均報酬率 10％。」這位女士知道過去一百年來美國股市每年平均報酬率約為 10％，也知道此前五十年全球股市的年均報酬率差不多是 10％。然而她的投資組合過去兩年的年均報酬率只有約 6％，她因此覺得不太正常。她沒有考慮到自己的投資組合內含股票與債券（我很快會解釋債券）。她也沒考慮到另一件重要的事：談到投資，十年只是曇花一現的光景。

　　她只是曉得過去百年以來美國股市年均報酬率約為 10％。對自己的投資成長期待幻滅後的她，不再增加投資的金錢。長期下來，犧牲可大了。她能捐出去的錢會比較少、買經歷的錢會比較少，而且，端看她的生活環境而定，她能用在食住方面的錢也會比較少。這就是期望如此重要的原因了。如果她看過每年報酬率或十年報酬率那些天差地遠的可能情況，那麼以過往為鑑，她或許就不會放棄了。

　　寫這封電子郵件給我的時候，她四十歲，她活到九十歲的話就仍有約五十年可以投資。要是她還在上班，就會繼續加錢

投資。當她退休時，可以每年賣掉持份。只要她繼續活著，就會有錢投資——這就是她如果活到九十歲，投資期還有五十年的理由。太多投資人都短期思考。不過，單獨一年與單獨十年的報酬率意義不大。終生的報酬率才是唯一有意義的。

　　股票的風險，透過長期視角來看，會比以每天、每週、每月、每年，或甚至每十年期間的評斷低得多。表4顯示美國股票從1927年1月開始每三十年的滾動報酬率（以美元為單位）。該表也列出了加拿大股市從1959年開始每三十年的滾動報酬率（以加幣為單位），我已經找不到比這更早的紀錄了。晨星基金資料庫（Morningstar Direct）提供1971年以來全球股市的表現，所以此表也包含二十二個全球股市的三年期滾動報酬率紀錄（以美元為單位）。[3]全球股市幾乎彙集了世界各地的股市，包含美國、加拿大、歐洲、亞洲、南美洲、澳洲、非洲，以及紐西蘭。

　　想像一下，假如你在1929年一開始就投資美國股市，總額10,000美元。在那個時間點投入一整筆錢實在很糟糕，不是嗎？畢竟，那個時間點標記了史上最嚴重之崩盤的開端。你的錢在全球經濟大蕭條期間會萎縮，之後還要面臨二戰和韓戰的重挫。你可能會好奇三十年後這筆10,000美元還值多少。到了1959年1月，那筆錢會成長為107,555美元。那可是8.24%的複合年均報酬率。

　　沒有人能預測未來。然而多元投資組合與長期視角會大大

降低風險。

表4　三十年期滾動式年均報酬率

起始與終止時間	期限	美國股市*	加拿大股市**	全球股市*
1927-1956	30年	10.02%		
1928-1957	30年	8.50%		
1929-1958	30年	8.24%		
1930-1959	30年	9.08%		
1931-1960	30年	10.0%		
1932-1961	30年	13.17%		
1933-1962	30年	13.02%		
1934-1963	30年	12.08%		
1935-1964	30年	12.98%		
1936-1965	30年	11.78%		
1937-1966	30年	10.40%		
1938-1967	30年	12.55%		
1939-1968	30年	12.49%		
1940-1969	30年	11.90%		
1941-1970	30年	12.36%		
1942-1971	30年	13.20%		
1943-1972	30年	13.21%		
1944-1973	30年	11.71%		
1945-1974	30年	9.93%		
1946-1975	30年	9.90%		
1947-1976	30年	11.12%		
1948-1977	30年	10.78%		

起始與終止時間	期限	美國股市*	加拿大股市**	全球股市*
1949-1978	30年	10.72%		
1950-1979	30年	10.74%		
1951-1980	30年	10.62%		
1952-1981	30年	9.80%		
1953-1982	30年	9.94%		
1954-1983	30年	10.60%		
1955-1984	30年	9.35%		
1956-1985	30年	9.42%		
1957-1986	30年	9.97%		
1958-1987	30年	10.18%		
1959-1988	30年	9.57%	10.95%	
1960-1989	30年	10.27%	10.32	
1961-1990	30年	9.95%	10.87%	
1962-1991	30年	10.04%	10.22%	
1963-1992	30年	10.67%	9.90%	
1964-1993	30年	10.31%	9.81%	
1965-1994	30年	9.78%	10.31%	
1966-1995	30年	10.57%	9.48%	
1967-1996	30年	11.60%	9.74%	
1968-1997	30年	12.08%	10.92%	
1969-1998	30年	12.54%	10.82%	
1970-1999	30年	13.62%	10.02	
1971-2000	30年	13.12%	11.06%	14.52%
1972-2001	30年	12.11%	11.46%	13.85%
1973-2002	30年	10.66%	10.68%	12.30%
1974-2003	30年	12.07%	9.31%	10.67%

起始與終止時間	期限	美國股市*	加拿大股市**	全球股市*
1975-2004	30年	13.42％	10.16％	11.96％
1976-2005	30年	12.43％	11.77％	12.79％
1977-2006	30年	12.53％	11.98％	12.43％
1978-2007	30年	13.11％	12.15％	13.34％
1979-2008	30年	10.69％	12.12％	13.04％
1980-2009	30年	11.07％	9.68％	10.05％
1981-2010	30年	10.70％	9.42％	10.70％
1982-2011	30年	11.05％	9.06％	10.36％
1983-2012	30年	10.65％	9.12％	10.00％
1984-2013	30年	10.93％	9.17％	10.38％
1985-2014	30年	11.19％	8.52％	10.56
1986-2015	30年	10.40％	8.97％	10.34％
1987-2016	30年	9.80％	7.85％	8.94％
1988-2017	30年	10.59％	8.23％	7.92％
1989-2018	30年	9.91％	8.33％	8.42％
1990-2019	30年	10.0％	7.62％	8.14％
1991-2020	30年	10.66％	7.66％	8.28％
1992-2021（6月）	30年	10.05％	8.44％	8.44％

資料來源：DQYDJ、標普500報酬率計算器（S&P 500 Return Calculator）[4]、晨星投資研究平台

* 美國與全球股市報酬率以美元為單位

** 加拿大股市以倫多證券交易所綜合指數（TSX Composite Index）採計，加幣為單位：Stingy Investor Asset Mixer試算表[5]

當個股東，也當個放款人

　　平均而言，大概每三個歷年＊就有兩個歷年的股票會增值。這表示我們得預期一個歷年的貶值，甚至可能是為期十年的下跌。但如果我們的投資組合更多元，同時加入債券的話，貶值長達十年的機率就會大幅降低。

　　持有股票，你就是老闆。持有債券，你就是放款人。債券是你貸款給企業或政府換得固定利息的方式。那些利率雖然低，但當你擁有幾千張不同的債券時（你可以透過多元的債券市場指數型基金或ETF購買債券），你的財務就更穩定。帳戶下有債券的話，股市大跌時你的錢也不會減少那麼多。

　　從基金公司先鋒集團（Vanguard）的調查結果，我們可以看到歷史上結合股票和債券之多元投資組合的報酬率。表5顯示這些報酬率的範圍。我們要注意的是，100％投資在股票上的投資組合會賺得更高的長期報酬率。儘管如此，股市崩盤的時候，它們也會比結合股票與債券的投資組合跌得更慘。極少人膽敢說：「我可以100％投資在股票上，就算虧損十年也沒關係。」（參考附錄中表A1的1929年–1939年、1930年–1940年、1999年–2009年，還有2000年–2010年的區間變化。）這也就是結合股票與債券之多元投資組合之所以更有道理的原因。畢

＊　　編注：calendar years，以1月1日起算至12月31日為一年。

竟大多數人都高估了自己情緒對市場下跌的容忍能力。

表5　歷史上的投資報酬率（1926年到2020年）

	100%股票	80%股票 20%債券	70%股票 30%債券	60%股票 40%債券	50%股票 50%債券
年均報酬率	10.1%	9.4%	9.1%	8.6%	8.2%
虧損的歷年數	26／93	24／93	23／93	22／93	18／93
增益的歷年數	67／93	69／93	70／93	71／93	75／93
表現最差的一年	-43.1%（1931）	-34.9%（1931）	-30.7%（1931）	-26.6%（1931）	-22.5%（1931）
表現最佳的一年	+54.2%（1933）	+45.4%（1933）	+41.1%（1933）	+36.7%（1933）	+32.3%（1933）

資料來源：先鋒集團網站 vanguard.com[6]
注：表中數據根據美國股票與美國中期政府公債計算而來

債券何以能幫你一路領先

　　1926年以來，美國股市曾經有四個十年的滾動報酬率為負的。儘管如此，投資組合中至少有20%債券的投資人在這四個十年期都沒有虧錢。舉例來說，美國股市最差的十年報酬率是1999年到2009年的－1.89%。這會把10,000美元的投資變成8,262.90美元。不過，假如投資人持有80%股票和20%債券，他們每年會有0.34%的年均報酬率。這麼一來，10,000

美元的投資會變成 10,345.25 美元。

　　同一個時期（1999 年到 2009 年），投資人如果持有 60％股票和 40％債券，他們會有 1.90％的年均報酬率。10,000 美元的投資會變成 12,070.96 美元。

　　別低估一次十年下跌對投資心態可能造成的影響。如果這讓你決定套現或不再增加投資額，那你最終的損失可能很大。這就是加入債券分配有其道理的原因。債券如果控制了虧損，就有助於提升你的長期獲利。

錢放銀行，比投資更危險

　　許多人擔心股市下跌，所以不投資。這些人反而把錢都一股腦放進儲蓄帳戶、投入貨幣市場基金，還有定存。不過，這類帳戶保證都要虧錢。我並不是說你不該把錢放在這種帳戶下。假如是為了買房的頭期款而儲蓄，這類帳戶的任何一種都很有用。同樣道理，這些帳戶也能是有用的緊急資金（人人都應該在這種可動用的現金帳戶裡存放約六個月的生活開銷，以免失業之需）。如果你是在準備買屋或失業時遭逢市場下跌，那你就必須在低點套現，以動用現金——沒有人希望這樣。話說回來，談到存退休金這回事，儲蓄帳戶、貨幣市場基金、定存單的風險都遠高於股票與債券市場指數型基金的多元投資組合。我岳母的故事就是最佳範例。

　　儘管定存的利率低到不行，我的岳母還是非常喜歡定存。最近她買了一張利息0.5％的一年期定存單。這比全國的平均利息稍微高了一點點。根據Bankrate.com，一年期定存單的平均利率是每年0.45％。[7]她過去五十年來都把錢放在定存和儲蓄帳戶下。這樣的風險遠大於任何人能負擔的範圍。我的說法似乎有違直覺，容我解釋一番：假如你是為了買房的頭期款或是為了預留六個月的生活開銷而存錢，那定存和儲蓄帳戶就很有道理。這些投資都不會損失。但如果把這些當成退休帳戶，你就會像是用一支網球拍在逆流中划船——因為通貨膨脹會一直把你往回推。以下就是個例子：

　　假設你有1,200美元。你打算一天之內把這筆錢花掉。你想買的東西有：
　　一箱衛生紙
　　一件新的長褲
　　帶整個家族上餐廳吃頓飯
　　給車子換新輪胎

　　但你決定把這個大日子往後延。於是你將200美元存進儲蓄帳戶，然後將剩下的1,000美元放定存，打算每年到期再續存。
　　五年後，你把錢和利息都從儲蓄帳戶和定存裡提出來，

發現這些錢從 1,200 美元變成了 1,300 美元，你相當得意。你大約每年賺了 1.7％。

　　你買了一箱衛生紙，但衛生紙的價格比你印象中的還貴；接著你買了一件長褲，長褲的價格也更高了；你請爸媽、兄弟姐妹，還有你的孩子們一起去你最愛的餐廳吃午餐，但餐費高過了你的預期；最後你用剩下來的錢想幫自己的車子換一組輪胎。買不了。你錢不夠。

這是怎麼一回事？五年前，你可以用 1,200 美元付清所有，現在卻需要超過 1,300 美元才行。定存裡的 1,000 美元幾乎跟不上通膨速度，而儲蓄帳戶裡面的 200 美元每個月都被通膨吃掉。簡單說，就購買力而言，你投進「某種安全標的」的 1,200 美元虧錢了。這就是為什麼扣掉通貨膨脹之後的報酬才叫做真實報酬（real return），只有這才算數，是唯一真實的。

　　這雖然聽起來刺耳，但值得再強調一次。除非你扭曲數學定律，否則你在儲蓄帳戶或定存裡連一毛真實的錢都賺不到。

　　這有沒有讓你十分懷念起過去美好的日子呢？我想起自己在 1980 年辦了第一個儲蓄帳戶的事。當時我十歲，媽媽帶著我到多倫多道明銀行（Toronto-Dominion Bank）。那年我的錢增加了大約 11％，你或許也體驗過類似收益。但根據消費者物價指數（CPI），那年的通膨率為 12.52％。當時一般的定存利息跟符合那年的通膨率，而儲蓄帳戶則並非如此。至今的差別也

不大，儲蓄帳戶和定存不會產生真實的獲利，那些過去美好的日子也沒那麼美好。

可惜，你我都無法躲避現實。以 2015 年 1 月到 2020 年 1 月這五年期間為例，美國年均通膨率為 1.82％。如果你一年沒有至少賺得 1.82％的增益，就等於虧錢了。2015 年價值 10,000 美元的商品與服務，到了 2020 年年初時，要花費約 10,943 美元。

反過來，如果你在同樣這五年期間裡，把錢平均分配在美國股市指數和中期的政府公債市場指數上，你就會賺到真實獲利。扣掉通貨膨脹前，你得到的複合年均報酬率約為 6.83％；扣除通膨後，每年的真實報酬率會是 5.01％。

1972 年到 2020 年間，有四十四個五年的滾動週期：第一個是 1972 年到 1976 年、第二個是 1973 年到 1977 年、第三個是 1974 年到 1978 年、第四個是 1975 年到 1979 年……第四十四個則是 2015 年到 2019 年。在這所有四十四個五年期的滾動週期裡，放進儲蓄帳戶和定存的錢都沒賺到一毛真實報酬。

對比之下，平均分配到美國股票指數和中期政府公債指數的錢，在這四十四個五年期的滾動週期裡則可以賺得真實報酬（詳見表 6）。

你或許會好奇，結合股票和債券的投資組合在無法對抗通膨的那四個五年週期裡，表現得如何？1972 年到 1976 年間，這個投資組合的複合年均報酬率為 6.99％；1972 年到 1977 年

表6　五年期滾動週期（1972年1月到2020年）

	定存與儲蓄帳戶 在所有五年週期中獲利	平衡型投資組合 （50%股票、50%債券） 在所有五年週期中獲利
44個週期	0／44	40／44

資料來源：portfoliovisualizer.com[8]

間為3.81％；1974年到1978年為6.29％；至於1977年到1981
年則為7.57％。附錄中的表A2中，逐一顯示出這四十四個五
年週期與美國通膨率的差異。

　　股票配比較高的投資組合在大多數的週期中，表現都好過
股票與債券各半的投資組合。不過，股票配比較高的投資組合
也較難以捉摸。而不管你選擇較高或較低的股票配比，最重要
的是記得我說的重點：定存和儲蓄帳戶不會賺錢。這無庸置疑。

　　定存與儲蓄帳戶不是為了增加我們的購買力。正因如此，
如果想為退休存錢，比較合理的選擇是結合股票與債券市場指
數型基金的多元投資組合。好消息是，建立這類投資組合很簡
單。但你可別走進某家銀行或投顧公司，要求理財顧問幫你建
立指數型基金或ETF的投資組合。業界人士自有不可告人的小
祕密，他們不希望你知道。接下來我們會詳細討論。

活得更好的祕訣

- 透過指數型基金或ETF的投資組合持有每一個產業的一小部份股票，會增加你投資成功的機率。
- 定期投入金額（無論短期市場表現如何）能幫你未來坐享財務安全。
- 不要害怕短期的起伏波動。在股市，就算十年也只是曇花一現的時間。理解過去的股票報酬率，如此你就能有符合現實的期待。
- 假如你為了購屋的訂金或是緊急資金而存錢，就不要把那一筆錢放在股市。把錢放進儲蓄帳戶或貨幣市場帳戶下，讓你容易動用。

第 7 章

投資，
為什麼不該讓專業的來？

發揮複利效應，先看懂隱形費用與它們的產地

幾年前，瑪莉蓮（Marilyn Arsenault）和她的丈夫喬伊（Joey Pietraroia）得知了理財服務業不可告人的小祕密。他們在最初決定存錢退休的時候，約了一位理財專員。身為跑步教練的瑪麗蓮和擔任交響樂團指揮的喬伊，滿心期待理財專員會好好為他們謀取利益。

表面上，事情也一如他們所想。那位理財專員詢問了他們的目標，正如瑪麗蓮每年都會問自己所帶領的選手們的目標一樣。接著，理財專員草擬了一份計畫，也正如喬伊在讓交響樂團準備團練時一樣。但仍舊有些不同之處。瑪莉蓮不會在每次訓練前給運動員吃好幾桶冰淇淋；喬伊不會把水倒進小喇叭裡。然而，多數理財專員卻往往會做類似的事，損害客戶的投資績效，而且毫不自知。瑪莉蓮和喬伊的理財專員也不例外。她把兩人的錢投入了好幾個主動式管理共同基金。這種基金會收取隱藏費用，有礙投資績效。以下是這些基金的運作方式。

每一個基金都由一位基金管理人或是基金管理團隊管理。這些人的工作是替基金交易股票。舉例來說，瑪莉蓮和喬伊的共同基金以美國股票為主。在這種情況下，基金管理人會買進超過一百家美國公司的股票。管理人會想辦法買熱門的股票，避開不熱門的股票。一般來說，主動基金管理人每週都會交易不同的股票，有時則是每天交易。年初在基金內的股票，大多到了年尾時已經不在基金裡了（大約60％左右）。

這乍聽之下很聰明。管理人若是預期一支股票將表現不錯

就買進，而預期手上其中一支股票可能會跌，那就賣出換另一
檔。然而，這種交易幾乎不會有成效。何況，基金公司並不會
將此視為最重要的事。公司的第一要務是替公司賺錢，投資人
才是其次，而且重要性遠不及前者。投顧公司要賺錢，靠的就
是每年用合法的方式將基金裡的錢過篩。換句話說，他們從瑪
莉蓮和喬伊持有的基金裡把錢拿走──這就是所謂基金的費用
率（expense ratio）。共同基金公司以這筆錢支付公司的開銷，包
含用電、紙張、廣告、營建與維護、場地租用、人事、電腦、
通路費（付給提供基金建議的專員的佣金），還有……投顧公
司股東們的獲利。

　　投資人常常會問：「我有什麼費用要付嗎？」有些理財專
員會說：「不用，什麼費用都不用付。」如果你聽到有人這麼
說，請拔腿就跑。投資人可以在基金公司的公開說明書上找到
列出的費用率。不過，還有一個額外成本在其中是看不到的，
即基金管理人交易股票時投資人要付的費用。

　　例如，當基金管理人要將可口可樂的股票改換成網飛
（Netflix）的股票時，第三方經紀商會收取這筆交易的交易費。
只可惜，共同基金公司不會幫瑪莉蓮與喬伊付錢，而是直接從
基金中扣除。也就是說，像瑪莉蓮和喬伊這樣的人要付那筆費
用。

　　指數型基金教父約翰・伯格（John C. Bogle）發表於《財務
分析師期刊》（Financial Analysts Journal）的一篇調查研究指出，如

果計入費用率成本、佣金、基金內非用於投資的現金，以及內部證券交易交易費，那麼美國的主動管理共同基金每年會吃掉投資人 2.27% 的成本。聽起來不多，但這可能比減薪 40% 更嚴重。[1]

　　假設某年某檔共同基金的持股在扣除費用之前賺了 2.27%，那付完 2.27% 的費用成本後，投資人一毛錢也沒賺到，因為他們失去 100% 的利潤；如果這檔基金在扣除費用之前賺了 4.54%，那麼投資人付完 2.27% 的全部費用後，會損失 50% 利潤；如果這檔基金在扣除費用之前賺了 9.08%，投資人會損失 25% 利潤。

　　長此以往，這種損失會造成大失血。以下顯示出，10,000 美元在扣除費用前後的情況下，五十年後會變為多少。假設每年都需要扣除 2.27%（包含費用率支出、未投資的現金、佣金，以及內部交易費用……諸如此類），那麼 10,000 美元會變為：

- 469,016（扣除費用之前，即 8% 的年均報酬率）
- 162,148（扣除費用之後，即 5.73% 的年均報酬率）

買指數型基金的好理由

　　假如股市在某一年漲了 8%，那麼，投資給該股市的主動管理共同基金的總獲利率，會等於該比率扣除費用。也就是

說，如果費用是 2.27％，投資主動管理基金的人會有約 5.73％
的報酬。這個計算是根據諾貝爾經濟學獎得主威廉‧夏普
（William F. Sharpe）的研究。[2]

　　不過，這並不只適用於主動式管理共同基金，而在主動式
管理的所有形式都成立：避險基金、當沖交易者、大學校務基
金，還有共同基金。這些作為一個群類，代表了市場的報酬。
舉個例子：假設美國股市下個年度漲了1％，如果我們把當年
美國股市所有的共同基金、避險基金、大學校務基金與當沖交
易者的表現平均起來，他們的平均報酬率大概會是1％（扣除
費用之前）。

　　它們作為群類，賺得的報酬不會高於或低於市場報酬，
因為它們就代表市場。這就是買低成本指數型基金比較好的原
因。以多元股市指數型基金為例，幾乎市場中的所有股票都包
含在內了。倘若這個市場某年的漲幅為1％，那麼指數也會賺
進1％，然後扣除本身一小筆費用。多數情況下，這筆費用每
年大約在0.03％到0.15％之間，有時甚至更低。舉例來說，富
達投資（Fidelity Investment）就提供美國人客戶零費用的指數型
基金。而且，指數型基金沒有掌舵的主動交易員，不會有人心
急地交易股票，因此內部交易費幾近於零。

沒有費用率，投顧公司要賺什麼？

我在超市打工時，店經理有時候會給超低價的香蕉打廣告，那價格比進貨價更低。也就是說，店家在促銷期間賣香蕉會虧錢。有一次我問農產品經理：「為什麼要這麼做呢？」他回答：「這叫帶路貨，可以招徠客人入店。而且，客人來的時候，通常不會只買香蕉。他們買其他東西的時候我們就有利潤了。」富達的零費用指數型基金就很類似，可以吸引投資人，而這些人或許忍不住會把較貴的富達集團主動式管理基金加進自己的投資組合裡（如果那些基金最近的表現強勢，投資人尤其可能這麼做）。

你若想贏過絕大部分的專業投資人（扣除費用後的績效），那就建立一個低成本指數型基金的投資組合。裡面一定要包含美國股票和國際股票，同時也要有債券指數型基金，兼具多元性，也確保穩定度。如同前面一樣，我會教你究竟如何達成，或教你如何花錢找個能幫你的人做。

成本更低、獲利更高的方法

我跟年輕人演講時，常常會說：「你們如果學習到理財素養，就可以選一個自己樂在其中的職涯，即便那個薪水不多也沒關係。」指數型基金就是那種理財素養的一部分。我見過好

多年輕人，因為覺得自己夢想的工作沒辦法賺夠錢，所以不選擇那樣的職涯。他們有人想當老師、作家，或是釀酒師，但查過這些工作的薪水後，他們都略過了自己愛的工作，選擇薪水更高的職業。[3]

這很可惜，因為我一直提到，時間是我們擁有的資源裡唯一不可再生的。根據線上刊物《從數據看世界》（*Our World in Data*，暫譯），我們花在工作上的時間遠多於所有事（睡覺除外——我們每晚都要睡覺，卻不用每天工作）。既然如此，我們為什麼要花醒著的大部分時間做一件不喜歡的事？[4]

可惜的是，很多人會用生活品質換取更高收入。我們在第2章提過，超過某個收入等級後，快樂感就不再增加。事實上，快樂感在達到某個高收入點之後就會開始下降。因為高薪工作的責任往往更大，要投注更多時間。這種工作要求會減少我們能與親友的相處時間，以及從事運動或嗜好的快樂時光。

錢賺比較多的人往往也會花比較多。我在第1章引述過，根據研究，買更高價車子、換更大房子、購買更多物質商品的人並不覺得自己的生活比較好。這是享樂適應的結果，因為我們會習慣自己所有之物。

話說回來，有了正確的心態和投資產品，人們就可以擁抱自己熱愛的職涯，屆齡退休時會比許多高收入份子有更多可自由運用的金錢。第一步就是追蹤自己的花費，減少不會為生活增添價值（如果真的有）的花費。接著，如果理解機會成本（詳

見第5章），那我們可能會有所領悟而將更多錢用於投資。而透過指數型基金，我們的錢就會比利用主動式管理基金更有發展。

　　假設指數型基金的投資組合每年報酬都比主動管理基金高2%，那麼收入中等、快樂工作的人，不但能比（痛恨自己的高收入工作且積怨已久的）鄰居投資更少，退休時卻有一樣多的金錢。

　　假設投資人A四十年來，每個月都投資500美元在指數型基金的投資組合裡。那麼A在職涯期間總共會投資240,000美元。如果每年平均有8%報酬率，那四十年後A的錢會變成約1,621,694美元。

　　那麼，假設另一個投資人B的投資金額比A多了近70%，每個月投資840美元，一樣投資四十年。那麼B的職涯期間總共會投資403,200美元。不過，如果B每年少賺2%（因為共同基金的費用較高），那麼，到頭來B大約會有1,610,701美元。換句話說，B可能多投資了70%的錢，但最後的錢卻比A少。

　　你若學會有效投資，就能樂在自己所選的職涯中，而不是出賣靈魂，換得自己痛恨的高收入職位。

理財顧問的反指數型基金作戰計畫

　　過去我以為，把主動式管理基金放進自己顧客帳戶下的理

財顧問不是壞人、就是道德有瑕疵的好人。但如今我的理解不同了。這些人的理財顧問訓練中，沒有教他們指數型基金或主動式管理基金，哪一種會替客戶帶來更好的績效。他們的公司只想著提高企業獲利，因此，公司鼓勵他們銷售主動式管理產品。這類產品會付高額佣金和管理費給理財顧問與其公司。相較之下，低成本指數型基金既不付佣金也不付管理費。這可以解釋，為何當你要求理財顧問幫你建立指數型基金的投資組合時，他們大多會有一套反指數型基金的作戰計畫。他們會說：「指數型基金只會給你平均報酬而已。為什麼要勉強接受這種普通的表現？」

美國知名小說家辛克萊（Upton Sinclair）曾說：「當一個人的薪水取決於他不了解的事，就很難要他弄懂這件事。」

事實上，指數型基金會產生高於平均的報酬。標普道瓊指數公司（S&P Dow Jones Indice）的SPIVA計分卡每一年都會記錄主動式管理基金相較於其指標指數的表現。主動式管理基金每年都比較差，無一例外。投資期越長，主動式管理基金跟上其指標指數的可能性就越低。

舉個例子吧。2020年6月30日之前的十年期間，美國股票指數表現比84.49％的主動式管理美國股市基金更好。[5]

在共同基金費用更高的加拿大，主動式管理基金情況更差。同樣的十年期間，以美國股票為主力的加拿大主動式管理共同基金，竟然有95.24％的表現不如美國股票指數。這些加

拿大的共同基金裡以加拿大股票為主力的，在2020年6月30
日為止的過去十年內，幾乎有90％的表現不如加拿大的股票
指數。[6]

不過，你如果用這種數據資料質疑理財顧問，他們大多不
會畏懼，而會回答：「我們只建議表現優於指數的基金。我來
給你看圖表。」

主動式管理基金十年期表現優於其指標指數的約有
20％。因此，表面看來，只挑選表現優良的很合理。然而，在
某段期間勝出的主動式管理基金，通常在下一段期間會讓人失
望。

SPIVA計分卡每六個月就會發布「績效持續性計分卡」
（Performance Persistence Scorecard）。該計分卡會確認特定期間當
中有多少個主動式管理基金是業界表現最佳的基金。然後，計
算出那些基金是否維持它們的致勝之道。

例如，SPIVA計分卡就檢視過2010年到2014年間表現最
佳的前25％基金，接著又看看2015年到2020年業界表現最好
的基金。我們想知道的是：2010年到2014年間表現最佳的基
金，在2015年到2020年這段期間還有多少仍留在前25％名單
內？

如果你相信績效持續性的話，你可能會說：「嗯，五年
期表現優於大部分同類的基金，接下來五年的表現可能也領
先。」我們沒理由不這麼認為。說穿了，大部分的專業工作都

是這樣，像是教師、牙醫或外科醫生等領域，表現優異的前
25％，大部分在接下來的五年都還是會保持在前25％。

　　只不過，基金管理人的情況並非如此。大體來說，強勁表
現靠的是運氣。正因如此，2010年到2014年間表現前25％的
基金，在2015年到2020年間，只剩下21％還留在前25％的名
單裡。也就是說，這些先前勝出的基金，有79％滑落為差強
人意的基金，或者更差。所以，如果有個理財顧問說：「我們
選這些表現很棒的基金吧。」這時我們就必須知道它們繼續表
現亮眼的機會很小。[7]

　　基金公司有時候會拿以往的數據資料，來宣傳它們績效勝
過指數的紀錄，但不希望你看得太仔細。美國基金（American
Funds）這家公司就是一例。

　　2019年，持有美國基金公司的資本集團（Capital Group）在
自家網站上提寫道：「誰可以找出表現優於指數的（主動式管
理）基金？我們可以。」

　　他們比較了1976年以來標普500指數（S&P 500 Index）和五
個資本集團下美國基金公司的主動式管理基金的報酬率。主動
式管理基金的表現看起來好極了。但是，它們過去強勢的績效
成果卻沒能通過績效持續性測試。到了2020年，標普500指
數的表現，已經擊敗這些美國基金公司挑選的基金冠軍過去一
年、三年、五年、十年，還有十五年期的總報酬。

　　如果是可課稅的帳戶，那麼這些主動式管理基金和指數型

基金間的績效落差甚至還更大。畢竟美國基金公司有負責運籌帷幄的主動交易人。那些交易人每年買賣股票。一產生賣出獲利，他們的投資人（可課稅帳戶中的人）就必須繳稅。這大多是短期資本利得稅，帶給投資人的傷害比長期資本利得稅率更嚴重。

　　相較之下，指數型基金幾乎不交易股票。因此，投資人一直到套現前幾乎沒有資本利得稅要繳。等他們賣的時候，也是以比較低的成其資本利得稅率計算。

　　如果你這麼跟理財顧問解釋，他們應該會開始冒冷汗。不過，理財銷售人員可能比灰指甲更難擺脫。接下來你可能會聽到這樣的話：「碰上股市下跌時，指數型基金就很危險。主動式基金管理人認為大盤要跌了，可以把錢抽出變現，但指數型基金卻與股市100％相連。」

　　我稱這為「理財顧問的嚇人招式」。如果你要陪他玩，就問他：「你活到現在，哪一年股市出現最大跌幅？」除非你的顧問年過百歲（而且還記得1931年），否則他應該會說：「2008年，那年真的好慘，美國股市指數跌了將近38％。」

　　到了這個時候，大部分的顧問會開始沾沾自喜等著你上鉤了。你接著該問：「大部分的主動式管理股市基金，在2008年時表現優於美國股市指數嗎？」

　　多數的理財顧問會回答「有啊」，可是情況並非如此。2008年時，64.23％的美國主動式管理股市基金，表現不如美

國指數。[8]也就是說，超過半數的基金的主動管理人並不知道股票會跌。

　　但更重要的一點是：聰明的投資人不會買單一股市指數型基金。他們會一併投資全球股票和債券。有些情況下（我會在第8章說明）他們會買全包式的指數型基金投資組合，其中包含了股票市場和債券市場指數。這一點非常重要。說穿了，在市場下跌的時候，兼具股票和債券的多元投資組合不會跌得那麼嚴重。到了這個節骨眼，理財顧問如果還沒有氣餒到奪門而出，你可能會聽到他接著說：「我們的研究團隊有辦法說出你的錢要往哪裡移。假如我們認為債券、美股、新興市場股票，或是黃金即將變動，那我們就能對你的資金做相應的處置。你沒辦法用指數型基金的投資組合那麼做。」

　　沒有人有辦法以任何程度的一致性，預測哪種資產類別在隨選的某一年間會漲還是跌。理財家專家和頂尖經濟學家向來都想辦法要預測股票的走向。他們說得頭頭是道，看上去也讓人佩服。只不過，他們說對的機率如何呢？知名市場分析公司CXO Advisory就檢驗了這些人。這個組織評估了六十八位頂尖財經專家在2005年到2012年的八個日曆年間所提出的6,627個預測。平均起來，專家們只有48％的預測是正確的。[9]

　　假如在這段期間有個五歲的孩子每年都說股票會漲，那麼這孩子會有87.5％的預測是對的（只有2008年股票下跌）。而那些專家們，沒有人準確率可與之相比。

　　賭股票每年都會漲的說法，或許聽來天真，但按照過去看來，股票大概每三年就有兩年會漲。可惜這並沒有確切的模式。股票可能連漲四年，然後連跌兩年；也可能連漲六年，只跌一次。經濟本身帶來的線索會誤導視聽。舉例來說，假如你認為六個月後失業率會達到高峰，你會不會預期股市崩盤而將股票賣掉？

　　美國的失業率在 2020 年 4 月時達到最高 14.8％。這好比你在 2019 年 10 月的時候發現了神燈。摩擦神燈後，神燈巨人出現。他說：「我們就要遭逢全球疫情，六個月內，美國的失業率會達到頂峰。」聽到神燈巨人的預測後，你會不會賣掉你的投資？

　　假如你賣掉的話，你就會虧錢。從 2019 年 10 月到 2020 年 10 月之間，美國股票漲了 11.39％。而且，這不是一次性的案例。表 7 列出了 1932 年以來每次失業率達頂前六個月的日期，以及接下來十二個月的股市報酬率。

　　這並不表示，當我們看到食物救濟站外面排隊的人越來越多時，就該預期股市會漲。我們很容易被隨機的事物欺騙。沒人能可靠地預測股票走勢。只不過，這卻阻撓不了一大堆人說自己有預測能力。

　　2008 年，有一家名為門徒合夥公司（Protege Partners）的集團跟巴菲特打賭，聲稱自己能選出一組十年期績效表現比標普 500 指數更好的避險基金。門徒合夥公司挑選出看似深諳準確

表7　失業率能否預測市場下跌？

失業率登頂前六個月	十二個月後 標普500的報酬率
1932年11月30日	+57.7%
1937年12月31日	+33.2%
1946年7月30日	-3.4%
1949年4月30日	+31.3%
1954年3月31日	+42.3%
1958年1月31日	+37.9%
1960年11月30日	+32.3%
1971年2月26日	+13.6%
1974年11月29日	+36.2%
1980年1月31日	+19.5%
1982年6月30日	+61.2%
1991年12月31日	+7.6%
2002年12月31日	+28.7%
2009年4月30日	+38.8%
2019年10月30日	+11.39%

資料來源：肯恩　費雪（Ken Fisher）的《肯恩費雪教你看懂投資市場》（*Markets Never Forget*）與財經網站Trading Economics。[10]

預測之道的避險基金經理人。但過去的結果不重要。他們跟巴費特的賭注從2008年1月開始：也就是自1931年以來，股市崩盤最嚴重的一年。

　　那些避險基金經理人要是預測到股市即將崩盤，他們理論上會放空。「放空」就是賭股票會跌。這能讓投資人在股票下跌時獲利。不過，這些避險基金管理人並沒有料到股市即將崩

盤。而他們接下來十年的技術操作，就好像拿一根麵條跟人擊劍一樣，因為他們平均每年只有2.2％的報酬率。最終巴菲特贏得了這場賭注。標普500指數每年平均報酬率為7.1％。值得注意的是，巴菲特（可說當今世上最偉大的投資人）指示，他死後會將財產投入指數型基金的投資組合裡給他的老婆。

那麼，全球最知名的避險基金，也就是達里歐（Ray Dalio）橋水基金（Bridgewater）底下的Pure Alpha基金又如何？1991年到2011年間，這個基金竟成長高達1,258％。[11]

許多新加入的投資人2012年就跳上船了，希望來趟振奮人心之旅。可惜，接下來的八年八個月期間，這個知名基金只是原地打轉。2012年1月1日到2020年8月30日，他的每年平均報酬率只比2％多一點。對比之下，同一時期美國股票每年成長為10.39％。就連美國債券的表現都比全球最知名的避險基金還好，每年增益3.31％。無論怎麼看，多元指數型基金的投資組合都把達里歐拋在腦後。

不要策略性挪動資金，最有力的證據部分來自於策略性配置基金（tactical allocation fund）的報酬率。這是一種特殊的共同基金，與其他其他主動式管理共同基金的差異在於，管理人可以把錢移入他們挑選的資產類別。

舉例來說，一般美國股市基金的基金管理人只能買美國股票。美國債券市場的基金管理人只能買美國債券。全球股市基金的基金管理人則以全球的股票為主。然而，策略性資產配置

管理人可以今天買入美國股票，明天賣出，將收益投進債券、新興市場股票、已開發市場的國際股票、或是黃金。它們要時刻留意經濟新聞、利率、政治環境、區是、以其企業盈餘預測。在某些方面，它們就像避險基金。只不過，和避險基金不同的是，依照法律它們必須更多元，而且不得放空。

根據晨星公司（Morningstar）的資料，2019年時美國大約買得到300支策略性資產配置基金，但其中只有176家有五年的紀錄可查，而績效疲弱的基金一如以往地遭人遺忘、改名，或停止募資。

到2019年7月19日為止的五年期間，倖存的176個策略性資產配置基金的複合年均報酬率只有2.94％。沒有一個表現比複合年均報酬率為10.22％的美國股市指數型基金更好。先鋒集團的平衡指數型基金（股票佔60％，債券佔40％），績效也勝過這176個基金中的174個。從表8可以看出，這與多元的指數型基金投資組合之配置方式無關。它們的績效都比大多數策略性資產配置基金還好。[12]

至此，你的理財顧問應該準備投降了。但他們還是有可能使出最後一招：「你有沒有看過《大賣空》（*The Big Short*）這部電影？預測2008年市場崩盤的那個傢伙如今表示指數型基金很危險哪。」

知名投資人麥可・貝瑞（Michael Burry）表示指數型基金會造成市場崩跌的話一出，點燃了投資人的焦慮之火。他拿指數

表8 策略性資產配置基金
（截至 2019 年 7 月 19 日的五年期平均報酬結果）

投資組合	五年期平均報酬率	10,000美元會變成……
策略性資產配置基金	2.94％	11,599.01美元
100％美股指數	10.22％	16,266.80美元
60％美股指數、 40％美國債券指數	7.51％	14,362.97美元
33％美股指數、 33％國際股票指數、 33％美國債券指數	5.12％	12,839.53美元
55％美股指數、 25％國際股票指數、 20％美國債券指數	7.01％	14,033.21美元

資料來源：晨星公司網站 morningstar.com
注：晨星發布的策略性資產配置基金績效最長只有五年期的資料

跟 2008 年讓他賣空房貸證券大賺一筆的次級房貸泡沫化相提並論。

　　我已經投資了三十二年。從我都還沒出生前開始，每年每週都一直會有人預測股市崩盤。等我們屍骨已寒，這些人依然會繼續預測毀滅性的金融風暴。有人說關於過去三次崩盤，華爾街分析師已經預測上百次了。

　　儘管如此，在麥克‧路易士（Michael Lewis）的著作《大賣空》（The Big Short）出版後聲名大噪的貝瑞，由於預測出 2008 年金融海嘯，所以影響力比其他人更大。基於這個理由，很多人認為他似乎有顆預知未來的水晶球。如今，他管理著自己創立、位

於加州薩拉托加（Saratoga）的Scion Asset Management公司底下3.4億美元的資產。也就是說，他是會自己挑選股票的主動式基金經理人，但他其實並沒有預知未來的水晶球。他的基金從創立發行到現在的頭四年間（2016年到2020年），每年的複合年均報酬率為0.71％。相較下，全球股市指數每年的複合年均報酬率為11.51％，美國股市指數則有13.95％的複合年均報酬。[13]

至於貝瑞對指數型基金的評價，可從他接受《彭博》專訪時的內容得知；他表示，如果某個不良企業是指數內的其中一家公司，那麼該不良企業的股價最後可能會上漲。他擔心的是，那麼多人買指數型基金，那這些指數內企業的股價無論如何都會上漲。[14]

他的思考邏輯是：一旦錢（從投資人口袋）進到指數型基金，指數型基金經理人就得為這個指數型基金購買股票，而購買股票能拉抬股價。股市的走勢實際上就是根據供需法則，當需求變高，價格就會上揚。貝瑞說這可能會拉抬指數型基金內不良企業的股價。他也擔心同樣的狀況反過來：如果指數型基金投資人驚慌失措大量賣出，那麼某家獲利創新高的公司，股票也會跌得很慘。

可是，早在指數型基金還沒出現之前就已經發生過狂賣的現象了。1929年、1930年，還有1931年都發生過。1973年到1974年也是。如果再次發生（而且絕對會發生）也不會是指數

型基金的錯。畢竟 2008 年股市崩盤時，指數型基金的表現也比主動式管理基金好。這表示指數型基金的投資人比大多數人想像的更冷靜。根據 2008 年 SPIVA 記分卡，在十二種股市類別中，指數型基金的績效全部優於主動式管理股市基金。[15] 要是指數型基金投資人爭相退場，這種事就不會發生了。

此外，指數型基金投資人並不代表市場主力，既然如此，市場再次下跌的話，他們就不該背黑鍋。先鋒集團在一份 2018 年的調查研究報告中發現，指數型基金只佔了投資圈的一小部分基金。[16] 先鋒援引晨星的數據資料，提出主動式管理的產品佔了美國股市 85％、全球股市 90％的資金。

或許聽起來令人安心，但我們怎麼知道這就是事實？這個問題很簡單，看看通用電氣（General Electric）就可以了。通用電氣是標普 500 的其中一家公司，表現也讓主動交易人很失望。有鑑於此，該公司股價在 2018 年 1 月 1 日到 2019 年 8 月 31 日之間跌了將近 50％。

同一段時期標普 500 指數則上漲 12.9％。

假如流入指數型基金的資金控制了公司股價，那麼通用電氣就算虧損，股價也應該隨著標普 500 指數上漲才是，但通用的股價並沒有隨之上漲。長期來看，股價的漲跌仍舊是根據個別企業的損益。也就是說，假如某支股票的營收連續幾年大幅降低，那麼這檔股票的股價（如通用電器的例子）會下跌，即使大盤上漲也是一樣。

股市專家與算命仙

許多人運氣很好，進場就押對寶。但對多數人來說，就是那麼一次而已。眾人皆知，金融分析師岡薩雷利（Elaine Garzarelli）成功預測了 1987 年的股市崩盤，但她的水晶球自此就失靈了。她在 1996 年 7 月 23 日表示美股從當年夏季達到高點之後，可能下跌 15％到 20％。而在十六個月之後，股市卻上漲了近 50％；1997 年時，她又說美股會跌。[17]可是美股在接下來的三年間漲了 88％。2007 年，她告訴《紐約太陽報》（New York Sun）的記者朵夫曼（Dan Dorfman）股市在 2008 年時會大漲。我們都曉得後來的結果如何。[18]

另一位金融分析師席林（Gary Shilling）和麥可·貝瑞一樣，也說投資人應該賣出持股。2009 年，他聲稱標普 500 指數當年會跌至 500 點到 600 點間。但這讓聽信席林的投資人（可謂：時鐘就算壞了，一天也會準個兩次）大失所望。標普 500 指數大漲。2009 年年尾漲到了 1,115 點。[19]

受譽為華爾街先驅的惠妮（Meredith Whitney）曾在 2007 年成功預測了接下來的銀行危機。[20]她因此在 2008 年崩盤時打出了名號。不過，她 2010 年時表示接下來的十二個月內，地方債券的違約金將高達數千億美元之譜，而這件事並沒有發生。

每一年、每一週，絕對都有專家預測股票會慘跌。而當崩盤真的發生，大家就會篩選這些預測，看看誰說的「正確」。

但聽巴菲特的話還是比較好 —— 在每每有人聲稱能看見未來時，巴菲特從不急著退場，而總是繼續投資。他說過：「股市預測家的存在，就是為了讓算命仙看起來比較準。」

你自己可以測試看看。找一個曾經押對寶的人，追蹤他們預測的每一件事。不需要太久，你就會明白華倫・巴菲特是對的。股市預測家的存在，真的是為了讓算命仙看起來比較準。

這也可以解釋，為什麼你的星相運勢比兜售主動式管理基金的理財顧問更具價值。不管如何，後者的收費（那如他們對預測未來的無能）可能就要花你不少錢。瑪莉蓮和她的丈夫喬伊辭退了理財顧問，如今把錢投資在多元的低成本指數型基金投資組合上。

理財顧問自己都怎麼理財？

大多數理財顧問會想辦法用上述那些論點反駁你。我們也可以逗一下他們。但話說回來，他們是壞人嗎？成為理財顧問的受訓時間不像醫師、律師、教師或技工這麼久，就連「認證理財規畫顧問」（CFP）也一樣。那些課程教材裡沒有教你認識低成本指數型基金對比主動式管理基金，也沒有警告不要追過去的績效。理財顧問若想學這些東西，非得靠自己想辦法。

桑莫希爾（Olivia Summerhill）是一位認證理財規畫顧問，同時也是華盛頓州桑莫希爾財富管理公司（Summerhill Wealth

Management）的創辦人。她表示：「在接受大量訓練成為認證
理財規畫顧問的過程中，投資工具從來都不是重點。這些訓練
並不包含判斷主動或被動管理基金是否對客戶有利。」

　　任職加拿大投顧公司PWL Capital的理財規畫顧問菲力克
斯（Benjamin Felix）表示：「認證理財規畫顧問的教育課程，是
用來確保顧問在理財規畫過程中最重要的十二個主題，具備廣
博的理解；投資只是這些主題之一……不過，我們不要求學員
必須完全理解購買與持有低成本指數型基金的理論根據。」[21]
古德費羅（Edward Goodfellow）是加拿大投顧公司PI Financial的
認證理財規畫顧問，他也同意這點。他說：「如果理財顧問從
學術的角度了解市場實際的運作方式，就會更有資格給出意
見。問題在於市場上眾聲喧嘩，顧問、投資人與媒體都迷失在
這片嘈雜聲中。」

　　這就是理財顧問在客戶的帳戶下放進主動式管理基金的
原因。只不過這樣的理財顧問，通常在搞砸之後……也會自食
惡果。2020年11月28日，金融研究人員朱林奈恩瑪（Juhani T.
Linnainmaa）、梅爾扎爾（Brian T. Melzer）與佩列維泰羅（Alessandro
Previtero）在《金融雜誌》（The Journal of Finance）發表了〈理財顧
問誤信的事〉（The Misguided Beliefs of Financial Advisors）。

　　他們評估了1999年到2013年間4,688名加拿大理財顧問
與500,000名客戶的數據資料。參與研究的兩家金融機構提供
了絕大多數理財顧問個人的交易與帳戶資料。這4,688位理財

顧問中，有3,282位在自家公司底下有個人的投資組合，而其餘沒有投資組合的顧問多半才剛入行。

　　大部分理財顧問在個人帳戶中，不買指數型基金而買主動式管理基金。換句話說，他們買給自己的跟推薦給客戶的一樣。這透露出他們並非缺乏道德操守，而是缺乏知識。

　　理財顧問為客戶安排這類基金時，通常會賺進佣金或交易費。而當他們把這類基金放進自己的帳戶下時，能得到該基金一定折數的回扣。但雖然有這些回扣，研究員卻發現理財顧問的績效幾乎跟客戶的一樣差。將他們的表現與經過相同風險調整後的指數型基金或ETF投資組合一比，理財顧問們每年的表現還落後大盤3％。

　　雖然一部分的問題來自於主動式管理基金的高額費用，但這並非全貌。理財顧問們還會用自己的金錢來追以往賺錢的產品。假如一支基金的表現不錯，他們就跳上船。接著，某一段期間表現良好的主動式管理基金，通常就會在下一段期間落後。理財顧問個人的資金和他們客戶的資金，每年績效都落後大盤3％。或許這聽起來不多，但如果在這份十五年的研究裡納入複利，最後總差異是約55％。

　　這麼說來，理財顧問買進主動式管理基金時，就是往自己鼻子打了一拳。接下來，他們在追過去的績效時，就是往自己小腿狠踢了一腳。全都讓他們損失慘重。

　　讀到這裡，你如果曾經有（或現在有）幫你把錢投進主動

式管理基金的理財顧問，你可能會有種想出個幾拳的衝動。但或許我們該想想達賴喇嘛這句話：「就算別人表現負面或傷害你，真正的慈悲也不會改變。」

財富自由的起點

如果你有遞延所得稅的帳戶，例如加拿大的註冊退休儲蓄計畫（RRSP）、免稅儲蓄計畫（TFSA）或註冊教育儲蓄計畫（RESP），美國的個人退休金帳戶（IRA）或 529 教育儲蓄基金計畫，你就可以把主動式管理的資產轉移到低經紀費的機器人投顧公司，或轉給只做指數型基金或 ETF 的完全服務型理財顧問*。（我會在後面的章節裡提供案例。）這些資金還是會受到優惠稅率的保護，因此，投資低成本的指數型基金或 ETF 與其收益，都不需額外納稅。

如果你的應稅帳戶下有主動式管理基金，最佳的做法可能是在最大捐稅利益的狀況下，策略性地賣出持份。記得在行動之前，要跟會計師或收費型的理財顧問確認過。接下來，寄張感謝卡給你的舊理財顧問。畢竟，我在第 3 章時說過，仁慈也是通往更美好生活的關鍵之一。

---

* 　編注：全服務（Full-Service）是一種券商的類別，另一種為折扣券商（Discount）。前者又稱傳統券商，投資人需要付較多費用，但能得到全方位的投資建議；後者則適合喜歡自主買賣的投資人。

活得更好的祕訣

■ 說到投資，要讓自己最有勝算。證據顯示，打敗絕大多數專業投資人的最有效辦法，就是建立一個多元的低成本指數型基金投資組合。

■ 不要相信任何提供理財建議的人。一定要調查驗證。

■ 理解高額費用，以及它們造成的長期傷害。

■ 追過去的贏家就好比追上週中獎的樂透彩號碼一樣。

■ 理財顧問要賣你主動式管理基金時，用事實真相來保護自己。

■ 記住：支出的投資雜費越少，長期下來你賺的就越多。

■ 理財顧問並不都是壞人。他們大多只是無知。

第 8 章

設定好就忘記的
不干預投資法

你的投資組合就像是肥皂，只會越弄越小

　　史庫吉大概會是很糟糕的鄰居。走在路上，他會裝作沒看到你，而且，面對上門兜售女童軍餅乾的小孩子，他還會「碰」一聲把門關上。

　　在狄更斯（Charles Dickens）的小說《小氣財神》（*A Christmas Carol*）裡，史庫吉一開始是個脾氣古怪的資本家，只迷戀金錢。所幸，幾個來訪的鬼魂讓他變聰明了。我們不必靠大學的研究才能明白「迷戀金錢會讓人變得冷淡不討喜」的道理。但近年的研究顯示，光是想到錢這回事，都可能讓人有史庫吉那種傾向。

　　弗絲（Kathleen D. Vohs）可以解釋史庫吉這種人。她是一位身兼心理學家與行為經濟學家的學者，花了很多時間研究心理與金錢之間的關係。

　　在2015年的《實驗心理學期刊》（*Journal of Experimental Psychology*）中，她表示自己調查完十八個國家超過165項研究之後，證實「相較於中性促發*，人想起錢的問題時，人際協調性會比較差。這些人會缺乏利社會的特質、不關懷他人、也不熱心友善。而且還會避開人與人之間的相互依賴」。[1]

　　其中實驗大多會指定受試者完成某種任務，有些任務要求他們想著錢的事。這就叫做「促發」。研究人員想知道，受到

---

*　譯注：心理學上的「促發效應」（Priming Effect）意指人類的反應會受到先前經驗在心裡造成的印象影響。

金錢促發的受試者（要他們先想跟錢有關的事）是否會比未受金錢促發的受試者更願意助人，抑或相反。在部分實驗裡，研究人員會刻意設計讓受試者有機會幫助人。例如，他們會找演員假裝自己迷路，或是故意在受試者面前假裝掉了一些東西。

結果顯示，想著錢的人比較不願意幫助人。他們也比較不會受社交互動吸引而放下研究人員交代的任務。相較於未受金錢促發的控制組，受金錢促發的人會花更長的時間按照要求、繼續想著與錢有關的事，不會分心也不與人閒聊。不過，目前還沒有人研究過鬼魂能不能真的解決自私傾向。

許多投資人會花太多時間想著股市，想著股市走向。他們走路去超市買東西時可能想著要買的下一檔股票或債券，或者，他們坐在辦公桌前上班時，可能努力思考這個月要買哪一檔股票或基金。他們還可能收聽市場相關的廣播、播客，並收看相關電視節目、投資類YouTube影片。當孩子找他們去外面玩的時候，他們可能還在想著該不該投入新的資金、要投多少、什麼時候該再平衡（rebalance）自己的投資組合。

我們很難閃避跟錢有關的念頭。話雖如此，但研究人員建議我們該試著限制。畢竟從前文提到的研究看來，我們不想著錢的時候，往往比較善於社交也願意助人。我們會打造出更好的友誼（問史庫吉就知道了），而且不那麼常想著錢的話，甚至可能更長壽。哈佛大學長達八十年的成人發展研究（詳見第3章）顯示與快樂人生最相關的是穩固的人際關係，並不是金

錢。《越活越年輕》的作者札拉斯卡就提出大量研究，支持快
樂的人活得更長壽的說法。

　　既然在此討論的是投資，我可以聽見你的心聲：「如果我
投資股市，當然要想想自己在幹嘛。」好險你不用犧牲友誼、
快樂與壽命，因為那不正確。而且，你越不想自己的投資，可
能會賺越多錢。

　　這聽起來可能像是健身教練告訴你：「只要在網飛上追劇
然後大嗑蛋糕，你就會有最棒的身材了！」但事實上，談到投
資，幾乎沒有人贏得了烏龜。

最棒的投資人：失憶的人跟死人

　　共同基金公司富達想找出公司裡績效最佳的投資人。如果
你跟大多數人一樣，大概會以為花心力完成個人財報、閱讀經
濟新聞、在熱門基金間進出交易、而且想盡辦法「算準」買進
時機的人投資成果最佳。這卻不是事實。最佳表現，總是出現
在忘記自己在富達有開帳戶的人。死人的績效也一樣好，只不
過他們沒辦法花自己的獲利就是了。[2]

　　投資組合跟肥皂很像。我們越常亂搞，它就會變越小。正
因如此，你應該建立一個多元的低本指數型基金投資組合，然
後想辦法放手別想這些資金。如果你辦到的話，以相同風險調
整後的基礎來看，你就會打敗大部分的當沖交易人、大多數避

險基金，還有超過半數的大學校務基金。[3]

什麼是相同風險調整？

　　沒有人會拿法拉利跑車跟全地形車（越野型沙灘車）相比。它們的使用目的不同。全地形車在沙漠的表現遠勝於法拉利跑車，而法拉利跑車在一般車道上會贏過全地形車。同樣的道理，我們也不應該比較目的不同的投資組合。評比投資組合的績效如何，我們要做的是相同風險調整後的比較：例如拿法拉利對比藍寶堅尼，或是用悍馬來對比 Range Rover。舉例來說，如果一個主動式管理基金的投資組合 100％由全球股票組成，它就應該與全球股市指數型基金相比，兩者為相同風險。假如一個主動式管理的投資組合中有 70％的全球股票以及 30％的債券，它就應該跟內含 70％全球股市指數與 30％債券指數的投資組合相比。這也代表相同風險。

指數化投資的選擇困難

　　指數型基金或 ETF 的數量之多，不亞於 Instagram 上自戀的人。好吧，我講得太誇張了。但真的很多。知名統計資料庫 Statista 的數據顯示，美國有 2,000 支 ETF。[4] 晨星公司指出交易加拿大股票的 ETF 就有將近 1,000 支。也難怪我說「建立一

個指數型基金或 ETF 的投資組合就好」，有人可能會嚇得不知所措。

　　美國心理學家史瓦茲（Barry Schwartz）說，面臨過多選擇時，我們會癱瘓。他在《只想買條牛仔褲》（*The Paradox of Choice*）書中引用了一份先鋒集團的退休計畫研究。該研究發現，提供員工較少投資選擇時，員工參與退休計畫的比例較高。人們看到太多選項時會猶豫不決。因為擔心出錯，很多人於是不投資。

　　更有甚者。根據史瓦茲的說法，我們終於做出決定時往往會後悔，這卻是因為一開始的選擇過多，而不見得是做了不好的決定。舉例來說，我們在一百支可選擇的基金中選出一支時，往往會後悔——我們想知道其他九十九支是否有更好的選擇。史瓦茲表示這是人之常情。而且選擇越多，可能就因此越慘。[5]

　　那麼，我會提供你三個可靠的選項，而不是用一堆選擇讓你無法招架。每一個選項都能幫助你別只想著錢。假如那項行為研究沒錯的話，我提供的選擇理應能使你變得更樂於助人、願意與人交際、活得更長壽、同時大大提升長期投資成功的可能性。

- 聘用一位理財顧問，為你建立一個內含低成本指數型基金或 ETF 的多元投資組合。
- 開一個機器人投資顧問的帳戶，用更低的成本建立內含

低成本指數型基金或ETF的多元投資組合

- 建立自己的投資組合時，（最好）用指數型基金或ETF
的全包式投資組合。

顛覆未來的全服務顧問

我寫《我用死薪水理財輕鬆賺千萬》那本書時，好幾位讀者都問了這個問題：「為什麼全服務的理財公司願意幫客戶建立指數型基金的投資組合？老實說，它們銷售主動式管理基金可以賺更多啊。」

讓我來說個故事。

好幾年前，我收到印思通（Sam Instone）先生的電子郵件。他是理財規畫投資顧問公司AES International的執行長。信上寫道：「我想請你來杜拜，跟我的理財顧問談一談。」起初我意願不高。大部分的理財公司都販賣昂貴的產品，例如主動式管理基金或是保險型投資方案（後者更糟）。他的公司也不例外，公司網站就列出了好幾種主動式管理基金。

我從來沒見過阿拉伯聯合大公國的沙漠。不過，我腦海想起了《星際大戰》（Star Wars）電影裡的某個場景。片子開始不久，喪屍般的沙人想用棍子攻擊天行者路克。像我這種力推指數型基金的人，八成比電影中的絕地武士更容易被打死吧。

但我很快地發現，原來AES是一家轉型中的企業。印思通

在聯繫我之前的十八個月，已經要求他的理財顧問們停售主動式管理基金。他把手下都叫來，宣布：「我們要改而建立低成本指數型基金的投資組合。被我抓到銷售其他基金的人就得捲鋪蓋走路。」

他還鼓勵公司所有的理財顧問取得最高階的專業認證，同時提供教材，教他們低成本指數型基金為何物。他想辦法說服自家顧問，要把客戶的利益擺第一，最後自己會賺得更多。這聽起來很振奮人心，可惜沒人歡呼。事實上，他的理財顧問大多辭職了。他們比較喜歡用主動式管理基金和保險型投資方案快速賺進佣金。

印思通之所以要安排我飛到杜拜跟他的僅存的小團隊演講，原因在此。我不曉得他的公司會不會活下來。最後，它不僅活了下來，還大鳴大放。而且這種例子並非少數。華頓商學院的心理學教授亞當・格蘭特（Adam Grant）把某些人和企業稱為「給予者」，其他的則是「索取者」。給予者一開始的生產力低很多。他們不會強力推銷，雖然提供高水準的服務，卻往往被視為軟弱。縱然如此，長時間下來，他們那種重視幫助他人的習慣，會為他們建立出實在的名聲。新的客戶和顧客於是找上門。根據格蘭特的研究，他們因此獲得動能，讓大多數的「索取者」望其項背。[6]

基於此，有的公司才會拒絕主動式管理基金與保險型投資方案的快速佣金。它們明白好好對待客戶，最終大家都會更好。

市場擇時的大陷阱

　　鮑勃（Bob Connor）透過一家以客戶為重的公司投資。他外表不像六十八歲，他其實還比多數二十五歲的小夥子更健壯。他曾擔任體育老師兼學校體育指導員，幾乎每天都認真健身。他會時刻留意最新的營養研究，透過自己的健康與健身教練事業，分享他的知識。

　　他選擇的生活型態方式以科學為根據，就跟他的投資法一樣。鮑勃和妻子克萊兒（Claire）選擇低成本指數型基金的投資組合。不過，他們並非單打獨鬥，而是花錢找了一家只建立指數型基金投資組合的全服務公司。許多喜歡凡事親力親為的投資人或許對此嗤之以鼻，他們認為自己買指數型基金、支付更低的費用就好。然而，鮑勃說顧問費花得很值得。

　　首先，他付出的錢遠比大多數投資主動式管理基金的人少。而且他還獲得了高水準的服務。許多全服務理財公司會提供稅務、遺囑、遺產規畫、保險、孩子教育規畫、以及退休收入規畫的顧問服務。

　　一如鮑勃所說：「他們一直大力協助我們整合並管理自己投資組合的各方面。他們提供了充分的證據以及研究報告。如有需要，他們也會直接問我們一般人難以啟齒的問題。由於我們年屆退休，他們要幫助我們確保自己有足夠的錢負擔所有開銷——尤其是在我跟我老婆可能都沒收入的時候，也生活無

虞。」

　　比起事必躬親的投資人，鮑勃和克萊兒這類的人雖然要付出較高費用，但證據顯示他們的績效可能比大部分靠自己投資指數的投資人更好。如果股票連漲好幾年，投資在情緒上是輕鬆的。2010年到2020年的情況就是如此。但在經濟動盪、股票下跌、專家都預測會有毀滅性的金融危機時，許多自主式投資人就開始控制不了，準備尿床了。

　　2005年到2015年的這十年就是絕佳案例。前三年，股票上漲。床單都還保持得乾乾淨淨。可是2008年時，一切都亂了。那是1931年以來災情最嚴重的日曆年。2009年3月，市場來到低點，之後開始恢復。當時很多人想的是：「這是真的恢復，還是另一場死前掙扎？」很多投資人在市場下跌時就賣了。他們也怕在市場恢復之前重新進場。他們因此低賣而高買。還有許多原本每個月都投資的人，不再自動存錢進帳戶。他們等著市場「回復正常」後再恢復投資。還有人坐在場邊觀望，手中緊握著自己的現金。他們沒有把遺產或賣屋商業買賣的收入拿來投資，而是決定要「等風暴過去」。可惜，市場擇時（market timing）從來都沒有效。

　　到2015年3月31日為止的十年間，先鋒集團的標普500年均報酬率為7.89％。這段期間包含了市場的崩盤與2008年和2009年無法控制的市場表現。如果保持理性，標普500的投資人在這十年期間原本每年可以賺進7.89％。可惜事非如

此，因為……我們都是人。恐懼與貪婪會導致猜疑。所以，根據晨星的報告，投資先鋒集團標普500指數的人在這段期間每年的停均報酬只有5.82％。也就是說，他們把10,000美元變成了17,606美元。然而，假如有人在同一段時期投資標普500指數（而且沒有猜疑也沒有驚慌）的話，就能將10,000美元變成21,370美元。

　　正是如此，我才會提出有助於投資人控制恐懼與貪婪的方法。股市波動是正常的，每個人一生中都會目睹好幾次市場崩跌。如果你跟大部分的人一樣，那麼，你的行為模式必將導致你持有的基金表現不佳。這就是為什麼每一位投資人內心一定都要有一尊佛。還有，尋求協助不會有壞處。

基金公司讓你恐慌，還是心安？

　　德州的德明信基金顧問公司（Dimensional Fund Advisor）只提供基金給挑選過的理財顧問。這些顧問必須（自費）去加州的聖塔莫尼卡（Santa Monica）或德州的奧斯汀（Austin）接受特殊訓練後，才能販售德明信的基金。德明信教育他們不得拿客戶的錢胡來。還記得肥皂的比喻嗎（越常亂搞，就會變越小）？

　　德明信的教育訓練人員教這些理財顧問如何以低成本的德明信指數型基金建立投資組合。同時，他們強調堅持到底的重要性。公司會提供理財顧問們持續的教育支援，鼓勵他們把知

識傳遞給客戶。所以，客戶們到頭來碰上股票下跌的情況更能
處變不驚。

　　晨星的報告顯示，到2015年3月31日為止的十年期間，
德明信的美國大型股指數型基金（DFA's US Large Cap Value Fund）
的年均複合報酬率為8.06%。當市場在2008年／2009年崩盤
時，該基金的投資人並不是全都有勇氣堅持到底，但多數人
還是撐了下來。投資人在2005年3月31日到2015年3月31日
期間的平均獲利為7.34%。由於懂得保持冷靜，這個基金底下
的一般投資人，每年的平均績效只比該基金整體報酬率少了
0.72%。

　　對比之下，先鋒標普500指數型基金的投資人大部分沒有
堅持下去。在相同的十年期間，他們每年的投資績效竟比自己
持有的基金報酬率低了2.07%之多。值得大家記住的是，投資
行為在股票上漲時是容易的。以2010年到2020年為例，這段
期間股票幾乎年年漲。所以投資對我們的情緒是小事一樁。正
因如此，晨星的報告才會顯示這段期間基金跟投資人的績效表
現落差很小。但股票當然不會只漲，大跌就是我們的試煉之時。

　　2008年／2009年的金融危機見證了大多數基金投資人的
失敗。他們把錢移出基金。德明信是極少數有淨流入的公司之
一。這表示他們的投資人存入基金裡的錢比領出的更多，因為
德明信的基金旗下的全服務理財顧問們，幫助投資人得以保持
冷靜。

　　這並不表示人人要投資時都該找全服務公司。首先，很多人沒辦法找。只跟指數型基金合作的理財顧問不賺佣金，因此能獲利的空間較小。為了彌補，他們通常對進場投資的金額要求高。他們大多要求客戶最起碼要從 100,000 美元起跳，我還見過進場要求高達 750,000 美元的。

該問理財顧問的七個問題

　　不是每個人都想要（或需要）全服務理財顧問。但如果這是你要的，那麼以下問題，你可以在合作之前問問那位顧問。

1. 你是不是只投資低成本指數型基金或 ETF？

　　假如那位顧問的答案是否定的，就不用往下談了。有些主動式基金的績效確實比它們的指標指數更好。只不過，沒人總是能不斷事先挑出這類基金。找尋過去表現優良的基金是不智之舉。標普道瓊指數公司每年都會發表持續性計分表。[7] 根據其數據資料，有強勢紀錄的主動式管理基金，幾乎不會保持領先。較低的成本，是強大基金報酬率比較準的預測因子。這就是指數型基金或 ETF 為何有成功率最高的原因。

2. 你怎麼賺錢？

　　不要找收取佣金的理財顧問。他們幫你選標的的原則，可

能是看金融產品幫助他們付瑪莎拉蒂貸款的能力。你可以反過來跟他們協商一筆年費（可以是固定的金額數目），或是同意支付你資產的比率。大部分只收費用不收佣金的顧問每年大概收1％。一般隨著投資人的資產增加，這個比率也會降低。這樣很公平，畢竟管理一千萬並沒有比管理一百萬還難。

3. 你的公司有沒有研究可以預測經濟或市場走向？

　　如果某個理財顧問回答「有」，那就找下一位吧。沒有人曉得今年或明年股市會漲還是會跌。假如理財顧問說他們可以預測市場走向，那麼他不是笨就是在吹牛。

4. 能不能讓我看看一份理財規畫或投資組合的樣本？

　　你應該這樣要求的理由有二。其一，顧問解釋任何東西你都必須理解才行。如果你無法理解，錯不在你。那是對方的問題。

　　其二，顧問怎麼談那份投資組合樣本也很重要。他們不應該試圖用過去的報酬率讓你大表嘆服。相反地，他們應該讓你明白，根據股票和債券的不同配比，風險型跟保守型的投資組合以往的表現如何。在推薦投資組合的配比之前，他們還應該協助你找出你對風險的容忍度如何。

5. 你具備什麼認證資格？

我碰過接受理財訓練不到三週就在賣理財產品的銀行人員。你要確認自己聘用的所有人都有堅實的資格條件。理財顧問的資格認證有很多種。「認證理財規畫顧問」（Certified Financial Planner）跟「特許理財規畫顧問」（Chartered Financial Planner）是最完備的兩類（而且縮寫都是CFP）。*不是所有的認證理財規畫顧問都會建立指數型基金的投資組合。事實上，他們多半會銷售佣金較高的產品。不過，至少經過認證的顧問有資格練習所學。相較之下，名片上也印了三個英文字母縮寫的其他認證資格，就不怎麼樣。

6. 對你來說，躋身「頂尖理財顧問」重要嗎？

《霸榮雜誌》（Barron's）每年都會列出年度「百大理財顧問」（Top 100 Financial Advisors），這類名單的排名大多以管理的資產為根據。[8]那是很爛的品質度量標準，因為只要有舌燦蓮花的銷售團隊加上廣告，就可以搶到很多客戶。應該用認證資格、服務水準、還有根據證據採取的策略等方面，來評比最佳顧問才是。販賣主動式管理基金的顧問不該在任何人的「最佳理財

---

*　譯注：前者是美國認證理財規畫標準委員會（Certified Financial Planner Board of Standards）的認證資格，後者為英國特許保險協會（Chartered Insurance Institute）的認證資格。

顧問」名單上。

7. 你個人會不會追蹤自己的花費？
你有沒有投資指數型基金？

我不會找一個兩百公斤、而且只吃甜甜圈配啤酒的人當健身教練。你大概也不會。這個前提也適用在找顧問。要詢問那位顧問自己的理財之路。假如他們會追蹤個人花費、設定理財目標且生活有度，那他們會很自豪地分享自己的故事。話說回來，如果他們沒有說做就做、身體力行，那他們或許會覺得你的問題很不禮貌。難道你要一個財務一蹋糊塗的人給你意見嗎？

如果你對這個理財顧問的答覆都很滿意，再差一個步驟就完成了。透過治理單位查詢他們的聲譽。在美國，Form ADV* 會告訴你某位理財顧問有沒有過不當行為。[9]同時聯絡你所在州的有價證券監管人，也查查顧問跟其所屬的監管組織的紀錄。[10]加拿大人應該要查找的是「加拿大投資行業監管組織」（IIROC）；[11]英國的投資人則應該找「金融行為監理總署」（Financial Conduct Authority）的登錄紀錄，上頭可以查出特定顧問和公司的資料。[12]

---

* 　譯注：美國理財顧問的登記文件。

　　我提供一份連結列表如下，有助於找到操作德明信基金的全服務理財顧問。這類理財顧問在建立投資組合時，一般都會依據以下兩位知名經濟學家的研究：研究效率市場理論而獲得諾貝爾經濟學獎的法瑪（Eugene Fama），還有達特茅斯學院塔克商學院的榮譽教授弗倫奇（Kenneth French）。法瑪與弗倫奇發現，類指數的投資組合若納入多一點點較低價的股票與小型公司股票，最後報酬率會高一些，而且整體風險會低一點。為了利用這個發現，他們起初設計了一個三因子模型，後來又擴大為五因子模型。這些聽來似乎艱澀難懂，但你把這想成長期績效優良的指數型基金組合就好。[13]

　　要知道，德明信並非唯一的選擇。你能否成功退休的關鍵，不在於顧問選擇了德明信指數型基金、傳統指數型基金還是ETF。不過，如果你選擇了一位親自挑選個股或主動式管理基金來建立投資組合的顧問，那你可能得再繼續工作很長一陣子了。

　　如果你不確定上哪兒找操作德明信基金的全服務理財顧問，請上他們的網站（dimensional.com/us-en/individual）看看，可切換你需要服務的國家。

　　香港、杜拜、還有新加坡比較少建立指數型基金投資組合、主要只收費用而非佣金的理財顧問。以下是你可以參考看看的一些資源：

- 香港：private-capital.com.hk
- 杜拜：aesinternational.com
- 新加坡：providend.com

績效結合人性，你的機器投資戰警

在 1987 年的電影《機器戰警》（*RoboCop*）裡，員警墨菲遭到幫派罪犯謀殺。接著，一家名為「全向消費品」的企業集團想辦法救活了他，還把他改造為對過去毫無記憶的超級生化人。他靠嬰兒食品維生，照理不該那麼強悍才對，但所有壞蛋都怕他，因為他非常勇猛。隨著時間過去，他的人類記憶重新湧現，於是他重拾人性，甚至更能勝任執法工作。

機器人顧問投資產業和機器戰警有許多共同點。2008 年，全球第一個機器人顧問誕生。它提供投資人現成的低成本 ETF 投資組合，投資人只要在線上註冊、回答一些評估個人風險忍受度的問題，接著公司（像機器人一樣）就會推薦 ETF 的組合。這些組合比起大多數理財顧問提供的主動式管理投資組合，簡直大獲全勝。每個人基本上都能用手機註冊，再自動將銀行帳戶下的錢轉到自己的投資組合裡。

這比全服務理財顧問公司便宜多了。不過這套系統並不完美。公司很快地發現，大家還是喜歡人與人的接觸。機器人顧問公司於是馬上開始聘用真人理財顧問，會透過電話提供客戶

協助。投資人通常仍可以用手機開戶，但機器人顧問公司加入了與真人理財顧問的對話，等於是加入了人性面，讓公司變得更好，正如機器戰警。

克利斯（Chris Beingessner）是四十三歲的加拿大人，某所中學的副校長。他有兩個孩子，十歲跟十二歲。和許多人一樣，他的投資之路也從主動式管理基金開始。他說：「我很快發現那些基金太貴了。接下來我就用全自助式的模型，買我自己的ETF。但那個過程讓我壓力很大。買了又一直懷疑自己的決定。而且我會一直查看帳戶。不管我再怎麼努力克制，還是忍不住會想要選時機。」

2018年時，他在機器人理財顧問公司 CI Direct Investing（前身為Wealtbar）開戶。他表示：「我很幸運，他們讓我沒辦法選時機。公司其中一位顧問還幫我算出退休到底需要多少錢的問題。每隔幾年，我們就會計畫重新評估我退休所需的金額，看看我們是不是有繼續朝著目標前進。」CI Direct 每年大約收取克利斯0.4％的費用，還不到大部分全服務理財顧問費的一半──當然他也得不到那樣全面的財富管理就是了。

該問機器人顧問公司的重要問題

如果你考慮透過機器人顧問公司投資，那下面這份以地區劃分的列表會是有用的起點。你只要記住一件事：有些機器人

顧問公司會號稱自家有專門提升報酬率的特殊演算法，或主動式管理策略。這就像是健康食品店在販售糖漬綠花椰杯子蛋糕。

　　只要堅持它們所提供的最低成本多元化投資組合就好。你要問：「我的投資組合的配比是否會維持固定，而不會遭到什麼以推測作根據的策略調動？」如果它們回答「會固定」，那很好。但假如它們回答：「不會固定，我們會根據什麼、什麼的一些戰術策略⋯⋯。」你就要拒絕那個選項。你只吃杯子蛋糕的話，它們賺得更多。

1. 美國：

- Betterment
- Wealthfront
- Ellevest
- SoFi Automated Investing
- Charles Schwab Intelligent Portfolio

2. 加拿大：

- CI Direct Investing
- Wealthsimple
- Nest Wealth
- BMO SmartFolio
- Justwealth

3. 澳洲：

- Raiz（前身為 Acorns Australia）
- Stockspot
- Six Park

4. 歐洲大陸與英國：

- Feelcapital（西班牙）
- Nutmeg（英國）
- Moneyfarm（德國、英國）

5. 中東／亞洲：

- Sarwa（阿拉伯聯合大公國）

機器人顧問公司收取的費用比全服務投資公司還低。即便如此，對超級在意成本的投資人來說，還有一個更加便宜的選擇。

早期的指數化投資

1976 年時只有美國人能買指數型基金。當時唯一的選擇就是先鋒的標普 500 指數型基金（Vanguard's S&P 500 Index）。不

過，有越來越多指數型基金陸續出現。許多自助型投資人把重點放在過去紀錄最佳的指數型基金或ETF。但他們這麼做的時候，卻忘了轉換成平均值。某個指數型基金就算在某段期間內的表現優於平均，未來情況也可能翻轉。這中間的唯一問題在於：既然不存在有效預測未來的水晶球，就不會有人知道翻轉何時會發生。

　　正因如此，聰明的投資人才會建立多元的低成本全球指數型基金或ETF。這讓他們也能認識除了美國以外的世界各地股票。有時候美股表現勝出。有時候澳洲、加拿大、歐洲，或是新興市場股市大放光彩。

　　沒人曉得哪個市場接下來會成為眾人注目的主角──這便是全部持有為最佳策略的原因。靠自己投資背後有個有用的科學道理。雖然不用花多少時間就能理解這個道理，但你可能必須把自己的自尊先擺一旁。

　　卡莉（Carlee Gold）離開美國到國外工作時冒了很大的風險：她沒有辦法再繳美國的社會安全計畫。等她退休之時，就無法跟她在美國的朋友一樣，從政府那裡拿到同等退休福利。為了彌補這種不足，四十三歲的她知道，自己必須好好存錢與投資。

　　因此，她投資了先鋒的目標退休基金（target retirement fund）：一種由各個指數型基金組合成一個基金的多元投資組合。裡面有美股、國際股票（包含新興市場股票）、還有債券。卡莉的基金每年只有0.14％這少少的費用成本。先鋒會再平衡

這個基金，以維持固定的配比，而且，該公司會隨著卡莉的年紀增長增加債券的配比。那是她這輩子會需要的唯一投資。

即便如此，還是有許多投資人寧可自己來。他們如果能用好幾種單一的指數型基金或ETF建立自己的投資組合，就能一樣保有多元性，且費用更低。他們每年的費用可能是0.10％而非0.14％，但計較那0.04％，就像是跑馬拉松選手在計較眉毛的重量一樣。

此外，比起大部分自己用指數型基金或ETF建立投資組合的人，卡莉的績效還會更高。原因在於：大部份投資人（連指數型基金投資人也一樣）會追過去的績效表現。而且，碰到選舉、市場下跌、經濟衰退、市場預測看似嚴峻、以及股市創新高的時候，他們也會投機操作。

維持配比，否則搞砸投資

多數投資人會說：「我絕對不會那樣！我知道堅持到底才最好。」不過，大部分的人被逼緊了最後都會放棄。股票一路上漲時他們往往不會亂搞。但從表9就可以看出，當股票走勢不穩，投資單一基金的投資人多半最後都免不了投機操作。

對卡莉這樣的人來說，結果就不同了。全包式投資組合基金會穩定投資人的情緒。2018年，晨星公司的普塔克（Jeffrey Ptak）發現，購買全包式基金的人，行為表現大多比利用單一

基金建立投資組合的人更穩定。[14]

　　歸咎原因，首先，持有全包式基金的投資人不需自己再平衡投資組合。舉例來說，假如他們選擇配比為70％股票和30％債券的全包式基金，基金公司會維持這個初始配置。但自助式的投資人若想維持配比的一致性，就一定要再平衡自己的投資組合，而大多數生命體都會搞砸再平衡。

表9　投資人與基金的績效比較

（2004年6月30日—2019年6月30日）

基金	基金每年的平均報酬	投資人每年的平均報酬	投資人與基金之績效落差
先鋒的標普500指數（VFINX）	8.62%	6.34%	-2.28%
先鋒的延展市場指數（VEXMX）	9.33%	8.65%	-0.68%
先鋒的國際股市指數（VGTSX）	5.67%	4.47%	-1.20%
先鋒歐洲股市指數（VEURX）	5.52%	0.93%	-4.59%
先鋒太平洋股市指數（VPACX）	5.05%	0.34%	-4.71%
先鋒的總體債券市場指數（VBMFX）	4.12%	3.61%	-0.51%

資料來源：晨星網站Morningstar.com

　　從2004到2019年的這十五年期間是行為表現的關鍵測試。歸咎到底，這段期間包含了2004年到2007年讓大家開心的漲勢，緊接著是2008年到2009年金融危機期間令人痛苦的下跌，接著是2010年到2019年間的另一波大規模上漲。先鋒集團有好幾個有十五年紀錄可查的全包式目標退休基金，各自

表10　持有全包式基金的投資人行為

（2004年6月30日—2019年6月30日）

基金	基金每年的平均報酬	投資人每年的平均報酬	投資人與基金之績效落差
先鋒的目標退休2015基金	5.95%	5.63%	-0.22%*
先鋒的目標退休2025基金	6.53%	6.73%	+0.20%
先鋒的目標退休2035基金	7.02%	7.53%	+0.51%
先鋒的目標退休2045基金	7.38%	8.07%	+0.69%

資料來源：晨星網站Morningstar.com

* 先鋒目標退休2015基金的投資人可能2015年後會將錢提領出來。那或許是這類投資人績效表現不如基金的原因。市場從2015年到2019年都向上攀升，而這段期間投資人卻為了退休花費而套現。

滿足不同的風險忍受度。舉例來說，有些受股票的影響比較高，有可能會帶來較高長期報酬，但相對不穩定；有些則包含較多債券，可能會帶來較低的長期報酬，它們則相對穩定。

在大部分情況下，投資人每個月都會存錢進全包式的基金。或許這些基金都是自選的。也就是說，選擇這些基金的人大多可能對投機買賣沒有興趣。所以，他們很多人只是繼續每個月存進同樣數目的錢。他們或許也不清楚市場的情況，甚至根本不在乎。畢竟，最佳的投資人真的要像《李伯大夢》(Rip Van Winkle)的主角那樣。*他們一睡就是二十年，醒來時獲利飽滿。

---

* 譯注：出自華盛頓·歐文（Washington Irving）的短篇故事。主角在打獵途中睡了一覺，卻沒想到這短短的一覺竟然是世間的二十年。

這些投資人持之以恆地存錢（通常是設定自動轉帳）購買基金單位，價格下跌時買多一點，上漲時買少一些。話雖如此，我懷疑這類型的投資人多半根本不自覺。也因此，他們至2019年6月30日為止的十五年期間，績效大部分都比基金表現更好，而非更差。

以先鋒的全包式目標投資2045基金為例，在這十五年期間的每年平均報酬率為7.38%（詳見表10）。不過，根據晨星的資料，該基金的投資人每年平均報酬率為8.07%。投資全包式基金的投資人，其績效不一定都會高於他們基金的公告績效，但這並不重要。重要的是這些投資人比較不做投機買賣。他們採取了放任不管的手段；他們讓基金公司再平衡他們的基金，維持不變的配比。所以，這種投資人的報酬率會大勝自己挑選單一指數型基金和ETF的投資人。

全包式的指數共同基金或ETF？

ETF利用的是證券交易所。你需要有證券商帳戶才能買。對比之下，你買共同基金（包含全包式指數型共同基金的投資組合在內），則是跟提供該基金的基金公司購買。

這大多取決於你的國籍與居住國家。例如只有美國人能向美國先鋒公司買先鋒的目標退休基金，但英國的投資人可以向英國先鋒公司購買類似產品。加拿大和澳洲的投資人不能買全

包式指數型共同基金的投資組合（澳洲投資人以前可以，但現在新的投資人不行）。加拿大人和澳洲人可以跟母國的證券商購買全包式ETF。

我誠心認為購買全包式指數共同基金這種投資組合的投資人，行為表現會比購買全包式ETF的投資人更好。說穿了，全包式指數共同基金的投資人可以設定每個月自動轉帳存錢。由於過程不需經手，投資人還可能忘了自己在投資。這種「心裡不想錢」的手法，可以提高我們的社交能力（記得那些針對社交與金錢的研究吧）並增進我們的報酬率。

投資ETF的人（甚至是全包式ETF也一樣）卻不可能忘記自己在投資。這是因為他們一定得登入證券商帳戶，共同決定每一筆交易才行。這會增加投機買賣的誘惑風險——如果投資人買的是單一ETF而不是全包式ETF的話，那就更危險了。購買全包式ETF投資組合的投資人，不需要選擇買哪種ETF，隨便一個月都一樣。他們不用擔心自己該不該加錢購買債券ETF、國內ETF，或是國際ETF。他們也不必擔心再平衡的問題（因為會自動再平衡）。但登入和決定購買的動作，卻可能還是會引誘投資人試圖擇時投錢。如果想玩「市場擇時」那一套，或許會有一、兩次好運氣，但這就跟上賭場很像，到頭來贏的一定是莊家。

表11到表15列出不同國籍之投資人可以購買的產品。

表11　美國人：先鋒的目標退休基金

（全包式指數共同基金）

基金	代號	股票粗略配比	債券粗略配比	每年費用率
先鋒目標退休 2025基金	VTTVX	60%	40%	0.13%
先鋒目標退休 2030基金	VTHRX	65%	35%	0.14%
先鋒目標退休 2035基金	VTTHX	75%	25%	0.14%
先鋒目標退休 2040基金	VFORX	80%	20%	0.14%
先鋒目標退休 2045基金	VTIVX	90%	10%	0.15%
先鋒目標退休 2050基金	VFIFX	90%	10%	0.15%
先鋒目標退休 2055基金	VFFVX	90%	10%	0.15%

資料來源：先鋒集團[15]

　　美國的投資人可以購買任何一支以上先鋒集團提供的基金。表11當中的每一支目標投資基金都會隨著時間增加其債券配比，因此隨著投資人年紀增長，表現會更加穩定。投資人可以透過嘉信（Schwab）或富達購買類似的全包式指數型基金投資組合。依據個人的風險容忍度選擇。

　　參考類似基金時，不要又根據過去的表現做選擇。以先鋒的目標退休2050基金為例，其投資組合的內容跟嘉信的目標2050指數（SWYMX）和富達的自由指數2050（FIPFX）雷同。至

2020 年 11 月 10 日為止的三年間，先鋒的目標退休 2050 基金的
年平均報酬率為 8.70%，富達的自由指數 2050 基金為 8.49%，
而嘉信的目標 2050 指數型基金則是 9.35%。這並不表示富達
的基金是三者之中最差的，嘉信的基金是最好的。三者可能成
分近似——但並非一模一樣。接下來的三年期間，富達的目標
基金也可能小勝。這就是為什麼投資人如果想買目標退休基金
的話，應該要忽略過去的績效表現，挑其中一個即可，然後盡
可能長期投入金錢就好。

表 12　加拿大人：iShares 全包式 ETF

基金	代號	股票粗略配比	債券粗略配比	每年費用率
iShares 核心保守平衡 ETF 投資組合	XCNS	45%	60%	0.20%
iShares 核心平衡 ETF 投資組合	XBAL	60%	40%	0.20%
iShares 核心成長 ETF 投資組合	XGRO	80%	20%	0.20%
iShares 核心股本 ETF 投資組合	XEQT	100%	0%	0.20%

資料來源：iShares ／ 加拿大貝萊德投信（BlackRock Canada）[16]

　　加拿大人可以透過任何一家加拿大的證券商購買表 12 中
的 ETF。每一支都代表了配置過後的一套完整投資組合，也有
加拿大大股票、美國股票、已開發國際股票，以及新興市場的
股票可以選擇。唯一例外的是 iShares 核心股本 ETF 投資組合，

這支還包含了債券。iShares會再平衡上述投資組合,維持以上的配比。

連同先鋒、蒙特婁銀行(BMO)和Horizons在內的好幾家加拿大ETF供應商,都有類似的全包式投資組合產品。它們都一樣好:沒有哪個較好、哪個較差的問題。別犯常見的人性錯誤,像是去找它們過去績效再根據手邊資料下決定。它們雖然配置方式差不多,但是組成卻不完全一樣。出於此因,iShares核心平衡ETF(XBAL)或許某一段期間的表現會稍微比先鋒的平衡ETF投資組合(VBAL)好。只是,下一段期間的結果可能會翻轉過來。無論如何,長期的落差都會小到根本無需在意。

所以你應該就自己的風險忍受度挑選基金才是。假如你有工作,那只要盡量長期地加錢進去即可。假如你有享有捐稅利益的帳戶(註冊退休儲蓄計畫或免稅儲蓄計畫),那麼,裡面也可以放自己為可課稅帳戶挑選的基金。凡事簡單就好。把這些基金提供的行為優勢好好當一回事。

澳洲人可以從證券商帳戶購買表13裡任何一種全包式投資組合ETF。每一支都可選澳洲股票、美國股票、已開發國際股票、還有新興市場股票和債券。而且都會固定再平衡,確保其維持股票與債券間的目標配比。

歐洲人可以選擇在義大利或德國的證交所交易的先鋒全包式投資組合ETF。每支以歐元計價的ETF,都代表一個以避險為目的搭配債券的全球多元投資組合,以減少歐元的匯率風險

（詳見表15）。

表13　澳洲人：先鋒全包式ETF

基金	代號	股票佔比（%）	債券佔比（%）	每年費用率
先鋒多元保守指數型基金	VDCO	30%	70%	0.27%
先鋒多元平衡指數型基金	VDBA	50%	50%	0.27%
先鋒多元成長指數型基金	VDGR	70%	30%	0.27%
先鋒多元高成長指數型基金	VDHG	90%	10%	0.27%

資料來源：澳洲先鋒公司[17]

表14　英國人：英國先鋒生活策略基金
（Vanguard UK LifeStrategy Funds）

基金	代號	股票佔比（%）	債券佔比（%）	每年費用率
先鋒生活策略20%股權基金	GB00B4NXY349	20%	80%	0.27%
先鋒生活策略40%股權基金	GB00B3ZHN960	40%	60%	0.27%
先鋒生活策略60%股權基金	GB00B3TYHH97	60%	40%	0.27%
先鋒生活策略80%股權基金	GB00B4PQW151	80%	20%	0.27%
先鋒生活策略100%股權基金	GB00B41XG308	100%	0%	0.27%

資料來源：英國先鋒公司[18]

表15　歐洲人：先鋒全包式投資組合ETF

基金	Xetra代號*	股票佔比（%）**	債券佔比（%）	每年費用率
先鋒生活策略20%股權基金UCITS***	V20O	20%	80%	0.25%
先鋒生活策略40%股權基金UCITS	V40A	40%	60%	0.25%
先鋒生活策略60%股權基金UCITS	V60A	60%	40%	0.25%
先鋒生活策略80%股權基金UCITS	V80A	80%	20%	0.25%

資料來源：global.vanguard.com

* 　Xetra代表法蘭克福的證券交易所，是這些ETF通常的交易處。

** 　這些基金的股市分配大約都是60%的美股跟40%的國際股票。

*** 譯注：UCITS為 Undertakings for Collective Investment in Transformable Securities 的縮寫，由歐盟所制定，可譯為（歐盟）可轉讓證券集合投資計畫。

勇於開口，但要問對人

　　你如果是初次購買，不知道怎麼開證券商帳戶的話，有些公司可以提供協助。例如，無論國籍，你都可以使用美國公司PlanVision的服務。跟機器人顧問公司或全服務顧問公司不一樣，你的錢不透過它們投資。它們採用螢幕共享的概念，在投資人的下手過程中提供指導，收費約200美元。這筆費用含一年的服務在內，指導內容包含為美國人提供的理財規畫過程協

助，以及其他國籍人士的基本理財規畫。

　　You&Yours Financial這類的加拿大公司則是加拿大人理財規畫需求方面的專家。它們提供理財家教課程，協助客戶理解他們目前支付的費用多寡、幫助擬定財富管理規畫以及適當的資產配置策略，並在必要時指導開立證券商帳戶與購買ETF。[19]對於支付一次性費用取得這類服務，許多想採取自助式手法的投資人或許意願不高。但話說回來，大多數人的理財需求涉及的層面比他們想的廣得多。有一次我跟該公司創辦人布朗（Darryl Brown）聊天時，他這麼告訴我：「理財規畫底下這種按服務收費（pay-for-service）的方式，特別受到尋求大方向又不想犯錯的高收入人士歡迎。」

大部分投資人如何高估自己？

　　許多人都高估了自己對於市場波動的忍受度。他們可能選擇高的股票配比，因為他們明白，相較於股票配比較低的投資組合，這樣會帶來更高的長期報酬率。我談的可不是十年報酬率，十年都算短的。按過去來看，股票配比較高的投資組合在三十年以上的期間，績效向來會勝出。

　　儘管如此，這並不表示你買股票配比較高的投資組合，你的績效就會比較好必須考量自己的個性與行為。你或許認為，自己在心理上可以應付高波動性，然而要知道自己在危機中會

有何反應，實在非常困難。險象環生之時，你可能就會賣掉。
你可能不會一拿到錢就投資，而是抱著錢觀望，等待你認為比
較好的時機。

只要你還有一口氣，這些都是真切實在的風險。

或許你心想：「心理上，我能應付90％或100％的股票配
比。」你或許可以，但大部分的人辦不到。也因此，我會建議
你在決定股票與債券的配比之前，先讀讀下一章的鬼故事再說。

活得更好的祕訣

- 根據自己的個性選擇你要的投資服務。全服務顧問
  可以調節你心裡的情緒起伏。但無論如何，要選擇
  只操作指數型基金（或ETF）的顧問。

- 假如你還是想要某些服務但又想付少一點錢，可以
  考慮機器人顧問公司。

- 你花越少時間想著自己的投資，你可能會賺越多
  錢——而且還會更快樂。

- 你如果打算要當個自助型的投資人，那麼，選全包
  式指數型基金投資組合或全包式ETF投資組合會讓
  過程容易一些，還能幫你拴住內心想投機買賣的念
  頭。每年花200美元左右，PlanVision就能指導你怎
  麼購買這類產品。

第 9 章

讓你堅持到底的投資組合

投資最大的敵人終究是人性……也就是我們自己

　　如果你在路上碰到我，問道：「你相不相信有鬼？」我可能會回答：「我不相信。」但在某些情況下，我可能會言行不一。好多年前，我帶著二十名高中學生去了一座遙遠的印尼島嶼。我們住的村莊所有道路都是泥巴路，沒有鋪好的。接待我們的家庭都住在海面上的竹造平台，既沒自來水也沒電。所謂屋外的廁所，就是在海上的平台木板中間挖的洞。他們的生活方式跟祖先們相去不遠。

　　我們找的是一家美國的旅遊團，他們在附近的島上建立了一座教育園區。導遊的名字叫麥克（Mike）。我們分別坐上好幾艘他們的小汽艇，沿著河道逆行而上，深入叢林。退潮時，河道變得太淺，無法行船，所以麥克帶領著我們在叢林小徑上步行。接著我們走到一處乾的河床，攀爬越過巨石。學生們愛極了，不過天氣很熱而且活動很耗體力。麥克最後終於帶著我們到了紮營地，大家掛起自己的吊床，煮晚餐，吃完飯後各自回去睡覺。

　　我半夜醒來時發現有個衣衫襤褸的女人站在我的吊床旁。她一頭黑長髮遮住了大半個臉。「我都叫你們別來了」，她說道。

　　我回答：「真的很抱歉，但沒有人告訴我們不要來啊。」

　　她說：「你們沒有一點尊重。這樣的話，我要把每個人都殺了。我要你眼睜睜看著。」

　　我央求這個女人放過我們，還發誓早上我們就會離開，絕對不會再來。然後我就醒了。雖然我們在赤道，但我卻直打哆

嗦。那是我這輩子最可怕的夢了。

我在吊床上翻了翻身，眼光慢慢移到左側。她又出現了！「我們絕對不會回來這裡，拜託不要傷害任何人。」我抽噎著說。她回我：「如果你答應絕不回來，那我就放你們一條生路。」

然後這次我真的醒來了，身體好冷，卻滿身大汗。

隔天，我跟麥克一起走在空的河床上，邊走邊跟他描述昨晚那個可怕的夢中之夢。這個平常很多話的傢伙，突然半晌一字不吭，十分詭異。接著他語帶恐懼地說：「我們一直申請不到那個露營地的許可證。附近的村民都說那裡鬧鬼。第二次世界大戰時，日軍在我們紮營處屠殺了一整座村莊的人。」雖然麥克現在還是在離那裡很近的地方，搭船就可以到。但據我所知，他再也沒回去過那處紮營地。

如果你問我：「你相不相信有鬼？」我可能會說：「不相信。」不過，如果你有辦法晚上的時候用《星艦迷航記》（Star Trek）的方式，將我傳送到那個紮營地，我認為我會像個瘋子一樣屁滾尿流地狂衝出那座叢林。然而，我不是說我不相信有鬼？比起我說的話，我的行為或許更能準確測試我到底是信還是不信。

投資人也飽受類似的失調之苦。他們可能會說：「是的，我有辦法承擔股票佔90％而債券10％的投資組合。」然而，等他們長期碰到糟糕的市場報酬率，自稱能堅持到底的人很多都會尿褲子。這讓我想起拳王泰森（Mike Tyson）說過：「人人都

說自己心裡有譜，等他們吃了一記重拳就知道了。」

　　我們對自己有太多不了解的地方。正因如此，我們應該調整我們自以為對投資風險的忍受度。選擇股票與債券的配比時，有些人或許會參考如表16的表格，選出與自身風險忍受度相符的投資組合。只不過，大部分的人都不曉得自己到底不知道什麼。 他們可能選了高股票配比，深信自己可以堅持到底，但長期下跌的市場（以及有可能讓人驚慌失措的財經新聞）可能會一點一點地削弱人的勇氣。有智慧的投資人會認真看待自己對自己不了解的地方。

表16　史上的投資報酬率（1926年到2020年）

	100%股票	80%股票 20%債券	70%股票 30%債券	60%股票 40%債券	50%股票 50%債券
平均年報酬率	10.1%	9.4%	9.1%	8.6%	8.2%
虧損的日曆年	26/93	24/93	23/93	22/93	18/93
獲利的日曆年	67/93	69/93	70/93	71/93	75/93
績效表現最差 的一年	-43.1% （1931）	-34.9% （1931）	-30.7% （1931）	-26.6% （1931）	-22.5% （1931）
績效表現最好 的一年	+54.2% （1933）	+45.4% （1933）	+41.1% （1933）	+36.7% （1933）	+32.3% （1933）

資料來源：vanguard.com（本數據資料採計的是美國股票跟美國中期政府債券）[1]

你該選擇哪一種目標配置？

　　假如你看完表16列出的史上報酬率後，還是相信自己有

辦法承受100％股票的投資組合，那麼，不如考慮80％股票跟20％債券的組合。這種投資組合在市場崩跌的時候，跌幅不會那麼嚴重。而且，如果股票連著數年崩盤或是不見起色的時候，微妙的債券緩衝或許能讓你不要亂了手腳。

但如果你的直覺認為，你可以應付80％股票跟20％債券的話，那就考慮70％股票跟30％債券好了。

我們終究不知道自己不知道的是什麼。我甚至不會問你相不相信有鬼。

我們的蜥蜴腦還有救嗎？

娜塔莉（Natalie Legree）極擅長省錢。受到 FIRE 運動＊的鼓舞，她希望早早就能實現財務自由。[2] 三十二歲的她節省度日、每年存下收入的一大部分，而且越來越多的千禧世代都這樣。我一開始結識娜塔莉時，她的 ETF 投資組合裡有 50,000美元，而且每個月還繼續多存 2,000 美元。

她踏上投資之旅十八個月後，股票跌了約10％。「市場的下跌讓我懷疑自己是否做了正確的決定。」她這麼跟我說。

諷刺的是，如果任何一天、一週或十年之內，娜塔莉永遠不會知道股票漲或跌的話，那可能還比較好。這樣她可能就不

＊　譯注：即 Financial Independence, Retire Early，「財務獨立、提早退休」之意。

會亂了手腳，低價賣出。而且可能還有助於維持她的生活滿意度。說到底，快樂絕大部分取決於我們的期待。如果娜塔莉期待自己的投資組合上漲但實則下跌，這種變化，可能會影響她每天的心情（而且她決定採取行動的話，那連投資績效表現都會受影響）。

　　不幸的是，財金媒體是投資人最大的敵人。媒體標題的用意就是嚇唬跟挑釁，把以下這種誤解的訊息傳達給娜塔莉那樣的人：

　　上漲的股票＝好
　　下跌的股票＝壞

　　任何一個計畫要在未來五年都往市場投入資金的人，反而應該更喜歡下跌的價格才對。我到現在還是這樣。而像娜塔莉這樣的年輕人，碰到股票大跌時，應該舉辦盛大的街頭派對才是。伯恩斯坦（William Bernstein）這位轉職成理財顧問的前神經學家表示，年輕的投資人應該「祈禱市場長期表現糟糕（下跌）」。他在《你如果可以》（If You Can）這本短篇著作裡提到，當股票下跌，投資人付少一點錢可以買多一點股票。[3] 你如果每個月投資固定金額（即定期定額），碰到資產便宜之時，就能積存資產。待市場恢復，那些資產價值就會大升。

　　巴菲特在1997年以波克夏海瑟威公司（Berkshire Hathaway）

董事長身分寫給股東的信當中，也有同樣觀點：

> 假如你接下來五年的目的是淨儲蓄的話，你該希望這段
> 期間股市走高還是走低呢？很多投資人會搞錯。即使他們未
> 來多年都會當股票的淨買家，但股價上漲時他們還是會興高
> 采烈，而股價下跌時又愁雲慘霧……這種反應毫無道理。只
> 有不久的將來會賣股權的人，看到股票上漲才應該開心。有
> 意購買的人應該更喜歡下跌才對。[4]

我跟娜塔莉說明，但她還是不信。所以我問她：「如果妳
可以操控未來，這兩種情況妳會選那一個？」情況一，股市連
漲三年，而且在二十年期間，年均複利報酬率為 9.75％；情況
二，股市連跌三年，而且在二十年期間，年均複利報酬率為
5.94％（詳見表 17）。

表 17　兩種情況的故事

情況一		情況二	
年份	股市報酬率	年份	股市報酬率
1	+37.58％	1	-9.1％
2	+22.96％	2	-11.89％
3	+33.36％	3	-22.10％
20 年平均	+9.75％*	20 年平均	+5.94％*

* 每段個別期間的年均複利報酬率。

娜塔莉說：「我一定會選情況一。看到自己的股票每年上漲一定比較讓人放心。這看起來是提升市場信心的有力數字。」

可是對娜塔莉而言，情況二會更好。沒錯，一開始的三年都不好，而且二十年的平均報酬率也較低。但如果年輕的投資人每個月都加入相同的資金，那在市場下跌時就能買到更多單位。等到復甦時，報酬率就會提升。更讓人費解的是，同樣是二十年期，娜塔莉在股票年均報酬率5.94％的情況下，賺的錢比年均報酬率9.75％的情況還多。

雖然不見得一定如此，但假如前三年市場嚴重大跌，結果可能就是這般。以下利用過去標普500指數不同的二十年期報酬率，舉出情況一跟情況二的真實世界案例（詳見表18）。

情況一顯示出，1995年1月1日到2014年12月31日的標普500指數二十年期實際的報酬率。股票在1995年、1996年跟1997年都大漲，分別漲了37.58％、22.96％以及33.36％。投入標普500指數的一次性投資在這二十年期間會賺進9.75％的年均複利報酬率。這是娜塔莉說自己會選的情況。

情況二則顯示2000年1月1日到2019年12月31日的標普500指數二十年期實際的報酬率。股票一開始就跌，2000年跌了9.1％，接著2001年跌了11.89％，2002年跌了22.10％。投入標普500指數的一次性投資在這二十年期間會賺進5.94％的年均複利報酬率。這是娜塔莉不喜歡的情況。

表18　實際的標普500報酬率

情況一		情況二	
年份	標普500 股市報酬率	年份	標普500 股市報酬率
1995	+37.58％	2000	-9.1％
1996	+22.96％	2001	-11.89％
1997	+33.36％	2002	-22.10％
1995-2014	+9.75％*	2000-2019	+5.94％*

* 每段個別期間的年均複利報酬率。

　　乍看之下，娜塔莉選的情況一看起來比較好。然而，那就忽視了伯恩斯坦和巴菲特想教投資人的事。

　　我們從情況一開始說明吧。

　　假設娜塔莉1995年1月有50,000美元的低成本指數型基金投資組合。如果她從1995年1月1日開始直到2014年12月31日為止，每個月都加投資2,000美元進標普500指數的話，在這二十年期間，她的錢會增長為1,443,726美元。

　　現在我們來看看情況二。

　　假設娜塔莉2000年1月1日持有50,000美元的低成本指數型基金投資組合。如果她從2000年1月1日開始直到2019年12月31日為止，每個月都投資2,000美元標普500指數的話，她的錢會增長為 1,544,560 美元，比她在情況一還多賺了100,834美元（詳見表 19）。

　　換句話說，雖然在她投資初期那三個日曆年的重大損失看似可怕，但最終卻會大大提升她的報酬率。藉著每個月加入同樣金額，在價低的情況時，她每個月買到的股市單位就會較多，而價格上漲時，買到的單位就較少。因此，長期她付的是低於均價的錢。這就是即便同一時期的年均複利報酬率只有5.94％，她賺得的年均複利報酬率卻會有8.93％的道理。

　　可惜的是，許多投資人看到市場下跌時就失去信心，而不會繼續透過好或壞的市場來增加資金。話說回來，像娜塔莉這樣的年輕投資人，應該想辦法戰勝自己的情緒，期待下跌的市場才對。

　　當然，如果他們從來不看自己的投資組合帳戶餘額、或不聽投資新聞，那就更好了。還記得富達的研究嗎？最佳的投資人會忘記自己有帳戶——不然就是死了。人類的行為和反應是對未來進步的一記痛擊。

表19　情況一與情況二（起始值為50,000美元，每個月投資2,000美元買先鋒標普500指數型基金）

情況一				情況二		
年份	投資組合報酬率	投資組合餘額（單位：美元）		年份	投資組合報酬率	投資組合餘額（單位：美元）
1995	37.45％	96,263		2000	-9.06％	67,658
1996	22.88％	144,988		2001	-12.02％	83,278
1997	33.19	220,107		2002	-22.15％	86,616

1998	28.62%	310,550
1999	21.07%	402,701
2000	-9.06	388,717
2001	-12.02	365,472
2002	-22.15%	306,318
2003	28.50%	421,629
2004	10.74%	492,779
2005	4.77%	541,328
2006	15.64%	652,076
2007	5.39%	711,270
2008	-37.02%	466,462
2009	26.49%	619,003
2010	14.91%	738,339
2011	1.97%	776,703
2012	15.82%	924,579
2013	32.18%	1,249,277
2014	13.51%	1,443,726
標普500年均複利報酬率（一次性投資會得到的平均）	9.75%	
年均複利報酬率（每個月持續定期定量的投資）	8.41%	

2003	28.50	139,308
2004	10.74%	180,136
2005	4.77%	213,757
2006	15.64%	273,268
2007	5.39%	312,058
2008	-37.02%	215,040
2009	26.49%	300,991
2010	14.91%	372,899
2011	1.97%	404,079
2012	15.82%	492,988
2013	32.18%	678,819
2014	13.51%	776,209
2015	1.25%	830,299
2016	11.82%	954,232
2017	21.67%	1,187,309
2018	-4.52%	1,115,791
2019	31.33%	1,544,560
標普500年均複利報酬率（一次性投資會得到的平均）	5.94%	
年均複利報酬率（每個月持續定期定量的投資）	8.93%	

資料來源：portfoliovisual.com

哪次不一樣？別再操作市場擇時

不管股票飛漲或下跌，名嘴專家們總會說：「這次不一樣。」他們說的沒錯，每次都不一樣。但有一個反覆不變的事

實：沒有人始終可以預測股票的表現。大多時候，做預測的專業人士（包含避險基金管理人、大學校務基金管理人，以及策略資產配置管理人）結果都錯得離譜。

根據統計，一有錢就拿去投資的方式成功的機率最高。價格下跌、選舉或全球疫情都不重要，甚至也不用等外星人入侵完莫斯科離開地球再說。

沒錯，說比做容易。我撰寫個人理財方面的文章已經二十幾年了。我到世界各地舉辦研討會，也試過在網路上協助那些有投資問題的人。只不過，就連那些自詡毅力驚人的人，很多也都有被內心的貪慾或恐懼控制的時候，開始想預測進出市場的時機。

我常會收到這種訊息：「哈藍，我有一筆錢要投資。我知道我應該要立刻投資，但現在發生了以前沒發生過的事。我要等到……。」

那就是企圖操作市場擇時。

如果你怕股市到達前所未見的高點，決定要等拉回後再投資，嗯……

那就是企圖操作市場擇時。

如果市場重跌，但你要等它跌得更嚴重而不馬上投資……

那就是企圖操作市場擇時。

如果你在市場崩跌當晚退休，決定把一切（甚至包括自己部份的資產）變現……

那就是企圖操作市場擇時。

我們應該反過來控制自己內心的恐懼才對，必須除去那種以為自己（或電視上的某人）能預測未來的妄想。市場擇時沒有用。如果你企圖預測進出市場的時機，而且也猜對了，那就好像在賭場裡享受時還剛好贏錢一樣。你八成會再試一次，只不過長久下來，莊家不只會贏你的錢，還會讓你輸到脫褲子。毫不留情。

如果你還對這種智慧存疑，請重讀第7章。避險基金與策略資產配置基金的管理人都在想辦法預測進出市場的最佳時機，但幾乎注定失敗。他們還是專業人士呢！這就是你為什麼連試都不應該試。畢竟，根據前避險基金管理人布列南（Chelsea Brennan）的說法，很多避險基金管理人都不把自己的錢放在自己管理的基金裡，他們沉著冷靜地把指數型基金加入自己的投資組合，而不是亂搞自己的那塊肥皂。[5]

退休一族，不要自找麻煩

年輕人應該看到股價崩跌要很開心，他們終究還在收集市場資產；退休一族則在出售資產。正因如此，年長者比年輕人更怕市場崩盤。然而，他們退休最重大的威脅並非市場本身。而是他們每天在鏡子裡看到的那個人。

以下就是個例子：根據富達投資的報告，該公司有將近三

分之一超過六十五歲的投資人，在2020年2月20日到5月15日之間，將其部分股票資產換成了與股市不相關的投資產品。換句話說，他們在Covid-19造成的股市重挫期間，不是亂了手腳就是操作投機買賣，逢低賣掉股票。對他們來說可惜的是，2020年4月1日之後的十個月間，美股漲了49.44％，而全球股票也漲了52.27％。

有別於那些在市場重挫期間賣股票有如膝反射一樣自然的投資人，全包式指數型基金或ETF投資組合的基金管理人（詳見第8章）在市場低價之時，實際上會增加自己的股票頭寸。他們這麼做不是為了投機買賣，而只是在維持股票和債券配比的一致。因此，2020年4月之後美股和全球股票大漲的十個月間，這些投資人坐收了豐厚的獲利。[6]

與其擔心市場，退休一族應該全心關注一件事情：他們按通膨調整後的4％提領金。其他一切都只是讓人分心的事。

舉例來說，假設你持有100,000美元的多元投資組合退休，其中股票指數佔比60％，債券指數佔40％。經回測的研究指出，這種投資組合可以讓退休族每年都能提領按通膨調整後的4％金額，即100,000美元的4％。而且，之後（無論股市發生什麼）每年應該也可以讓他們加薪以配合通膨。假如他們退休的第二年，生活費增加了2％，那麼，該年他們就可以提領比4,000美元再多2％的金額，在這個例子中就是4,080美元。

每年他們都會領出不斷增加的金額以負擔上漲的生活費

（除非出現通貨緊縮，使他們提領較少）。

　　這4%的法則經過了自1926年以來的回測。也就是說，包含60%股票跟40%債券的投資組合，如果投資人提領按通膨調整後的4%，應該可以維持至少三十年。換個說法，即便投資人1929年退休（而且在經濟大蕭條當晚退休），每年還是可以提領按通膨調整後的4%，而且這些錢至少還可以撐三十年。

　　然而，這種手法要靠佛陀般的禪定才行。這就是為什麼退休族最大的風險不是市場本身，而是自身行為。如果股票在投資人退休當晚崩盤，他們的行為就會受考驗。假設有人在2000年1月退休，那可是史上最糟退休年度之一。他會在退休的前二個十年裡碰到三次可怕的崩盤：2000年1月1日到2002年9月30日，股票重挫了46%；2008年1月1日到2009年2月1日，全球股票幾乎被挖空了近52%；還有，2020年2月1日到2020年3月31日，全球股票跌了將近21%。

　　2000年也是所謂美股失落年代的濫觴（美股是全球股市指數最大的組成部分）。讓我解釋一下：如果有人在2000年1月1日投資10,000美元在先鋒的標普500指數型基金，而且一毛錢都沒有領出來，那麼，在一切股利再投資的情況下，他們的投資十年後只值9,016美元。如果同一筆10,000美元投資全球股票指數上，同樣經過這十年，價值只會有10,639美元。無庸置疑地，2000年退休，對任何一位退休族的股票資產強度都是考驗。

心臟夠強、能堅持到底又會如何？2000年1月時持有100,000美元的投資組合退休：全球股票指數佔比60%，全球債券指數佔比40%。再假設每年提領按通膨調整後的4%。在史上最糟糕的時機之一退休的他們，經過了二十年，會從起初100,000美元的投資組合裡提領共112,764美元的總額出來——而且投資組合裡還有剩錢。

根據Portfolio Visualizer的數據，儘管這個投資人提領了這些錢，他的投資組合到2021年1月1日為止還會剩117,375美元。不過，你或許會好奇，這筆117,375美元能否再撐九年，讓退休期湊成三十年整。畢竟2022年開始，這位投資人得提領的金額就會超過6,185美元了。這個估算根據的是按通膨調整後的4%提領金，讀者們可以參考表20。

我們不知道剩下的錢會不會再撐個九年。話說回來，先鋒的退休金計算器（Nest Egg calculator），即蒙地卡羅模擬法*的判斷機率很高。[7]蒙地卡羅模擬法假設過去發生過的一切都可能再次發生——而且任何順序都有可能！舉例來說，股市可能像1929年到1932年間那樣跌86%。這個跌幅沒有納入通膨，但萬一1970年代晚期和1980年代初期的高通膨跟1929年到1932年間的股市崩盤同時發生呢？

---

* 　譯注：蒙地卡羅模擬法是以機率為基礎的一種計算方式，基於大數法則的實證方法，當實驗的次數越多，其平均值也就會越趨近於理論值。

蒙地卡羅模擬法會把100,000種這樣的歷史變數丟進組合中。

依據先鋒的計算，二十年後剩下的這筆117,375美元，再撐十年的可能性為100％，再撐十五年的可能性為98％，再撐二十年的可能性則有93％。

只可惜，許多退休族會壞了自己的好事。說「4％法則有用」這種話很簡單。只不過，退休族需要做到兩件很難的事才會受益於這個法則：

- 忽略股市。
- 忽略自己投資組合的價值。

表20 按通膨調整後的4％年度提領金額

年份	每年一開始的提領金額（單位：美元）	投資組合每年年終時的剩餘價值（扣除提領後）（單位：美元）
起始價值		100,000
2000	4,000	91,839
2001	4,135	83,298
2002	4,200	72,939
2003	4,299	85,198
2004	4,380	91,067
2005	4,523	93,832

2006	4,677	101,691
2007	4,796	104,834
2008	4,992	73,555
2009	4,997	87,184
2010	5,132	92,484
2011	5,209	86,957
2012	5,364	93,741
2013	5,457	102,022
2014	5,539	103,418
2015	5,581	96,674
2016	5,622	98,534
2017	5,738	108,511
2018	5,859	96,225
2019	5,971	108,020
2020	6,108	115,689
2021	6,185	117,375

21年期間總共提領金額：112,764美元

資料來源：portfoliovisualizer.com（60％的全球股票指數與40％的全球債券指數）

　　如果你是退休族的話，就不應該看股市或投資組合的價值高低。你有更好的事情可以做。只要繼續每年（按照一開始的4％法則）提領更多錢出來就好。假使那樣會讓你心神不安，而且感覺「做點什麼」才行的話，那麼，無論何時只要碰到崩盤，你就堅持別按照通膨多領錢就好。這麼一來，這筆退休金更可能撐超過三十年。

　　最重要的是，絕對不要操作投機買賣。千萬不要。市場波

動讓男性和女性都怕，但男性的風險更高。正因如此，假如你生命裡有個男人，下次股市崩盤時，你可能會想把他鎖在地下室。給他食物、飲水（啤酒也好），讓他方便上廁所。說起聰明投資術（換句話說，別做蠢事就對了），男人還比較弱呢。

男性的蜥蜴腦比較大？

如果問一對夫妻「誰負責你們的投資？」，大多數都會說由男性掌管。但夫妻應該合作才是。實際上，女性似乎比較擅長操控這艘投資的船。我很想看看針對女性同性伴侶的研究，我認為她們的績效有可能勝過男性同性伴侶。各位男性，我知道我這麼說太嚴苛了，但研究鐵證如山。平均而言，女性是比男性更優秀的投資人。

我主持過幾場有關低成本指數型基金或 ETF 理財研討會後，一開始還對此保持懷疑。但我通常幾年後會回頭對同一批人演講。每當我問起特定夫妻「一切還好嗎？」，有的人會說他們成功堅持如一，也有很多人辦不到。那些偏離計畫的人常常會開始追熱門股票、投入加密貨幣，或是操作市場擇時。結果通常很慘。我要是問異性戀伴侶「是誰不照計畫走的？」，得到的回答大多都是男人。

伴侶們在下投資決定的時候，應該要像團隊一樣合作。但根據我的觀察，這通常都由男性主導。這實在可惜，因為女人

是比較好的投資人。

　　加州大學柏克萊分校的一項研究調查了男性和女性的證券商帳戶績效表現。研究人員發現單身女性勝過單身男性。而且，已婚男人勝過單身男性。[8] 這就是為什麼已婚男人如果想要穩固的投資成果，就應該跟家裡的女人合作才對。

　　我在投資演講的場子上會說：「我認為睪固酮會影響男性的決定。男性的過度自信會迫使他們博上一把，打破聰明投資的規則。」此時，有些女人就會戳她們的丈夫。大部分的男人只是笑一笑、善意地點點頭。

　　在一份先鋒集團於 2005 年到 2010 年之間所做的研究裡，女性的投資績效比男性高約 5％。由於女性持有較高的債券配比，因此這個結果可能是意料之中。畢竟，債券 2005 年到 2010 年的表現比股票好。

　　只不過在股票上漲時，女性的績效也比男性高。巴柏（Brad Barber）和奧迪恩（Terrance Odean）這兩名金融研究員研究了35,000 個 1991 年到 1997 年間的家庭證券帳戶。[9] 雖然這段期間漲不停——較高風險可能帶來較高獲利，但按照風險調整過後來看，女性的年獲利約勝男性 3％。也就是說，當女性和男性冒同樣的風險時（即持有相同的股票與債券配比），女性每年的績效表現勝過男性約 3％。

　　富達集團 2016 年時追蹤了該公司 8 百萬客戶的投資績效表現，發現女性贏男性約 0.4％。[10] 富達如果進行的是經過相同

風險調整後的比較，那麼女性應該會贏得更多才是。富國銀行
（Wells Fargo）比較投資人2010年到2015年的績效表現時，也發
現女性優於男性。而且，當他們比較相同風險的投資組合時，
女性勝過男性更多。[11]

　　華威商學院一份以英國為主為期三十六個月的研究，檢視
了2,800個投資帳戶後，也得到同樣的結論。女性每年都贏過
男性將近1.8%。[12]

　　另一份富國銀行的研究則表示，男性更常交易、也更可能
打破投資規則，表現因此才會落後。該研究發現，比起女性，
男性從100%股票配比轉為100%債券的可能性，是女性的六
倍之多。換句話說，他們更會想要操作市場擇時。[13]

　　男性體內的睪固酮比女性高，或許是男人過度自信且投報
率差的肇因。財金研究員呂炎（Yan Lu，音譯）和張馬文（Melvyn
Teo，音譯）透過新加坡管理大學和中佛羅里達大學發表了十
分有意思的研究。他們檢視了1994年1月到2015年12月間的
3,228位避險基金管理人。[14]

　　只不過，「檢視」實在太輕描淡寫。這兩位研究員真的測
量了那些管理人臉的寬度。臉比較寬的男性通常有較高濃度
的睪固酮。他們發現，以風險調整後的比較來看，臉比較窄
的管理人表現比臉較寬、睪固酮濃度較高的同行更好，每年勝
出5.8%。

　　兩位研究員寫道：「在競爭極度激烈而且由男性主宰的避

險基金產業底下，大家期待、鼓勵、甚至讚揚像是冒進、好強與衝勁……這類陽剛的特質，研究卻發現，睪固酮濃度高的基金管理人表現不如預期，這實在教人意外。投資人只要違背傳統常識，然後避開陽剛的基金管理人，那就會有不錯的成果。」

　　回頭來談異性戀已婚伴侶。最常見的情況是男人掌控投資，留女人在一旁看。但是伴侶應該要建立一套紮實的計畫，堅持執行，不要讓恐懼、貪婪，或是男人的觀點讓兩人偏離目標。

　　我們很多人都深信，自己知道碰上憾事之時會做何反應：罹癌、失去摯愛……諸如此類。然而，事實是我們要等發生了才會知道有何反應。正因如此，決定資產配置時，與其勇氣太過，最好寧願謹慎也別犯錯。

活得更好的祕訣

- 先考慮你相信碰到股市崩盤時自己也能忍受的資產配置。然後選擇比這再稍微謹慎一些的配置，就不要再換了。這能讓你就算遇到麻煩也堅持得下去。

- 年輕的投資人應該重塑自己對市場的思維。下跌的市場是好的。（對年輕人的投資而言）經濟的不確定性勝過皆大歡喜的經濟共識。

- 沒有人有辦法預測股市的走勢。說起投資一事，持之以恆是最佳方針。可以的話，每個月都加錢。維持你的配比。不要做投機買賣。

- 務必牢記一件事：市場擇時沒有用。所有猜對一次的人都會冒著回到賭場的危險。到頭來，莊家一定穩贏。

- 退休族應該要忽略自己投資組合的價值，也不要理會所有的預測。他們反而應堅持執行的是提領按通貨膨脹調整後的 4%。就算他們在市場崩盤當晚退休，這些錢應該還是能撐超過三十年（假如他們在股票下跌的那些年裡，不按照通膨率而「多領」的話，撐超過三十年的可能性更高）。

- 一有機會，伴侶們就應該確保女人也分擔一半（或更多）的投資重擔。長此以往，大多數男人對自己的這個決定都會很滿意。

第 10 章 ───────────────────────────────

搶救地球的投資
與消費習慣

關於社會責任基金，以及大眾消費行為的真相

　　麥瑟迪茲（Mercedes Martin）住在中國北京時，吸了太多髒空氣。工廠排出毒霧，造成安全危害，對戶外運動的人來說尤其如此。就連室內的空氣品質都很差。我上次造訪北京時，好幾個朋友家裡都有空氣清淨機。

　　麥瑟迪茲時常因為工作案子，而開車入鄉。她說：「我得前往遙遠的地點，協商土地買賣，開發風力發電廠。我幾乎不可能擺脫霧霾，連駛離這城市幾百英里也一樣。」她親身目睹風力驅動永續能源計畫的重要性，表示：「跟那些對環境有著如此熱忱的人一起投入可再生能源產業，鼓舞我要朝著這個方向，為改變世界盡力。」

　　近來這位有三個孩子的四十二歲媽媽在新加坡工作，擔任永續溝通專員。她與先生決定要投資之時，選擇了社會責任ETF。「業務內容與化石燃料或菸草等相關的公司得不到我的尊重。我就是沒辦法投資包含那種公司的ETF。」

　　社會責任投資基金包含比較多碳足跡較少的公司。一般而言，它們也會避開製造武器、菸品、或是酒精飲料的企業。它們也不包含與色情或賭博相關的股票。

　　這些基金的需求越來越多，我樂觀其成。而且不是只有我這樣而已。哈茲馬克（Samuel M. Hartzmark）和蘇斯曼（Abigail B. Sussman）是芝加哥大學布斯商學院的副教授。他倆2019年發表了一篇報告，指出投資人對社會責任投資基金趨之若鶩。[1]

　　2016年，晨星公司依據自家控股，評比了兩萬多個基金。

低全球永續性的共同基金，只獲得它們的一顆「地球」的評等分數。基金若包含晨星認為較友善環境的股票，最高評等可高達五顆地球。

　　哈茲馬克與蘇斯曼利用晨星的評等系統，想看看美國人都把錢投資在哪裡。他們發現，相較於永續性評等較低的基金，美國人投入更多的錢在評等較高的。在晨星的這套評等系統出現之前，根據相對資金流入的標準來看，所有的基金的受歡迎程度是相同的。但評等經過十一個月之後，晨星發現投資人將錢投入永續性評等分數最高的基金，同時把錢從評等較低的基金提領出來。這是個大好消息，原因有二。其一，這表示人們在乎；其二，指數型基金供應商為了滿足這種需求，引進了好幾種社會責任投資基金。

　　話說回來，社會責任投資基金的批評者卻宣稱這類基金（無論是否為指數型基金）的績效不如一般的股市指數型基金，而且並不會真的有利於環境。

不輸大盤的社會責任基金

　　跟傳統的指數型基金相比，大部分的社會責任投資指數型共同基金和ETF的費用都略高一點，但這並不減損其報酬率。有些研究顯示它們的績效比傳統指數型基金更好；有的研究則顯示它們表現稍弱。這跟量測的期間很有關係。萊布尼茲歐洲

經濟研究中心（Leibniz Centre for European Economic Research）的研究者施羅德（Michael Schröder）比較了二十九個不同股市的指數。他發現，社會責任投資指數型基金的表現，可跟得上非社會責任投資指數型基金。他說：「以傳統基金為標準，社會責任投資指數型基金按風險調整過後的報酬率，實際上並無二致。」[2]

　　施羅德在2007年發表了他的研究。同一年，加拿大的iShares發行了自家首支社會責任ETF：加拿大股市的Jantzi Social Index ETF（XEN）。它收取的費用比大部分ETF高，每年0.55%。但那無傷大雅，其績效在某些年度還勝過傳統的加拿大股市指數。當然，也有些年度的表現落後。不過，它的表現反映了施羅德的研究結果，從2007年首度發行後，就一直跟大盤股市指數分庭抗禮。

　　在美國，先鋒集團歷史最久的社會責任投資美股的指數型基金，從2000年問世後，表現也跟標普500指數差不多。到2020年11月30日（即先鋒提供這筆資料的當日）為止的十年期間，它的表現勝過標普500，每年平均為15.35%，相較之下，大盤指數的表現則為14.05%。這並不表示它會繼續勝出，但長期下來，它的表現應該可以抗衡才是。

企業會拿你的錢做環保嗎？

　　投資公司強力推銷社會責任基金，好像買基金就等於種

了樹、救了鯨魚似的。雖然我很擁護社會責任基金，但它們不如行銷講的那樣高尚。舉例來說，根據先鋒旗下管理的資產來看，他們的FTSE社會指數型基金（FTSE Social Index Fund）是美國最受歡迎的社會責任投資基金。這支基金追蹤的是名為FTSE4Good美股精選指數（FTSE4Good US Select Index）裡的股票集合，其中前七家最大的「永續公司」（companies for good）為蘋果、微軟、亞馬遜、字母控股（Alphabet）、臉書、寶僑，以及威士（Visa）。我不相信德蕾莎修女會禱告：「祈求上帝降福給這些公司，讓它們能繼續服務地球。」因為它們並不是真的對環境有利。

　　大體而言，還有一件關於股票的事是你應該要知道。你投資在證交所的股票（無論買個股或ETF都一樣），並不會讓這些企業直接受助。例如，投資一家在證交所掛牌交易的風力發電機製造商，你的錢不會直接拿去做更多的風力發電機；投資一家石油公司，你的錢也不會直接用來提煉那些黑黑噁心的東西。你只是在開放市場上持有那家製造商或石油公司的一小部分。換句話說，按照該公司的表現（長期來看，股價漲跌與其企業收入相關），你可能會獲利或虧損。

　　麥瑟迪斯懂這個道理，但她還是不想持有一般指數型基金，因為其中包含了有違她價值觀的公司。她說：「我深深認為，要公司負起獲利以外的責任，是很重要的。致力於為地球帶來正向改變的企業，未來會成功。它們會帶來最大的報酬

率。所以，我覺得投資社會責任投資基金不僅更吻合我個人信念，而且也會賺進最大的未來報酬。」

假如你覺得透過包含石油天然氣公司的整體經濟產業獲利，而且也心安理得，那你就挑選我在第8章提到的那類傳統指數型基金或ETF；但如果你偏好透過永續評等分數較高的公司獲利，那麼社會責任投資基金就適合你了。

找全服務顧問做社會責任投資

你如果雇用全服務理財顧問，他們能為你建立社會責任投資指數型共同基金或ETF的投資組合。不過，你要確認你的顧問是否符合第8章的那些標準。不要背離那些準則。別碰主動式管理產品，避開能言善道兜售這類產品的人。

找機器人顧問做社會責任投資

在第8章時，我為投資人們列出了一些不同國家的機器人顧問公司。除了傳統的指數型基金或ETF外，那些公司也大多提供社會責任基金的投資組合。只不過，如果想買社會責任投資基金，你必須明確要求就是了。

靠自己做社會責任投資

自己買社會責任指數共同基金或 ETF 甚至會更便宜。話雖如此，寫作本章的當下，唯一的全包式社會責任投資的投資組合，是多倫多證交所的社會責任投資 ETF。

但這不表示美國人或者其他國家的人無法建立自己的指數型社會責任投資基金投資組合。只是如此一來就必須利用一個以上的基金了。

社會責任投資的推薦投資組合模型

■ 美國人

在表 21 當中，我為美國人列出了社會責任投資之多元投資組合的樣本構件：四種按照不同波動性忍受度的配置方式。投資人需要在富達開戶（撰寫本章當下，先鋒尚未提供完全挑選社會責任投資基金的產品）。接下來，投資人就可以設定每一個基金的自動存入，讓往後過程無須經手。也就是說，如果有人想每個月投入 100 美元到社會責任投資的平衡型投資組合裡，就可以指定 30 美元存進富達的美國永續指數（FITLX）、30 美元存進國際永續指數（FNIDX），其餘 40 美元存進永續債券指數（FNDSX）。富達不收這些交易的佣金，也沒有規定每個月

最低應繳金額。這些投資組合的總費用率每年不到0.17％。

表21　給美國人參考用：
社會責任投資指數共同基金投資組合

基金	基金代碼	謹慎型	平衡型	果斷型	積極型
富達美國永續指數 （Fidelity US Sustainability Index）	FITLX	25％	30％	40％	50％
富達國際永續指數 （Fidelity International Sustainability Index）	FNIDX	20％	30％	35％	50％
富達永續債券指數 （Fidelity Sustainability Bond Index）	FNDSX	55％	40％	25％	0％

資料來源：美國富達集團[3]

▋加拿大人

加拿大人可以買全包式的社會責任ETF投資組合。我將
iShares的基金列在下表22中。

表22　給加拿大人參考用：
全包式社會責任投資ETF投資組合

基金	基金代碼	股票約略配比	債券約略配比	每年費用率
iShares ESG 保守平衡型* （iShare ESG Conservative Balanced）	GCNS	40％	60％	0.27％**
iShares ESG 平衡型 （iShare ESG Balanced）	GBAL	60％	40％	0.27％**

iShares ESG 成長型 （iShare ESG Growth）	GGRO	80％	20％	0.27％**
iShares ESG 股票 （iShare ESG Equity）	GEQT	100％	0％	0.27％**

資料來源：加拿大黑石集團（iShares/BlackRock Canada）[4]

* 譯注：ESG 為 Environment、Society 與 Governmenve 的縮寫，即環境、社會、公司治理。

** 這些列出的費用為估計值。iShares 每年每一個基金收取 0.22％的費用，但本章寫作同時
這些基金問世都還未滿 12 個月。每年預估的總費用（連同再平衡的內部交易費）可能為
0.27％左右。

■ 英國人

時至 2021 年，還沒有任何一家英國投資公司提供全包式
的社會責任投資 ETF 或指數型共同基金的投資組合。不過，英
國投資人還是能透過不限數目的英國證券商帳戶，自己從精選
的社會責任投資 ETF 中，建立這種投資組合。在表 23 當中，
我列出了不同波動性忍受度的投資組合樣本。每一支基金都在
倫敦證交所交易。

表 23　給英國人參考用：
社會責任投資 ETF 的投資組合

基金	基金代碼	投資標的	謹慎型	平衡型	果斷型	積極型
瑞銀 MSCI 英國可投資市場 指數社會責任 UCITS*（UBS MSCI United Kingdom IMI Socially Reponsible UCITS）	UKSR	美股	20％	30％	35％	50％
iShares MSCI 世界社會責任投 資 UCITS（iShares MSCI World SRI UCITS）	SGWS**	全球股票	25％	30％	40％	50％

英國先鋒英國政府公債 （Vanguard UL Gilt）	VGOV***	英國政府 債券	55％	40％	25％	0％

資料來源：英國晨星、英國先鋒與英國iShares

*   譯注：MSCIU是摩根士丹利資本國際公司（Morgan Stanley Capital International）所編製的證券指數；UCITS則為Undertakings for Collective Investment in Transformable Securities的縮寫，由歐盟所制定，可譯為（歐盟）可轉讓證券集合投資計畫。

**   SGWS是針對英鎊的貨幣避險基金。這種避險基金有內部的隱藏費用。研究指出，每年投資人可能要支出達1％費用。如果投資人想買非針對貨幣避險的版本，可以改買SUWS。它與SGWS相同，只是以美元計價。[5]

*** VGOS雖然是政府債券指數，不過它並不被視為社會責任投資指數型債券基金。倫敦證交所時至2021年都還沒有這類ETF的交易。

■ 澳洲人

時至2021年，還沒有任何一家澳洲投資公司提供全包式的社會責任投資ETF或指數型共同基金的投資組合。然而，澳洲投資人還是可以透過證券商帳戶，從精選的社會責任投資ETF中，自己建立這樣的投資組合。在表24當中，我列出了不同波動性忍受度的投資組合樣本。每一支基金都在澳洲證交所交易。這些投資組合的費用每年平均約為0.20％。

表24 給澳洲人參考用：
社會責任投資ETF的投資組合

基金	基金代碼	投資標的	謹慎型	平衡型	果斷型	積極型
先鋒倫理意識澳洲股票 （Vanguard Ethically Consious Australian Shares）	VETH	澳股	20％	30％	35％	50％
先鋒倫理意識國際股票 （Vanguard Ethically Consious international Shares）	VESG	全球股票	25％	30％	40％	50％

先鋒倫理意識全球綜合債券指數（Vanguard Ethically Consious Global Aggregate Bond Index）	VEFI	全球債券	55％	40％	25％	0％

資料來源：澳洲先鋒（Vnaguard Australia）[6]

幫助地球，其實比購物還令人滿足

　　根據布朗（Kirk Warren Brown）和凱瑟（Tim Kasser）這兩位美國心理學教授的研究，幫助地球的行為，會提升我們的社會快樂感。他們的評估對象是美國中西部兩所學校的中學生。為了測試學生主觀的快樂感，他們問：「你會怎麼描述自己最近的心情感受？」學生會以五段評量表回應，其中1代表「非常不快樂」、5代表「非常快樂」，然後研究者再拿結果比對學生的生態責任感。舉例來說，他們會問學生做不做資源回收、重複使用塑膠袋、節省用水，還有離開房間時會不會關燈。

　　整體而言，環境意識分數較高的學生表示自己比較快樂。布朗和凱瑟發現，成人受測的結果也相同。你或許會好奇，較快樂的人是不是真的較有環境意識，或者，環境意識會不會讓人比較快樂。這份研究倒沒有在此著墨。即便如此，凱瑟將這份研究結合他先前的研究結果之後指出，當我們積極幫助他人或環境時，獲得的滿足感遠大於購買東西得到的。[7]

投票，才是最棒的環境投資

　　2020年初時，我和我太太騎著我們的協力車在哥斯大黎加遊歷了五週。我們不想當個渡假村觀光客，而一心想學習以旅客的心態，見識了這個國家大部分的地方。我們發現幾件在我們看來獨一無二的事。首先，我和佩列去過七十幾個國家。我們主觀地認為，在我們遇見過的所有人裡，哥斯大黎加人最快樂也最願意助人。

　　我們後來才知道，也有人同意我們的看法。根據《世界幸福報告》（*World Happiness Report*），哥斯大黎加人是全世界最快樂的人之一。[8]有一次我們騎在偏遠的泥巴路上，佩列放在協力車後面的外套掉在路上，直到有個騎著摩托車的年輕人追上我們之後，我們才知道這回事。他看到我們經過他家時外套落地，於是騎上摩托車，把外套還給我們才回家。這個與我們素不相識的陌生人，光是這樣幫助我們就很快樂。

　　我們曾去幾十個國家騎協力車，每一國都有友善與不友善的人。只不過，他們都不比哥斯大黎加的人好客。我們從來沒碰過那麼多人問：「你們需要地方紮營夜宿嗎？歡迎你們在我家院子可以搭帳篷。你也可以用我們家的浴室。」

　　在哥斯大黎加玩到一半時，我在網路上發現了「快樂地球指數」（Happy Planet Index）。這份報告每年都會評比，不同國家的人民將自然資源的消耗轉換為快樂感的效率有多高。它也會

交叉參考蓋洛普世界民調針對壽命、平等程度，以及全球足跡網路（Global Footprint Network）測定之每位居民生態足跡等整體生活滿意度的數據資料。

　　在評比的140個國家裡，哥斯大黎加位居第一。我們騎協力車遊歷該國時，對環境的乾淨程度讚嘆不已。首都聖荷西市（San Jose）以外的環境，看起來都跟加拿大一樣乾淨。我們看到許多西班牙文的標語，上頭寫著：「垃圾不會自己消失。」當地人有個說法，似乎結合了樂天文化以及對環境的關懷：pura vida。意思是「簡單的生活」或「純淨的生活」。

　　我們騎車來到位於阿雷納火山（Arenal Volcano）山腳下的一座小鎮福爾圖納（La Fortuna）。把協力車牽進了一間家庭經營的旅館大廳後，我們辦理入住手續。接著我連珠炮似地問了櫃台小姐，她的國家怎麼那麼乾淨。四十歲的羅佩茲（Ivette Lopez）臉上帶著一個大大的微笑告訴我：「就是pura vida的一部分啊。學校教我們要照顧環境。我們學會不要亂丟垃圾，而且要資源回收。」

　　我雖然感動，卻也有點困惑。就我所注意到的，哥斯大黎加人幾乎什麼事情都會用pura vida一詞。在街上跟他們擦身而過時，他們會說：「Pura vida。」他們常常用「Pura vida」代替「再見」。如果你問他們心情如何，他們可能會回：「Pura vida。」伊維特聽到我這麼說，笑了出來。「對我們而言，pura vida也很難懂哪。」她說。

　　這個簡單又快樂的說法，真的就是哥斯大黎加文化的一部分。就連政府也贊同。1994年，哥斯大黎加修憲，宗旨是打造國民健康環境。幾年後，他們推動碳稅（carbon tax），幫助林地復育和環境計畫籌措資金。當然，沒有完美的國家，連哥斯大黎加也不是。他們還是有很長的路要走，不過他們在2021年時已有80%的電力來自水力發電。凡是能源創造，都一定會帶來衝擊。水力發電壩、風力發電廠，還有太陽能板都需要礦料。而且，這些設施的建造、養護，還有某些情況下的廢棄處理與替代更換等等，對環境都不友善。不過，水力發電是一種可再生能源，而且，80%電力來自水力發電的哥斯大黎加，表現已經打敗世界上多數國家了。哥斯大黎加還計畫要成為全球第一個禁用一次性塑膠的國家。

　　2018年，才三十八歲的奎沙達（Carlos Alvarado Quesada）當上了哥斯大黎加的總統。他說氣候危機是「我們這個世代最重大的任務」。哥斯大黎加是全世界少屬幾個今日植被比三十年前還多的國家。僅僅三十年，該國的樹木覆蓋率就翻倍。[9]前環境部部長羅德里格斯（Carlos Manuel Rodriquez）表示，國家的長期目標就是在2050年以前做到零排放。有人認為這野心過大。但一如奎沙達所說：「我們必須激發人類的熱情……我們可以當那個表率。」[10]

　　我們能盡力促成的最大影響，就在於對政府層級施壓。在民主制度下，我們投票給意見的代理人，可以告訴那些人我們

想要的是什麼。例如，有一份民調顯示，超過70％的美國人表示自己希望看到「遏止氣候變遷的積極作為」。[11]

那樣的話，他們應該票投敦促相應的政策。一如哥斯大黎加向世人展現的，當人們投票選出矢志改善環境的領導人時，改變就可能發生。政府有權禁用一次性塑膠，創立產品不得含有毒化學物的規定。選民們就能買到少一點垃圾。

東西的故事

雷納德（Annie Leonard）曾受《時代雜誌》譽為環保英雄，她的短片〈東西的故事〉(The Story of Stuff) 裡，環境研究人員說：「我們用的東西太多了。很多東西都有毒，而我們又不擅於共享。但不一定要非這樣不可。只要同心齊力，我們能打造出一個以更好代替更多、以分享取代自私、以社群代替分裂的社會。」[12]

哥斯大黎加在「快樂地球指數」中排名第一的原因之一，就是他們沒有像大多已開發國家的人那樣執著於購物。我的言下之意是，就算我們的國家領導人不把地球放在第一位，我們還是能用其他方式改變這世界。

第一步就是少開你的荷包。沒錯，如果每個人都少買些有的沒的東西，股市的成長率可以會低於以往。但這應該也不礙事。在健康的地球面前，購物不該被視為愛國行為。911恐

怖攻擊後，小布希總統呼籲美國人消費，我相信他當時立意良善。不過，那是有破壞性的行為。這呼應了1955年時美國零售分析師李博（Victor Lebow）的說法：「我們的經濟生產力驚人，要大家把消費當成生活方式，將購買行為和商品使用轉成儀式，在消費中追求我們心靈與自我的滿足。我們需要以不斷增快的速度消費、消耗、耗損、取代、丟棄一切事物。」[13]

不幸的是，李博提到的行為越來越受到大眾歡迎。大眾消費在我們的文化中根深蒂固。但另一方面，正如先前提到，擁有更多東西不會讓我們更快樂。事實恰恰相反。透過減少購買以及多多分享，我們就能幫助我們的地球，同時提升自己的快樂程度。而且，假如改變了購買習慣，那我們因為習慣靠較少的東西過活，退休時就不需要太多東西了。

買得少，為什麼過得更好？

我的朋友中，便屬唐（Don Gillmore）和阿妮塔（Anita Gillmore）這對夫妻最具有環境意識了。他們一直以來都會做資源回收，還會自己堆肥，而且更重要的是，他們不買自己不需要的東西。他們近二十年前在加拿大英屬哥倫比亞省的肖尼根湖（Shawnigan Lake）買了一棟房子，當時買得比平均價格價高一些。不過，他們因為節儉的生活方式，才六年就付清了房貸。這對夫妻稅前的合併年收入從來沒超過80,000美元，考量到

這一點，六年付清房貸是相當了不起的事。

如今兩人五十幾歲，稅前家庭年收入大約 45,000 美元。唐已經半退休，而阿妮塔在一間私立學校擔任管理員。他們養了一些蛋鴨，自己種植季節蔬果，而且全家大部分時間都靠步行或腳踏車通勤。唐有一個腳踏車專用的客製化拖車，用來裝運所有東西，從雜貨到有機肥料通通都能載。

他說：「汽車對環境會有巨大影響。而且，不操作這些機器，你的花費會少很多。大部分的人在算車價、油費、保險、貶值、養護，還有車貸的時候，都沒好好想想自己的汽車要花多少錢。」有好幾個月，唐和阿妮塔的汽車保險到期了。他們這段時間去哪兒都靠走路或腳踏車。這不但讓他們省錢，對環境也比較好。

他們很早就分清楚「想要的東西」和「需要的東西」的差異，所以，唐跟阿妮塔也比大多數同齡人有錢。他們因此投資更多錢，等退休之時，需要的也比一般人少，因為他們的生活型態很簡單。他們不去餐廳也不去咖啡廳。他們依然不買非必要之物。過去，阿妮塔是加拿大全國自行車錦標賽（National Cycling Championship）的銅牌得主，而唐則是腳踏車競速全國排名第二的選手，但這兩位昔日的運動員不會付費加入健身房——他們長時間在戶外和自家健身房運動，所以兩人都相當健壯。

你或許會想：「他們聽起來太省了，不會快樂的。」然而他們自適的笑容與笑聲，不會讓你這樣認為。何況，根據美國

亞利桑那大學的一項調查研究，東西買較少的人（例如唐和阿妮塔）往往比消費行為利環境的人更快樂。換句話說，我們買得越少（任何東西），可能會更快樂。[14]

我不是要讀者都過得像唐和阿妮塔一樣；餐廳的食物可能還是很美味啊。我們只要欣然接受他們生活型態的一部分就好，搞不好會更快樂，同時，我們的空氣品質、河川、海洋與湖泊也會乾淨許多。真的，就是那麼簡單。

根據全球足跡網路，人類消耗大自然的速度比大自然再生的速度快 1.75 倍。[15]的確，我們都在繁殖復育魚類，也在種植新的樹木。可是我們同時也在消耗魚類和樹木，而且消耗大於更新，其他自然資源也一樣——何況其中有很多無法再生。

我們還汙染許多自然資源。我們購買的東西，很多都是塑膠製品，透過空運或陸運等常見運送方式被送往倉庫存放之前，還要用更多塑膠包裝。這些消費品的製作人員往往都在低收入國家，成天暴露於有毒化學物質的環境下，賺取與勞力不相符的微薄工資。製造過程不但將有毒化學物質送進這些工廠工人的體內，也排到空氣中。我們大家都呼吸那種空氣。根據《國際環境研究與公共衛生期刊》（*International Journal of Environment Research and Public Health*）發表的一份研究，塑膠生產會造成呼吸和心血管方面的疾病。[16]美國國家癌症研究院（National Cancer Institute）表示，塑膠製造要素之一的環氧乙烷跟癌症密切相關。[17]

那些毒素也會慢慢進入我們的水系統，影響我們的魚、農作，還有野生動植物。我們吃魚、農作物以及野生動植物時，同時也吃進這些毒素。我們逃不出它們的手掌心。

資源回收不是萬靈丹

資源回收聽起來似乎是解方，也的確有用。不過，這只是解方之一，不會解決更大的問題。我們如果專注資源回收，或許會覺得自己很了不起。結果可能會一邊消費更多的一次性產品，一邊安慰自己這些東西都會被回收。但資源回收也需要能源。生產資源回收所需的能源也會對環境造成影響。資源回收是好的。我們應該做資源回收。但話說回來，東西買少一點會更好。

我們東西買了沒多久後，大多就會扔掉。例如兒童的玩具、牙膏、塑膠製的清潔液瓶子、鞋子、衣服……不勝枚舉。

這可是很多垃圾。有些垃圾直接被倒進了掩埋場。有的東西則是焚化後再倒掉。這種焚燒會釋放戴奧辛，對人類毒性最強的化學物質之一。[18]

在賓州大學公共廣播頻道（Penn State Public Broadcasting）的專訪裡，沙塔利亞（Patty Satalia）問雷納德，她自己是如何減少消費並與人共享。雷納德雖然不住在公社，但她的鄰居會分享自己的東西。她說在她們當地十二戶人家之間，有一輛小貨

卡、一個燒烤架，有一戶人有戶外熱水浴池。還有，他們只有一個梯子、一台獨輪手推車、一把強力型園藝用剪刀。大家都共享東西。她說這樣有助於大家省錢——還會凝聚社群。[19]

搶救地球的消費習慣

雷納德高明地說，我們可沒辦法在店裡買到過度消費的解方。但是，我們除非離群索居，靠著漁獵採集農耕過著無水無電的生活，否則還是需要消費才能生存。正因如此，了解如何讓購買之物對環境造成最低影響就很有用。以下是你可以在家試著做做看的方法。大部分來自於珊恩博士（Dr. Tara Shine）的著作《一次一個東西，救救我們的地球》（*How to Save Your Planet One Object at a Time*，暫譯）。[20]

▋ 就地採購

只要可以，就採購當地生產的食物和產品，去大型商場買同樣東西或許比較便宜，但就地採購對環境有利。遠地運送而來的商品需要更多包裝。生產那樣的包裝材料會釋放有毒物。還有，運送也會增加碳汙染的程度（想想飛機、火車、船舶，還有汽車便知）。商品嚴重過度包裝時，掩埋場的垃圾就會越多，或者要花更多能源回收這些包裝材。當地的食物因為比較新鮮，所以還會比較健康。蔬菜與水果一經摘採，很快就會流

失營養，因此蔬果運送和儲存的時間不僅會降低其新鮮度，連營養價值也一併減少。

此外，要確認當地食物是否依循永續農業的做法也相對容易，想追溯沃爾瑪買的墨西哥草莓的源頭就比較難了。

另一個選項是盡量少買加工食品，因為這需要更多包裝。還有，減少肉食。每年抽取自地球的淡水70％會用於農業上，而且，約78％的全球汙染和淡水汙染來自農業。根據美國國家公共廣播公司（NPR）的一份報告，聯合國政府間氣候變遷專門委員會（Intergovernmental Panel on Climate Change）指出全球約有一半的植生覆蓋地做為農業之用，而全球30％左右的耕地，種的是肉品產業所需的穀物。有鑑於此，肉品生產是砍伐森林的主要肇因。如果我們少吃肉，可能換得大量的林地復育。[21]

▌當你喝茶或喝咖啡……

茶與咖啡是大部分西方家庭的主要飲食之一。它們也會造成環境問題。

舉例來說，回收再利用茶包，大多都要花很久的時間。由於它們含有要花數年時間才能分解的聚丙烯，所以幾乎不能用做堆肥。不過，國際公平貿易組織（Fairtrade International）和雨林聯盟（Rainforest Alliance）的散裝茶葉就比較少包裝了。而且它們還具備有機認證，因此茶葉不使用合成肥料、殺蟲劑、

與除草劑;這對包含種植者跟採收者在內的所有人都是比較好的。同時,公平貿易組織和雨林聯盟的認證也意味著生產茶葉的工人都獲得公平的工資。它們的價格確實比便宜的茶包貴,但購買這類產品,你的錢就直接幫助了製造產品的企業。這值得你多付點錢。

Teapids 就是這類品牌之一,它是第一家獲頒「無塑膠信賴標章」(Platic Free Trust Mark)的品牌。[22] Teapigs 是用可生物分解的玉米澱粉製作而成的無塑膠茶包。這些裝茶的袋子(所謂的茶包)是熱封的,所以沒有用到塑膠。它們的紙盒是森林管理委員會(FSC)認證的紙板製成,可完全回收。盒內包裝材看起來像塑膠,但其實是一種名為NatureFlex的木漿材料。

全世界的人幾乎都愛咖啡。每年還越喝越多。根據紀錄,2018／2019年我們喝掉了1.65億多包132磅(60公斤)的咖啡。[23]一份2017年公平貿易組織的調查研究指出,100%的肯亞咖啡農、25%的印度咖啡農、以及30%至50%的印尼咖啡農靠著種植咖啡,卻掙不到最低生活工資。[24]當我們購買非公平貿易認證的咖啡時,有可能就在剝削這些人。所以多花一點錢買公平貿易認證的咖啡,是值得的。假如你覺得自己負擔不起價差,可以考慮照買一般咖啡,不過減少喝咖啡的頻率或是份量——這也可以讓喝咖啡變成是某種犒賞行為。你知道這表示:你會更享受喝咖啡這件事。

為了減少你的環境足跡,在家喝也會比去使用紙杯的咖啡

店裡喝更好。紙杯雖然可用做堆肥，但生產紙杯卻需要耗費很
多能源。不過，你家附近的咖啡店如果用可重複利用的杯子，
那麼，你可以予以支持，跟朋友去那兒交際吧。

向瓶裝水說不

　　中國人喝的瓶裝水數量是全球之冠，理由有二。首先，他
們有龐大的人口，因此消費群比較大；其次，就算你在北京或
上海這類看似具有未來感的城市，也沒辦法安心地直接喝自來
水。但如果哥斯大黎加人可以安心喝自來水（真的可以！），
那中國政府應該也有能力讓同樣的事情發生。

　　瓶裝水每人消費量也很高的國家還有好幾個。在這些國家
裡，自來水也不安全的例子很多，墨西哥與泰國便是。但在美
國、義大利、法國與德國這些國家，居民可以安心地喝自來水，
但為什麼這些國家的瓶裝水每人消費量也是全球數一數二的
呢？[25]這就是所謂被製造出來的需求（manufatured demand）。[26]
行銷人員誘騙我們購買瓶裝水。但英國格拉斯哥大學教授、同
時也是《珍貴的水》（*Water: All That Matters*）一書作者的楊格（Paul
Young）卻說，瓶裝水其實不比自來水安全。[27]

　　很多人相信自己比較喜歡瓶裝水的味道，但實際上，自來
水通常在口味盲測的結果中都排名第一，加拿大哈利法克斯大
學（University of Halifax）團隊的研究。[28]另一篇《感官研究期刊》
（*Journal of Sensory Studies*）在 2010 年發表的研究顯示，如果自來水

不含氯，受試者大多無法分辨六種不同品牌的瓶裝礦泉水與六座城市自來水的差別。[29]

　　雷納德在〈瓶裝水的故事〉（ *The Story of Bottled Water* ）裡表示，如果將美國人每星期購買的一次性塑膠水瓶頭尾相接，數量足以環繞地球五周。[30]這還只是一星期的量而已！生產這些瓶子需要石油，會汙染大氣。加上運送過程造成的汙染物，大問題就出現了。而這個問題在你我丟棄瓶子的時候，又會加劇。《國家地理雜誌》（ *National Geographic* ）有一篇2019年的文章就指出，被回收的塑膠瓶只有9％。而且，回收所需的能源再加上過程中製造出來的汙染物，本身對環境都有慘重影響。[31]

　　為了發揮最大的效應，我們要支持自己國家裡禁用一次性水瓶的運動。假如哥斯大黎加人辦得到，我們也可以。如果你要前往一個無法安心喝自來水的地方，那就隨身帶著不鏽鋼水壺，從多數飯店都有的可裝填水瓶裡裝水即可。

▌買了就用到壞

　　我們的鞋子和衣物也跟塑膠瓶子一樣，會倒進掩埋場或丟在世界各地的海灘上，而且焚化時還會汙染大氣層。因此，我們應該少買一點衣服和鞋子。

　　每年有2.5億英噸（約2.27億公噸）的二氧化碳排放量來自於製鞋業。麻省理工學院的研究人員發現，光是一雙慢跑鞋就會製造30磅（近14公斤）的二氧化碳排放量，大多來自鞋

的生產。[32]但我們大部分人還是會買遠多於自己需要的鞋，而且沒錯，還不一定會穿到老舊為止，往往就先丟了。

以下是我們能做的：首先，少買鞋。如果你厭倦了自己的鞋，那就跟穿同尺碼的朋友交換一雙，或者去舊貨店買二手靴子和二手鞋。目前我只在舊貨店買過兩次鞋子，一次是買靴子、一次是買跑步鞋。但這兩次，我大概都買到了全新的鞋。你有時可以找到標籤都還在的「二手」產品。如果真的買了，一定要先消毒過再穿。

買新鞋的時候，考慮買真皮的，不要買人造皮。人造皮的鞋子是橡膠和塑膠做的，兩者都是石油產品，也都無法生物分解。皮革則可以生物分解。而且，雖然皮革是動物產品，但皮革生產能更完整利用為消費而飼養的動物。

還有，考慮像soleRebels這樣的製造商。他們在伊索比亞製作的鞋子，都按照公平貿易的做法。同時，soleRebels只採用回收材料，他們付員工的薪水是業界平均工資的三倍，並且提供所有公司員工及其家人的健康保險。購買soleRebels的產品，錢就直接進到一個對環境影響甚微的永續模型裡。還能幫助其他人。

減少水消耗量也會有助於他人。例如，牛仔褲買少件一點——然後不要太常洗。牛仔品牌Levi Straus*用經典褲款Levi

---

*　譯注：台灣常稱的Levi's。

501s做過研究，估算出單一件牛仔褲在產品壽命期間要用掉大約999加侖（3,781公升）的水。其中68％的水用於種植製作該件牛仔褲所需的棉花，23％用於穿過之後的洗滌。[33]

　　事實上，如果牛仔褲每穿十次才洗一次，我們可以減少75％的能源浪費。烘乾牛仔褲也會花很多能源，所以不要丟進乾衣機，而是晾乾就好。

▌認清時尚這場騙局

　　我小時候，牛仔褲會被樹枝或圍籬勾到而劃破。褲子的膝蓋處則會因為踢球、打美式足球和籃球破損，最後想辦法把這些破洞補起來（好吧，補的是爸媽）。

　　當時我根本無法想像會有人說：「我們要做新的牛仔褲，把它撕破，然後賣得比Levi 501s還貴。」我們八成會大笑：「絕對不可能有人會上當去買那種牛仔褲的啦。」不過行銷人員到真的辦到了。我十七歲的姪女說：「我的破洞牛仔褲，怎麼說呢，真的比較不耐穿。破的地方會越破越大。」有鑑於製作一條牛仔褲要耗費多少水，而且運送到消費者手中的過程會產生多少汙染物，這實在是憾事一樁。

　　時尚是場騙局，積極推銷某一年「流行」然後通常隔年就「不流行」的女用上衣、襯衫、包包、外套，還有鞋子等。時尚作為一種產業，就是對著我們的地球豎起兩隻中指。

　　據聯合國估計，全世界24％的農藥使用和11％的殺蟲劑

使用，為的都是時尚業。[34]聯合國環境署已經公開表示時尚業要為全球8％到10％的二氧化碳排放量負責，這個量比所有的國際航班和海運加總起來還多。[35]這些排放來自於引水灌溉棉花這類的農作物、石油基的農藥、收割用的器械，以及交通運輸。管理顧問公司麥肯錫（McKinsey & Company）的一份永續性研究指出，2000年到2014年，每人衣物購買量增加了約60％。除非我們認清時尚是可以避開的有害產業，否則，數字只會越變越高。[36]

▌想想製造過程，或許能降低購物慾

　　想像你參加一趟實地考察，看看服飾原料生產與收割的地方。你跟著種植者和收割者的家庭當學徒。這工作非常辛勞。你同時還測量作物所需的用水量。然後，你去某家紡織公司當學徒一週，用工業用縫紉機製作牛仔褲。接下來，你學會怎麼水洗破壞牛仔褲，創造出流行的樣式。

　　隨後，你再花一週的時間在某家製造牛仔褲包裝材的工廠見習。科學家們教你如何算出進入大氣層的毒物排放量。再來，你參與衣物運送到店裡的過程。一開始可能是卡車，接著搭船、火車，或是飛機。這些運輸服務又排放了更多汙染物到空氣之中。你上了另一輛卡車抵達店家後，牛仔褲在那裡被買走了。後來，牛仔褲被丟掉時，你也跟著去垃圾掩埋場。你覺得誰適合跟你一起參加這趟實地考察？卡戴珊（Kim

Kardashian）、貝克漢（Victoria Beckham），還是一群青少年網紅？
如果大家都把購買之物從頭到尾的影響深記心中的話，我認為
人人都會減少消費。

▎沐浴乳是過度包裝的產品

你去家裡附近的農夫市集＊，很可能會看到有人賣肥皂。選
出你喜歡的香味，買多一點，裝滿你的小背包，讓賣家開心一
下。當地製造的肥皂沒有跨洲運送的問題，而且通常也沒有用
塑膠包起來。如果你找不到當地製造的，那就考慮買一般的肥
皂，但別買處處可見的塑膠瓶裝液體肥皂。首先，一塊塊的肥
皂可以用比較久，其次，對環境的破壞比較小（請記得塑膠生
產與棄置處理對環境帶來的影響）。就算肥皂是從遠地運送來
的，通常也比塑膠瓶裝的液體肥皂輕，所以運送耗費的能源較
少。

你也可以考慮不要再購買管狀牙膏。美國的公司Bite（也
有其他公司）用天然原料製作牙膏碇和漱口水碇。裝在玻璃
罐，沒有塑膠。還有，如果你決心要執行反塑膠的口腔衛生任
務，也可以購買竹製牙刷。

＊ 譯注：farmers' market，農民直接向消費者銷售水果、蔬菜、肉類等生鮮產品或食品與
各種手製品的實體市場，除了反映了當地的文化和經濟外，也反映社區民眾對地方小
農的支持。

關於交通工具

2020年，澳洲航空想出了一個快速賺錢的辦法。實施 Covid-19旅遊禁令期間，該公司提供了「無目的地班機」。航程約為八小時，起飛與降落都在雪梨機場，乘客可藉此享有旅遊的感受。這是該公司有史以來最受歡迎的班機，開賣不到十分鐘，票就全數售罄。[37]

澳洲航空的會計人員一定樂觀其成。他們因應全球疫情而實施的旅遊禁令，因此虧損，而他們卻發現了補償的方法。新加坡航空和其他航空公司也決定推出無目的地班機。只不過，環保運動人士卻強力反對。因此，新加坡航空賣票讓民眾搭乘沒有起飛的飛機，在機艙座椅上用餐，盯著機上的小螢幕看電影。票價依據用餐者的艙等而定，頭等艙的餐食從496美元起跳。我沒有亂掰，真的沒有。[38]

環保人士有許多理由反對無目的地班機。舉例來說，搭一趟歐洲到北美洲的單程班機，就等同於一般人一年20％的碳足跡。[39]我如果說你不該搭飛機，那就太虛偽了。但我們也應注意飛行會造成的汙染。這點也適用於開車。

▌電動車的新難題

比起開車，走路、騎腳踏車、搭乘公共交通工具等會讓環保人士更快樂。但許多人都好奇：「那麼新的電動車又如何

呢？」瓊斯（Chris Jones）是澳洲電動車協會（Australian Electric Vehicle Association）的全國理事長。他表示：「購買新車對環境有害，無論是電動車、汽油車或其他車子都一樣。所有製程都要耗費能源和資源，而且通常不是溫和無害的過程。老實說，假如你的主要目的是善待大氣層的話，那就騎腳踏車吧。如果你非得買新車，那就只好買電動車。」[40]

即便是電動車，它的建造、驅動、還有廢棄處理對環境有會造成巨大的影響。美國西北大學的永續性與韌性設計中心研究員鄧恩（Jennifer Dunn）表示：「提供電池動力的材料，是鎳、鈷和鋰等好幾種不同金屬製成的。」[41]那些材料的開採再加上電池的製造過程，都會排放超大量的碳到大氣層裡。

▌電力一定比其他燃料環保嗎？

很可惜，驅動電動車的電力也有代價。根據《數據看世界》的資料，全球電力大多還是來自於燃燒石化燃料。[42]加拿大、法國、巴西、瑞典，還有挪威等國家取得大部分電力的方式則略為乾淨。加拿大政府表示全國有60％電力來自於水力發電壩。[43]但我們還是該盡可能省著用，因為水力發電亦有其代價。

加拿大環境與氣候變遷部（Environment and Climate Change Canada）表示水力發電壩洪氾區植物的分解會產生「大量甲烷」。水壩除了破壞天然的河流流向之外，也會破壞魚系群，同時增加牠們天然迴游的距離。植被分化腐爛的區域，細菌會

增加，改變岩石中含有的水銀。水銀再一點一點滲入水中，可能會在魚的體內累積。加拿大政府說增加的水銀「對於靠魚維生的人有健康危害」。[44]

隨著電力需求增加，我們得燃燒更多的化石燃料、為風力發電廠與太陽能板採集更多原料，或是建造更多水壩。任何一種電力都要付出代價。

訂定 SMART 目標，發揮環境影響力

我們思索自己購買、消費與丟棄之物從頭到尾的過程，可能會覺得難以承受。正因如此，我們才該設定 SMART 目標。SMART 結合了以下五者：明確的（Specific）、可衡量的（Measurable）、可達成的（Attainable）、相關的（Relevant），以及有時限的（Time-based）。換句話說，我們不該只說：「我要開始減少開車上班的次數。」而是應該訂定明確、以時間為導向的目標。例如，我們可能正常一週開車上班五天。我們的目標，就可以是在這五天裡，有兩天騎腳踏車、走路或搭乘大眾交通工具。達成目標會讓我們有成就感──或許還能給予新的動力，讓我們在接下來幾週設定一個更有挑戰性的新目標。可能是找到當地製作的有機肥皂與洗髮精。我們可以買好幾個月的份，限制自己未來購買塑造產品的機會。無論設定了何種目標，寫下來並與朋友分享，都有幫助。研究指出，這能大大增

加我們成功的機會。[45]

活得更好的祕訣

■ 考慮投資社會責任投資基金。

■ 投票給親環境的候選人。他們能協助改善現況。

■ 少搭飛機、少開車、購買當地製或當地產的東西、拒絕一次性的塑膠水瓶、少吃肉、回收之前先做到減少使用與再利用。

■ 好好想想從頭到尾的影響。從製造、包裝、運送到消費與丟棄的角度思考創造產品的整套過程。

■ 設定會為環境帶來正面影響的SMART目標。

■ 所有的東西都少買。這麼做應該會增進你的快樂感、你的財務結餘，同時還可以改善你子孫的未來。

第 11 章

投資下一代，讓他們贏

人生或許是看造化，但孩子的財商多半看的是父母……

　　我問理財專家凱麗（Kerry K. Taylor），她會不會付錢讓八歲女兒做家事時，她回答：「我做家事又沒錢拿，所以我也不會付錢給我女兒。」

　　她和丈夫卡爾（Carl）借助實證研究的結果，決定了教育方式。這並不表示克羅伊（Chloe）長大之後就不會沉迷線上賭博，最後卡債高築。無論爸媽們多希望可以完全控制孩子長大的樣子，但這都是辦不到的。不過研究指出，如果父母能像凱麗和卡爾那樣採取正確的手段，下一代將來成功的機率會大幅增加，而且不只是財務上，是全方位的成功。

做家事，讓孩子置身事內的成功因子

　　蔡美兒寫《虎媽的戰歌》（*Battle Hymn of the Tiger Mother*）時惹毛了一堆人。[1]

　　她說亞洲小孩比西方小孩稍具優勢，因為亞洲父母比較嚴格。她身為華裔美國人，不讓自己的孩子到朋友家過夜、看電視、玩電玩，或自己選擇課後活動。小孩必須拉小提琴或彈鋼琴，不准參與任何的學校戲劇演出。所幸，那套成功配方不具科學根據，否則會讓許多人如法炮製。

　　不過，研究的確說孩子做家事會帶來重大影響。凱麗說：「我們的女兒大概四歲就開始做家事了，只是我們甚至不用家事稱之。重點只是，要當個好人。」克羅伊上幼稚園之前，凱

麗就會唱「清乾淨，清乾淨，大家都乾乾淨淨」*鼓勵女兒在家
要幫忙。凱麗和卡爾會以身作則，全家一起做。「克羅伊（八
歲時）會整理自己的房間，幫忙摺洗好的衣服，還會幫忙做菜、
烘焙，以及清理善後。她會幫我們寫購物清單，幫我們採買雜
貨。我們教她採買時要仔細注意食物的價格。」

　　做家事教會孩子們責任、團隊合作精神，以及成年後也一
直用到的社群感。諷刺的是，現在會做家事的孩子遠比以前少
很多。美國市調公司 Braun Research 有一份調查，針對 1,001
位家長為對象，顯示出 82％的受訪家長說自己小時候常做家
事，但他們可能希望小孩子的生活輕鬆些，只有 28％表示自
己的孩子會做家事。這就像是在說：「我為了保持身體健康而
運動，但我不希望我的孩子也下那種功夫。」

　　美國明尼蘇達大學一份為期二十二年的研究顯示，做家事
是年輕人成不成功的最佳預測因子。[2]這份研究以職涯路徑、
教育程度，還有個人關係判定成功。孩子們三、四歲前開始做
家事，得到的結果最佳。哈佛大學有一份針對都會貧民區男性
的研究也得到類似結論。是否經常做家事擊敗了「所有其他的
童年變數，最能預測成人的心理健康與人際關係能力」。[3]

　　漢姆斯（Julie Lythcott-Haims）是史丹佛大學新鮮人暨大學

---

* 　編注：Clean up, clean up, everybody clean up!，為美國幼稚園和幼兒節目會帶小朋友唱
　　的歌。

部學生事務處的前處長，也是《如何養出一個成年人》（*How to Raise an Adult*）的作者。[4] 她說做家事讓幫助孩子有毅力，成為負責任的人。孩子們應該打掃整理自己的房間、鋪自己的床、洗自己的衣服——但她也說這些不是家事。就她看來，家事是跟照顧家人有關的工作，例如院子除草、洗碗、吸地板，或是巡視並清掃狗糞（如果家裡有院子而且養狗）。

她表示：「當年輕人有過這種經驗，即別人認為他應該要捲起袖子一起幫忙、想想自己能對家庭做出什麼貢獻時，就會產生一種心態，讓他們在其他環境中也會參與投入，例如職場。」她還說不指派家事的爸媽，剝奪了自己孩子的某些生活技能。而且，其中最重要的生活技能，或許就是社交能力。

社交能力，下一代的危機

我大學時期認識了一個人，他叫大衛（Dave Carlson）。當時他不以學業為重，倒是在另一個幾乎可說更重要的方面，遠遠超前：大衛精通社交手腕。他跟人交談時都會記得對方，而且叫得出對方的名字。他也是很好的傾聽者，眼神交流的能力一流。我在幾年後讀到卡內基（Dale Carnegie）的《人性的弱點》（*How to Win Friends and Influence People*）時，就心想：「大衛不需要讀這本書。他自然而然就做到了。」

與大衛二十五年不見，我查到他人在加拿大阿爾伯塔省

的坎莫爾市（Canmore）。他開了兩家運動用品店。我晃進其中一家，跟他的員工隨興閒聊了起來。那名女員工雖然不知道我認識她的老闆，但她讓我清楚感受到她對老闆的敬重。大衛的另一個員工也一樣。大衛把員工當成人來尊重，員工也以此回應。我形容這是社會學的數學。我們讓別人知道自己在意對方時，會得到不可思議的回報。所以社交能力才如此重要。事實上，這種能力比任何學校的科目都還重要。溝通良好的能力（傾聽、展現同理心、與他人合作並鼓舞他人）應該要是父母最希望孩子擁有的技能才是。

技能一定要靠練習而來，必須長時間磨練。如果有辦法量測社交能力，滿分為 10 分，那從 1920 年代開始到 1990 年代為止的十八歲青少年得分大概會是 8。所謂的人際能力，就是閱讀肢體語言與臉部表情、與人眼神交流、記住並叫出別人名字，以及跟自己有意往來的成年人聊天的能力。而現在的青少年，有些人確實是滿分，但我猜大部分得分不到 6 分。

跟學生們談話時，為了要鼓勵他們，我會說：「嘿，如果培養出過去普遍的人際社交能力，在同儕中，你就是個風雲人物了。」有太多孩子躲在房間裡玩電玩、傳訊息，這種情況最起碼已經存在十年之久。口齒清晰、正眼看人、看懂面部與肢體語言──光是知道已經不夠了，如果不練習這些技能，就培養不出來。

讓孩子建立社交技能的最佳辦法之一，就是限制他們的螢

幕時間，練習更多的面對面溝通。這對家長可能不容易，尤其很多家長自己也時時盯著螢幕。只是，假如你可以幫孩子數位排毒（或不讓他們成癮，更好），他們完全發揮潛能的機會就大得多。

津巴多（Philip Zimbardo）和庫隆布（Nikita Coulombe）是《片段之人》（Man, Interrupted，暫譯）一書的作者。[5]津巴多是心理學家，也是史丹佛大學的名譽退休教授，他認為孩子們花太多時間玩社群媒體與電玩遊戲，會妨礙社交能力的發展。他表示，在螢幕前的時間越多，青少年就會越難找到工作、維繫友誼、培養健康的性關係；網路色情氾濫（尤其在青少年之間）則扭曲了許多青少年男女對性的認識。

根據常識媒體（Common Sense Media）這家公司研究了青少年使用媒體的狀況，發現美國孩子一天平均花九小時使用社群媒體作為娛樂。[6]這包括上學前、到學校的路上、上課期間，以及放學後、上廁所時，還有晚上該睡覺的時候，他們也會把社群媒體當成娛樂方式。

多年來，丹尼爾・高曼（Daniel Coleman）一直告訴我們情商比智商更重要。在他的著作《共融的社會智能》（Social Intelligence）中，表示與人相處的能力會增進我們的健康、財富、快樂，以及整體的效能。[7]美國公共衛生協會（American Public Health Association）發布的一份研究甚至指出，孩子們在幼稚園時期的社交能力是未來成功與否的有效預測因子。[8]

如果對社群媒體成癮，這些能力就可能不會完整發展。學校心理學家戴文斯（Jeff Devens）如是說：「如今大多數父母不會明確限制社群媒體的使用，不過，他們一定得劃定界線才行。」

諷刺的是，開發螢幕工具的那些人，比起一般父母劃定的更清楚。他們知道了其他人所不知的事情嗎？《紐約時報》記者比爾頓（Nick Bilton）訪問已故的賈伯斯，談到 iPad 時，比爾頓以為賈伯斯的孩子一定很懂科技產品。賈伯斯卻說：「他們還沒用過。在家裡，我們會限制科技產品的使用。」比爾頓寫道：「那次之後，我碰過很多說法類似的科技公司執行高層和創投家：他們嚴格限制自家小孩的螢幕時間，往往週日到週四晚上都禁用所有相關設備，週末也會分配嚴格的時間限制。」[9]

經常指派家事與限制社群媒體，不會保證孩子一定成功。但這的確會增加孩子們成功的機率。畢竟，成功並非天生本能——談到錢，更是如此。

意志力，棉花糖測試的啟示

人人都在對抗財務上的暗黑力量。這股力量本來就存在，會受到環境誘發而出現。我們會受不了「今天買，明天再付款」的誘惑。零售行銷人員和信用卡公司極力遊說我們購買不需要之物。這對環境與我們的財富都有害。

　　基於這個理由，耶魯大學的資深研究員辛格（Dorothy
Singer）表示，孩子都應該在包尿布時就開始學習金錢觀。[10]

　　這就是凱麗對她八歲女兒的方針。凱麗會給克羅伊零用
錢，克羅伊如果想買東西，就得把錢存下來。凱麗表示：「這
個過程教會小孩很多道理。他們學會了『延遲享樂』（delayed
gratification）。克羅伊五歲時想要一支手錶，但當時還不到耶
誕，或她的生日，所以她必須存下自己的零用錢，也就是一週
五美元。我們試著教她，如果想要什麼就必須存錢買。」這讓
我想到以孩童成功為題的研究裡，最完整的其中一項研究——
也就是眾所周知、許多A型人格父母聞之色變的棉花糖測試
（Marshmallow Test）。

　　1960年代，米歇爾（Walter Mischel）在史丹佛大學的賓氏
幼稚園（Bing Nursery School）創立棉花糖測試。他的研究團隊讓
幼稚園小朋友選自己要的點心。他們可以立刻吃掉點心。但
是，有意志力等二十五分鐘的人可以吃兩份點心。有很多孩子
立刻囫圇吞下自己的點心。當時米歇爾是想知道，孩子在幾歲
時可以學會延遲享樂。一開始的受試者是米歇爾女兒的同學。
隨著他女兒年紀漸長，她回家時會聊到學校的其他小朋友。米
歇爾十分著迷女兒說的那些事，而他發現，調皮搗蛋的孩子大
多是在早期實驗中最快吃掉點心的同一群孩子。

　　他進行類似的實驗多年。等到先前的受試者到了二十七
歲到三十二歲間，他發現，孩提時期為了第二個點心而等待的

人，長大之後比較瘦，自我價值感比較好、教育程度更高，應付壓力的能力也比較好。

好多年後，當他的第一批受試者五十幾歲時，他對其中好幾個人進行了腦部核磁共振（MRI）掃描。幼稚園時期會延遲享樂的人，前額葉皮質區的活動較旺盛。大腦這部分會幫助我們控制衝動行為。也就是說，前額葉皮質區活動較旺盛者更可能把錢省下來而不是花掉、迴避生氣爭執、遠離賭場、避免消費者債務，並且拒絕加入販毒集團。

米歇爾的一位研究夥伴有個年紀還小的孩子。她想知道自己的女兒會不會通過棉花糖測試，於是自己在家測試女兒。她的女兒立刻把點心吞下肚，讓她大驚失色。她萬念俱灰，擔心自己的孩子像失敗者一樣過活。

大家討論米歇爾的實驗時，大多都認定紀律就像卵巢的樂透彩券：如果我們不是天生就會存錢、吃得健康而且會運動，那就是不會。可是米歇爾的研究沒那麼簡單。一般的幼稚園學生等不到一分鐘就會把他們的點心吃掉了，米歇爾卻會教他們策略方法。例如，他要孩子們想像那些點心不是真的。這麼做能讓他們有意志力，平均可以等十八分鐘。還有，研究人員要求小朋友想想有趣的事時，他們也會等得比較久。視覺化是有效的。米歇爾在《忍耐力》（*The Marshmallow Test*）一書裡表示，延遲享樂是可以習得的技能。[11]

父母可以用以下的方式幫助孩子。他們要求什麼（跟生日

和耶誕無關的）東西，都不該直接買下。孩子應該學習存錢，等待想要的東西。父母可以妥協支付部分，但付全額的話，黑暗勢力就贏了。

財商養成三事：花錢、存錢、分享

　　許多爸媽也會指導孩子花錢、存錢與分享，來幫助養成財商。小孩領到零用錢或打工賺到錢的時候，可以把三分之一用在自己想要的東西上。將三分之一存起來買自己之後想要的東西，或者留起來作為投資之用。然後把三分之一捐給他們自己選的慈善單位。

　　阿曼達（Amanda Anderson）和安德盧（Andrew Anderson）過去六年都這樣教育自己的女兒阿琳娜（Aleena）和安蒂（Andee）。他們從兩個女兒八歲跟五歲時就開始，阿曼達說：「每個禮拜天，我們會給她們零用錢。女兒會拿到三個信封：存錢用的、花錢用的，以及捐出去用的。這會教她們知道錢的去向，而且鼓勵她們成為負責任的地球公民。」

　　阿曼達說他們會繼續這麼做，直到女兒們高中畢業為止。阿曼達表示：「我們每週給的零用錢會對應他們的年紀，這麼一來，她們會每年的加薪，猶如她們在真實人生碰到的一樣。阿琳娜十四歲了，所以一週我們給她十四美元。安蒂十一歲，所以我們給她十一美元。」

　　兩個女孩都會做家事。她們按照自己的興趣選擇慈善單位，例如她們捐了一部分的幫流浪狗結紮，也捐錢給美國癌症協會（American Cancer Society）以及美國與巴哈馬的人道協會（Humane Society），還有當地的募款團體，協助建造伊索比亞阿迪斯阿貝巴市（Addis Ababa）的女孩安全之家，同時還資助過當地的一家馬術協會。阿琳娜與安蒂也支持一個由學校贊助的全球意識計畫，幫助世界各地各種有需要的人。

　　阿曼達說女兒們有時候會感受到「買家懊悔」（buyer's remorse），因為她們花的是自己的錢。當她們買了自己不常用的東西，例如布偶娃娃或特定衣物時，就會發生這樣狀況。「她們在學習真實人生裡自己的財務決定所造成的後果。」阿曼達說。

　　至於她們的存款，阿曼達和安德盧跟女兒們說明了短期存款和長期存款的好處。她們的短期存款可能包含自己留作過節之用的錢；長期存款則包含她們留作大學基金或投資之用的錢。當我問及執行上的困難處時，阿曼達提供了兩點重要的忠告：

- 一開始就商量好，這套系統會套用於她們所有收入。因為我們開始執行後，才跟女兒們說她們的生日／過節的禮金也要分裝在信封裡，她們對此很不滿，希望這類禮金全都可以花用。
- 跟孩子們聊聊短期存款（以及其可能用途）對上長期存

款的異同。討論出多長才算「長期」，還有什麼情況才動用存款。

鼓勵孩子增加存款的方法

選擇花錢、存錢、分享這種教育策略的爸媽常常會說，最困難的一點就是說服孩子投資。小孩可能理解存錢買新的科技小玩意兒或存錢出遊的道理。不過，存錢投資？這得靠完全不同的手法才行。提姆（Tim Woods）和貝緹娜（Bettina Woods）就找出了對她家三個孩子有效的一種辦法。

他們九歲的兒子李維（Levi）很愛投資存下的錢，而七歲的兒子哈波（Harper）覺得大哥不管做什麼一定都是好事，所以也跟著投資。提姆說自己給孩子們每個月6％的存款利息，表示：「我們把這叫做『老爸銀行』，這絕對也讓李維變成了一個比較會存錢的人。」他們一家聊天時，李維說：「我什麼都不想買。我想繼續存，因為存得越久，就會有越來越多錢。」他們最小的孩子瑞絲（Reese）才四歲，年紀還太小，無法理解投資的概念。但只要再過幾年，她就會在大家的鼓勵下，追隨兩個哥哥的腳步。

提姆說每個月給6％利息，算起來有時會變得很複雜。基於這個原因，有的爸媽為了鼓勵孩子們存錢，只要孩子在老媽或老爸銀行存錢，他們就再存一樣的金額。這樣會讓存錢變成

像真實世界的事，猶如企業的 401（k）*。員工提高金額時，雇主也要提撥相符的金額。但爸媽應該要訂下清楚的規則，確定這筆錢比必須「投資」多久，孩子們才得以取用。

要理解時間的威力，越早越好

假如你本來沒有採取花錢、存錢、分享的教育策略，而孩子們已經長成了青少年，那你或許想知道如何說服他們開真正的投資帳戶、存錢投資。這可能並非易事。他們接觸的是媒體捧出的名人所過的華麗生活。他們活在一個只要用 iPhone 點幾下、商品就會送到的世界裡。他們在網飛上看到的可不是跳一下就越過高樓的英雄，現在這些英雄是開著名車、住在美麗的房子裡，而且外表好看到迷死人（往往是修圖後）。

在輕鬆隨意又不切實際的背景環境下，財務課程效果往往不如預期。假如你是家長，倒可試試我的方法，雖然不是百分之百不出錯（難道有百分之百不出錯的東西嗎？），但我成功說服過許多高中生少花點錢，而且要投資。你不需要直接這麼說。

我的做法如下。每到年初，我會要求他們記錄個人花費，

＊　譯注：指美國為鼓勵大眾自我儲蓄，以彌補社會福利之不足，而給予稅法優惠之退休金計畫。

就像我認為所有人都該做的那樣。他們大多會用手機上的開銷追蹤應用程式。如果他們全家去度假，我就會要求他們紀錄航班或飯店的支出。家裡有人去買菜時，就把收據上的金額除以家庭人數。這麼一來，他們就會有概念自己的食物要花多少錢，並輸入到開銷追蹤應用程式裡。還有，他們去看電影、跟朋友相約吃午餐、買衣服，或付手機帳單時（順道一提：爸媽們應該堅持讓孩子自己付電話費），也將這些支出紀錄下來。你家孩子年紀大到能用手機時，就可以追蹤自己的開銷。

為了介紹機會成本的概念（詳見第5章），我會利用portfoliovisualizer.com網站，教學生們怎麼取得過去股市投資報酬率的資料。

要不了多久，我就可以進教室後直接給他們一些隨機的日期，要他們判定在那些期間裡，1,000美元會變成多少。他們學會市場會有所波動。我會選出投資結果不理想的日期，例如2006年到2009年。他們利用portfoliovisualizer.com，就能發現2006年1月投資的1,000美元，三年後會縮水剩987美元左右。

話說回來，他們也會看到有耐心而且長期投資的人會得到令人稱羨的獲益。同樣一筆錢2006年時投資在美國股市，一直投資到2020年年底的話，價值大約會增四倍，變成4,000美元左右。

接下來我會要求學生做「機會成本報告」，要求他們設定

幾個自己的消費情境腳本。有些學生想知道每週在星巴克買三次咖啡配馬芬蛋糕，對上每兩週買一次會如何。有些人則想知道，如果去平價超市買菜，而不是去光顧昂貴時尚的超市，那麼一個家庭可以省下多少錢。

然後，他們再計算省下的錢如果投資在股市裡，可能變成多少。結果讓大家驚訝萬分，連我也不例外。舉例來說，如果某人每週在星巴克多花 16 美元，同時，如果省下來的這 16 美元平均每年報酬為 8%，那麼這筆錢三十年下來會變成 103,900美元。他們利用 moneychimp.com 的複利計算器算出這個結果。

你或許可以用以下方法讓你家孩子試試看。紀錄你自己的花費，分享你的結果。問問他們覺得你在哪些方面可以節省開銷。借助網路上的複利計算器，叫他們幫你算出存下的這些錢，經一段時間後可能變成多少。

不想省錢的人就不會省錢。但他們如果理解複利和機會成本時，可能會因此改觀。有一年，我有 40% 的美國學生在先鋒開了投資帳戶——而且我並沒有太積極地說服他們。

理財課程很重要。如果你的孩子在理財方面起步對了，他們的人生可能較沒壓力，同時會比較有自信能掌控人生。這就是為什麼你在家時，就該以此為首要之務。示範聰明的理財規畫。讓他們看見你追蹤家裡的用度。要求他們一起幫忙。跟他們聊聊金錢，討論寬大慷慨的作為。盡力協助他們投資。

▌美國小孩可以透過什麼方式投資

　　幫助孩子投資並不表示給他們錢。他們如果自己賺錢，培養出來的理財能力會更強大。有可徵稅收入的美國小孩，可以在先鋒或嘉信這樣的公司開個人退休金託管帳戶（custodial IRA）或個人退休金監護帳戶（guardian IRA）。不過，他們存錢的當年必須有收入。由於大部分孩子賺的錢都不多，享受不到與傳統個人退休金帳戶有關的直接減稅優惠，所以，開立羅斯個人退休金帳戶（Roth IRA）更為合理。[12]

　　那麼，如果是沒有可徵稅收入的美國小孩怎麼辦？假如他們想投資自己的零用錢或生日禮金，可以按照各州的《未成年人統一贈與法》（UGMA）或《未成年人統一移轉法》（UTMA）開立託管帳戶，每年可以投資的金額沒有上限。而且，等他們到達法定成年年齡時，就可取得合法控制帳戶的權利。依照各州不同，這個年紀介於十八歲到二十一歲之間。

　　蔡司（Chase Schechenman）就是這樣。他是我個人理財課的學生之一。他現在是二十四歲的軟體工程師，目前已經投資八年了。他說：「我很高興自己起步得早，我的錢會替我努力工作，所以我就不需要為錢那麼努力工作了。」

　　還有，如果你想要有人從旁指導，PlanVision能幫你用先鋒、嘉信、富達或任何一個你挑的證券商替你的孩子開立帳戶。寫作本章之時，PlanVision收取的一次性費用約為200美元。

這筆費用包含解答接下來十二個月你可能會有的任何後續問題。

▌加拿大小孩可以透過什麼方式投資

加拿大小孩按照所處的省份或領土，至少要到十八歲或十九歲才能開「免稅儲蓄帳戶」或「註冊退休儲蓄計畫」這類退休帳戶。不過，他們可以開託管帳戶，就像蔡司做的那樣。十七歲的加拿大人泰勒（Taylor Howe）在餐廳打工。她跟蔡司一樣，也開了一個託管（或信託）帳戶。這個帳戶正式登記在她和母親的名下。等泰勒滿十九歲，帳戶所有權就完全歸還給她。

我在第8章列出了一些投資公司，你可以透過它們建立指數型基金的投資組合。去聯繫其中一家，要求對方協助你替你的孩子開立託管或信託帳戶。加拿大 CI Direct Investing 的客服主任戴克（David Dyck）說：「我不認為很多家長會考慮替小孩信託投資。爸媽想到『信託帳戶』的時候，很可能想到的是設立信託基金的超富有家庭，而不是用存下來的生日禮金和零用錢開始投資的一般家庭。」

泰勒每個月會存入 100 美元在她的 CI Direct Investing 機器人顧問帳戶底下。她說：「我主要的動力來源，就是這麼做我就可以犯懶。如果我年紀小就投資，以後就不必這麼努力工作，將來也不需要擔心錢。」她的母親莎曼沙（Samantha White）也幫她另外兩個孩子——十五歲的熙妮（Sydney）和十三歲的連恩（Liam），開了信託帳戶。莎曼沙堅持他們要賺自己的錢，同

時也要投資自己的錢。

　　她和丈夫傑夫（Jeff Howe）會存錢到孩子們的教育帳戶下。只不過，就跟許多對錢很有一套的爸媽一樣，他們不會照單全付。既然投資帳戶的目的不是償付教育所需，這對夫妻就不會資助任何一毛錢。莎曼沙說：「如果我給他們錢，搞不好會讓他們軟弱，還剝奪了他們的自尊與成就感。」

▌英國小孩可以透過什麼方式投資

　　英國的父母可以為自己的孩子開設具備稅務效益的「未成年者個人儲蓄帳戶」（Junior ISA）。所有的爸媽或是法定監護人都可以用孩子的名字開這種帳戶。親友家人也可以存禮金進去。每年存入未成年者個人儲蓄帳戶的金額有上限（2020年到2021年的課稅年度上限為9,000英鎊）。而且，孩子一滿十八歲，就可以得到帳戶的完整使用權。英國的父母要跟多少公司開設這種戶頭都可以，費用超低的英國先鋒也包含在內。有了帳戶之後，就能把錢投資在全包式、完全分散風險的指數型基金投資組合上。

　　他們也可以替自己的孩子挑選「未成年者自行投資個人退休金」（Junior SIPP）帳戶。但在這種情況下，孩子雖然滿十八歲就有控制投資的權利，卻要等到五十五歲時才能動用錢。英國政府提供了存錢到未成年者自行投資個人退休金帳戶的優惠政策。例如，2021年時，家長如果存入3,600英鎊，由於政府

已提供720英鎊的稅額減免，實際上只要2,880英鎊。父母應該要確保孩子靠自己賺的錢投入一部分，如此一來才會培養出孩子的理財能力，而不是信託人一吹就破的期待。

　　雖然2021年時父母與孩子存入的總和得超過3,600英鎊，但這麼做也不會增加免稅額。基於此理，如果家長已經取得免稅額上限但還是想存入更多錢（或者如果孩子想多存入自己賺的錢，那更好），他們可以存進未成年者個人儲蓄帳戶。[13]

　　其他國家也有可以選擇的機會，聯繫證券商或理財公司詢問做法吧。

幫孩子付大學學費有甜蜜點

　　我遇到賈克伯（Jacob Collums）時，他是名三十一歲的工程師。我們在是在阿曼蘇丹國認識的，他的公司派他到中東出差兩週。賈克伯的公司替石油天然氣產業設計訂製流量與壓力控制技術，其中一家位於阿曼的工廠表現不如預期。賈克伯此行的任務就是「解決問題」。這挑起了我的好奇心。這位工程師一臉稚氣未脫，看起來比較像大學生，而不是來解決幾百萬美元效率問題的人。我們是在「游牧沙漠營」認識，那是一間家庭式經營的旅遊公司，專營沙漠營遊覽行程。有一天晚上，我和賈克伯躺在墊褥上，仰望繁星。我開始問他問題。

　　我想先說一件事：我這個人天生沒什麼才能，例如我總是

認不得人的臉。我可能在聚會上碰到你，可能聊了幾個小時，但隔天卻無法從一排人當中認出你來。我也記不住自己把衣服放在衣櫃的哪個抽屜，在我老婆出現拯救我以前，我會用紙膠帶標出抽屜用途：內褲抽屜、T恤抽屜、襪子抽屜。話說回來，有一件事是我在行的：我通常可以分辨出，年輕人的爸媽有沒有幫他們付清大學學費。

　　我的方法一點都不科學。我身為個人理財講師、遍跡全球的游牧人士，有人還會形容我本質上是個好奇寶寶——我自有一套問年輕人的問題，已經問過幾百人了。例如：你小時候的錢是怎麼來的？你有投資嗎？你有沒有車？如果有，車子是租的，還是買新車或二手車？你一個月房租多少錢？你的信用卡費都繳清了嗎？你做什麼工作？我的岳母對此驚恐萬分（她說任何人都不應該聊錢），但我最後都會想辦法提出以上的所有問題——不會一次全問就是了。或許正因如此，目前為止還沒有人拔腿就跑。

　　長久下來，我有個心得：付部分或全部大學學費的人，顯然有比較好的金錢管理能力。他們通常比較節省。他們大部分從小就自己賺錢，其中很多人會投資。如果他們有車，多半都是低價的二手車。他們付較低的房租，鮮少積欠卡債。

　　賈克伯完全符合。他小時候就幫忙家裡做生意。等他年紀大到可以開車，就擔任比較重要的角色。他說：「我十六歲時，早上五點就起床，在我的卡車後面掛上自製拖車，然後開車去

比較好的社區，等那兒的舊貨市場開張。早起的鳥兒可以買到便宜的好家具。然後我再把家具載回爸媽的店，讓他們賣。」

我認識他的時候，他存進自己公司401（k）帳戶的錢是最高金額上限（公司也會存入相符的金額）。每個月付400美元跟人分租了一間房，而且到最近都還開著高中買的二手小貨卡。他說：「那輛車幾個月前終於壽終正寢了，所以我換了一輛2011年式的豐田Tacoma皮卡。」

大學時他繼續打工，盡量把自己的學貸壓低。我們認識之時，他剛還清65,000美元的就學貸款。

我還不知道他的學貸之前，就已經猜到他爸媽八成沒有付清他的大學學費。他們大可這麼做，但他們選擇不付。我的觀察可能會讓一些人不舒服，請容我補充說明：很多有爸媽分擔學費的大學生，表現還是很好。很多人後來也有責任感與遠大的抱負。但適度的財務逆境，會像是大力水手的菠菜一樣有效。仰望著繁星的賈克伯說：「人生如果是一場財務競賽，那應該是場馬拉松吧。我在起跑點時背負著就學貸款。我一輩子都在訓練自己。很多被免費送到八英里處開跑的人從來沒受過跑步的訓練。我會趕上他們大部分的人。」他沉默的自信來自於成就感。我完全相信他所言。英國作家兼哲學家赫茲里特（William Hazlitt）為此下了最好的總結：「財富是個好老師；困境卻能教你更多。」

作家葛拉威爾（Malcolm Gladwell）在《以小勝大》（*David and*

Goliath）一書裡提出適度的困境是成功的關鍵，他接受華頓商學院管理學教授格蘭特訪問時說：「我們理解線性關係，也理解邊際報酬遞減，卻無法理解倒U型關係的概念：同一個東西在某個層面上是正面的，在另一個層面卻可能變成負面的——還會帶來嚴重有害的結果。」[14]

在大學學費的例子上，有太多可能造成致命後果的事。根據CNBC記者帕皮克（Susie Poppick）的報導，美國一般的大學畢業生，離校時身上就背著30,000美元的學貸，很多人的債是這個的兩、三倍之譜。[15]正因如此，提到付大學學費，一定要有甜蜜點才行。加州大學美熹德分校的社會學副教授漢彌爾頓（Laura Hamilton）比較了四年制大學的學生成績後發現，父母替孩子的教育付越多錢，孩子的學業表現越低落。[16]她認為那有損於孩子們的動力。

不過，沒有任何財務協助的孩子們畢業的機率比較低。債務越來越多的現實情況再再證明了這一點。這反映了葛拉威爾所說的倒U型關係。幫助過少，有損結果；幫助過多，恐有妨礙。那麼，你應該為孩子的教育負擔多少錢？作為父母，由你決定。但是，甜蜜點可能是一半的金額。

讀名校就是人生勝利組？

我用了以前常問學生的問題為本書破題：「你們為什麼希

望把書讀好？」初聞的學生們一陣驚訝，之後會用八成從爸媽那兒聽來的話回答：如果把書讀好，就會進好大學。在他們的眼裡，這就會導致成功：一份高薪的工作。當我繼續追問他們，為什麼想要那樣的工作時，他們最後決定的答案都表示，如此一來，他們就會因此而快樂。當然，那是狹義的成功，但就連高聲望的學校會帶給他們更多財富的說法，有可能都是過時的邏輯謬誤。

約翰（John）就是那樣的學生。這位要進入史丹佛的高三生，是我的一個個人理財課學生。當時他剛剛完成一連串的計算，毀了他爸媽（以及整個社會）對高聲望大學的信仰。他看起來像是在最愛的湯裡發現一根頭髮。

常春藤大學比名望不及的學校更貴，所以我要學生們想一想這些額外成本是否值得。我提這個問題為的是講授「機會成本」，而且老實說，我並不知道答案。當時我只是希望孩子們理解金錢的時間價值。

舉例來說，如果某個學生花了 220,000 美元取得史丹佛大學的學位，而另一個學生花了 86,980 美元在德州農工大學（Texas A&M University）讀了四年，那麼，把貸款利息算進去後，讀史丹佛的真實費用為多少？還有，如果這名州立大學的畢業生，將史丹佛大學畢業生連同利息在內所支付的費用拿來投資，會發生什麼事？結果誰會領先？

約翰檢視了大學學費的比較成本以及剛畢業的社會新鮮人

期望薪資的中位數，同時也查閱了不同學校畢業生的的職涯中期薪資。[17]

他原以為長春藤大學對他會有所助益，但他失望了。而且，學生們用各家不同學校的數字計算出的結果，絕大多數都一樣。

然後，有個女同學說：「我們沒有人會自己付大學學費，所以應該沒關係。我們的爸媽會付。」她說對了一半。當時我任教的是一所昂貴的私立學校，大部分的家長都能負擔讓孩子讀哈佛。

我接下來問了另一個問題：「如果你的爸媽把長春藤大學跟州立大學的學費差額給你，會怎麼樣呢？還有，如果你把這筆錢拿來投資，又會如何？」一個持有134,000美元指數型基金投資組合的二十二歲年輕人，如果每年報酬率8％，到了六十五歲時，就會有360萬美元；如果年報酬率9％，會有540萬美元。（大多數情況下）我的學生們會再次認定，就財務上來說，長春藤大學的畢業生根本沒有機會追得上。

或許你不同意，認為長春藤學校提供了大量的人脈資源，畢業生薪資也高了許多。不過，克魯格（Alan Krueger）和戴爾（Stacy Gerg Dale）在美國國家經濟研究局（National Bureau of Economic Research）的研究卻顯示，這個說法忽略了一個重要變數。[18]

1976年，普林斯頓大學的經濟學家克魯格和梅隆基金會

（Andrew W. Mellon Foundation）的戴爾開始比較長春藤大學的學生和非名校的學生。例如他們就發現，到了 1995 年，耶魯大學的畢業生當時賺的錢比涂蘭大學（Tulane）的畢業生高出 30%。只不過，這沒有把他們想探討的變數獨立出來——即長春藤學校本身是否會增加財務價值。

為了區分此一變數，他們找出聰明到錄取長春藤大學卻拒絕入學，反而選擇非名校就讀的學生。這個獨立出來的變數（即大學本身），到了他們賺最多錢的那幾年時，對薪資沒有造成任何影響。夠聰明也夠有動力獲得長春藤學校錄取，卻選擇念其他大學的人，跟同時期長春藤畢業生賺的一樣多。他們的財務淨值也差不多都一樣。

假如克魯格和戴爾的計算納入長春藤學校的機會成本（貸款利息成本連同未來的投資獲益），那麼，州立大學孩子的表現還會更優於長春藤的孩子。基於此理，如果你希望孩子成為長春藤學校畢業生以取得財務優勢（而不只是炫耀），那這種推論可能有誤。

如果你的孩子堅持要讀長春藤，而你又沒有能力負擔，同時也沒有補助或獎學金，先不要勸退你的小孩，叫他們評估機會成本。首先，他們可以在網路上找出各大學畢業生的起薪中位數。根據研究，如果他們夠聰明、進得了長春藤學校，那就算去讀非名校，賺的錢也會跟長春藤畢業生差不多。用高學費和低學費大學的畢業生平均起薪去算。他們甚至可以算出學

費、膳食與住宿的費用。此時，教他們如何評估長期的機會成本，就像我在第 5 章時說明的。學生們可以上 payscale.com，從查找不同的回報薪資和大學學費下手。[19]

　　這樣的目的並非要叫大家別讀長春藤大學（或整體來說，是高等教育）。但在做決定之前，一定要先判定可能的機會成本。

拿出帳單，幫助孩子看清現實

　　如果你不是高收入家庭出身，也還有其他能培養孩子們理財意識的方法可以試。我爸媽生了四個孩子。我的父親當技工，母親則在零售業打工。她總是希望我們放學回家時她也在家，這樣我們就不會惹上什麼麻煩，或把家裡搞得亂七八糟（兄弟在客廳爭吵，往往會把東西打壞）。

　　我們不有錢。青少年時期，我根本不懂家庭收入和開銷這類的事。有一天，我媽把我叫到餐桌前，跟我說爸爸賺了多少錢。我到現在還記得。我父親當時一年賺 30,000 美元。她真的拿著父親的薪資支票。一開始我還以為是一大筆錢，接下來她告訴我，他們要付多少所得稅、保險費、飲食開銷、車子油錢、房貸、我們夏天去露營的開銷、家裡的暖氣和水費、耶誕節的禮物花費、運動費用，以及電話費和有線電視帳單。等我們把所有費用都扣完，我內心產生了一股新的敬意。知道他們要多麼努力工作才能養活我們，我不敢置信。

　　我媽的方法對高收入家庭來說或許不管用，但假如你家是中低收入家庭，這可是寶貴的一課。我母親這樣並不是為了讓我難受，而是出於慈愛，給我上了人生最受用的一課。

　　爸媽們示範合理的理財實務，孩子們就會學到最佳的理財之道。所以，追蹤紀錄你的支出，讓孩子們看。每到月底付清信用卡餘額時，跟他們解釋你的作為，說明你為什麼不是付最低應繳金額。如果你必須付最低應繳金額的話，說明原因，同時談談這代表什麼。

　　捐款時，跟孩子們聊一聊；投資時，向他們解釋原因。你或許可以說：「我這麼做，是因為等我老了，就不用睡在你家的沙發上，吃你的食物。」說明你投資的方式。孩子們不會潛移默化就學會財商，成功和快樂也不是來自於名校。相反的，成功和快樂，是你家孩子的意志力、慷慨、社群感、關係、健康、理財概念等共同帶來的結果。這大多都是他們在家習得的。因此，想要教養出成功的孩子，那就盡力示範給他們看。

活得更好的祕訣

- 鼓勵孩子從小就開始做家事，限制他們的螢幕時間。如此一來就會增進他們的社交技能、紀律、以及責任心。

- 考慮將孩子們賺得或獲得的錢分為三份，這樣他們就能用來花費、分享（捐出），以及投資。提前設立明確的基本規則。

- 替你的孩子開設投資帳戶，不過，要確保他們投入自己的錢。為了鼓勵他們存錢，你可以參考他們存入多少、你就再補多少的方法。

- 在家示範合理的理財實務（身教重於言教，孩子因此學得更多）。

- 讓孩子們有機會培養自己的理財能力、責任心，以及自尊感。

第 12 章

退休的逆思維

不只要存夠錢，你還需要長壽又快樂的祕訣

　　2005年時，有天我在教高中英文課，某個顯然不想討論莎士比亞的學生，硬是害我上課離題。他問我：「你有沒有什麼希望做，卻還沒做的事？」讓他樂不可支的是，被他這麼一問，我上鉤了。

　　「我想見見巴菲特和拳王阿里（Muhammad Ali）。」我回答。學生中有人舉手說：「哈藍老師，我媽媽是摩根大通的高層主管。她也一直都想見到巴菲特本人，但她還沒如願以償。如果她都見不到，我覺得你也見不到。」

　　出於尊重學生，同時也為了教育意義，我說：「我們往往害怕嘗試新的事。由於我們害怕失敗，所以只要失敗，我們通常就不敢再試一次。有時候其他人還會說我們辦不到，因為他們或他們認識的人也嘗試過同一件事，而且沒有成功。」我引用冰上曲棍球名人堂球星葛雷斯基（Wayne Gretzky）的名言：「不嘗試，你100%不會成功。」

　　然後我靈機一動。我與學生合擬了一封寫給巴菲特的信。這當然不是課程規畫的一部分，但我覺得這跟生命有關，也跟英文課有關（至少一部份相關）。我們用了一個引人上鉤的破題——表現幽默感，且不要讓人覺得我們精神失常（見人見智就是了）。我寫道：「我想參加波克夏海瑟威的年度股東常會。不過奧瑪哈沒有青年旅館，飯店又很貴，所以我想，能不能睡在你家沙發或是你的車庫。」

　　我曾讀到巴菲特的老婆會向好市多大批購買他最喜歡的櫻

桃口味可樂，於是我打趣地說，我可以在他家車庫裡一箱箱的可樂和除草機間鋪露營睡墊。

擬好草稿，我把內容謄到明信片上，寄到巴菲特位於內布拉斯加州奧瑪哈市（Omaha）的營業地址。有些學生笑我瘋了，但我心想：「何不一試呢？」當時巴菲特七十五歲了。我不知道他還會繼續工作多久，如果他退休或者蒙主寵召的話，我可能永遠見不到他。我盤算著，就算這個嘗試機會渺茫，也是給學生上了適當的一課。

結果巴菲特很喜歡那張明信片。他印了一份寄給他在《華爾街日報》的朋友。他們刊登了一篇文章叫做〈巴菲特的民宿〉（*Warren Buffett's Bed & Breakfast*）。CNBC在奧瑪哈訪問我。還有，我沒有真的睡在巴菲特的車庫裡，但我真的出現在巴菲特、查理·蒙格（Charlie Munger）與他們的好朋友比爾·蓋茲面前，拿名信片的內容開玩笑。

我錯以為巴菲特很快會退休。十五年後，九十高齡的他還是波克夏海瑟威的董事長。許多人百思不得其解。畢竟，巴菲特三十幾歲時就有幾百萬美元了。2020年時，他已經有將近900億美元的財富。為什麼他不乾脆退休，享受安逸無憂的生活？

我承認，這件事多年來也讓我想不透。然而，我後來明白，傳統的退休可能被誇大了。我可不是建議你工作到老死。那真的就太離譜了，尤其如果你又痛恨自己的工作的話。話說

回來，研究倒是指出，靈活地看待退休，或許比早早退休更具優勢。

勞動讓人延年益壽

日本醫師野原重明（Shigeaki Hinohara）是聖路加國際大學（St. Luke's International University）的名譽校長，同時也是聖路加國際醫院的榮譽院長。他說，年過六十五後繼續長期工作，對人來說是比較健康的。野原先生在105歲辭世。死前幾個月，他都還在看病。事實上，他的行事曆裡還排好了未來五年的約診。[1]

在西方文化裡，大部分的人都渴望退休。不過日本人不同。一項2017年的調查顯示，43％的日本勞工打算年屆傳統退休年齡之後，還要繼續工作。[2]

而且，這些人大多不是為了錢才如此。在日本，一個公園掃落葉的老人可能是身價幾百萬美元的富翁。兼職工作讓年長者繼續動，也讓他們跟年輕人相處。在日本，甚至有1,600家專門為年長者服務的職業仲介機構，工作機會包含了室內外的差事，例如打掃公園、除草、管理腳踏車停車場、掛海報、辦公室接待工作，或一般大樓的維護工作等。[3]

美國人通常年紀較輕就退休了。然而，美國人卻沒有日本人長壽。根據美國衛生與人群服務部（US Department of Health and Human Services），美國女性平均壽命為81.1歲，男性平均壽命則為76.1歲。[4]日本人的長壽是家喻戶曉的。平均而言，日本女性活到87.45歲，男性則活到81.41歲。[5]

我們可以將日本人民的長壽部分歸咎於健康的飲食，但日本人習慣繼續工作久一點，或許也有影響。畢竟，過了傳統退休年紀還繼續工作的美國長者也活得比較久。一份發表在《流行病學與社區健康期刊》（*Journal of Epidemiology and Community Health*）的研究發現，根據長達十八年的研究，過了傳統退休年齡還繼續工作的人，無論其原先健康狀況為何，即使只多工作一年，死亡風險也會降低9％到11％。[6]

《哈佛健康》（*Harvard Health*）引用了一份發表在美國疾病管制暨預防中心《慢性疾病預防期刊》（*Preventing Chronic Disease*）的研究，發現六十五歲後還繼續工作的人，健康狀況良好的可能性是早一些退休的人的三倍之多。[7]而且，繼續工作的年長者出現失憶症的機率也比較低。[8]

基因當然也有影響，但我們的大腦就像肌肉一樣，不用就失去功能了。這或許是巴菲特依然如此精明的原因之一。正如我稍早提過的，他九十歲還是繼續經營波克夏海瑟威公司。更讓人驚奇的是，該公司的聯合董事蒙格甚至還大巴菲特七歲。或許這就是為什麼巴菲特會採信蒙格這句箴言：「我只想知道自己會死在哪裡，這樣我就絕對不去那裡。」

退休需要多少錢？並非一成不變

　　說了這些，許多人還是想知道自己需要多少錢才能退休，彷彿那是一個可以在網路上查到的神奇數字。但退休跟指紋很像，沒有兩個人是一模一樣的。你要在投資組合投入多少錢，可能取決於你的心態、靈活度、還有你預計的居住地生活開銷多寡。其他的收入來源也是問題之一。你會不會有退休金、兼差的工作，或是房地產收入？

　　很多投資公司都有線上退休計算器。輸入你的儲蓄率、期望的退休年收入，以及目前的投資組合規模，計算器就可以算出你需要多少錢，同時告訴你是否有機會達成目標。例如加拿大人就可以用Wealthsimple的計算器。美國人可以用SmartAsset的計算器，還可以幫你算社會安全金。

　　它們的數字背後都有些道理。不過，很多理財顧問會誇大我們需要多少錢。我和我太太認識許多北美和歐洲的人，他們花的錢遠比一般退休族該花的少，倒也快快樂樂的。我們遇到的這些人，有的住加拿大、美國，有的則住在葡萄牙、墨西哥、泰國、越南、巴里島、馬來西亞，以及哥斯大黎加這類開銷較低的國家。

兼差打工的妙處

　　不管住在哪裡，很多人從全職工作退下來後會兼差打工。

工作的社會化層面有助於增加壽命，如果需要體力勞動，還能提升身體健康。但或許最重要的是，兼差工作給人「生き甲斐」（讀音：ikigai），這個日文詞彙表示某種目標、存在的理由。擁有目標會提升快樂感、對抗死亡。

退休族兼差打工賺得的錢也可以降低財務壓力。假設找到了一份年薪 15,000 美元的兼職，就相當於 375,000 美元的投資組合——因為退休族每年從 375,000 美元的投資組合裡提領按照通貨膨脹調整後的 4% 出來，就相當於 15,000 美元（詳見第 9 章）。

退休後花費的 U 型迷思

大多數退休族和半退休族花得都比他們做全職工作時少得多。在大部分情況下，他們如果有買房，那也已經不需要付房貸了（把房貸還完絕對不會錯）。他們不必再存錢退休，也不必存錢替孩子付大學花費。而且，他們成年的子女不該靠爸媽金援。

退休族的交通費會大減，因為他們不必每天赴職場上班。治裝費會減少，因為他們不需要再「看起來專業」，或購買防護衣物。如果他們禿頭的話（像我這樣），理髮的錢也可以省下來。

許多人認為退休的花費往往是 U 型的。初期的花費應該

會比較高，因為人們在這個時期會好好利用空閒上餐館吃飯、四處旅行；接著花費會減少，晚年醫療費增加時才花費會再上升。話雖如此，但研究卻指出，大部分退休族隨著年齡增加，花費會繼續減少，只有少數人在人生的最後幾年會負擔比較高的醫療費。[9]

用兼職工作延遲提領退休金的妙處

兼職工作（或半退休）顯然比全職工作更有彈性。如果你選對了，那還可以像孩童時期那樣享受生活。你可以做點自己喜歡的事，小賺一筆。我的叔叔是銀行經理，不過，退休後他找到一份在五金行的兼差；我爸爸則提供諮詢服務；我爸的朋友找到一份好市多的兼職工作。他們全都不需要那份薪水。但那筆錢也有用。而且想休假出去玩玩時，可以辭職或請長假。對他們來說，這讓他們回憶起職涯、房貸、養兒育女還沒發生前的年輕時光。

對大多數企業確定給付制的退休金來說，延遲提領有好處；對大部分國家資助的退休計畫，延遲提領也有好處，像加拿大退休金計畫（Canada Pension Plan）、英國的國家退休金，還有美國的社會安全金都算這類。

舉例來說，我的朋友凱希（Kathy Salvadore）兩年前滿六十二歲。換句話說，她已經符合美國社會安全金的提領年

紀。不過她說她不要領，至少目前不要。錢夠用或是還有兼職
工作的年長者們，也應該考慮這麼做。

這個說法根據的是社會安全金專家寇特利寇夫（Laurence
Kotlikoff）、萊亨思坦（William Reichenstein）以及瑟托（Russel Settle）
的研究結果。寇特利寇夫創辦了MaximizeMySocialSecurity.
com，萊亨思坦是《社會保險金全攻略》（Social Security Strategies，
暫譯）一書的共同作者，[10]瑟托則是SocialSecurityChoices.com
的創辦人。

六十二歲的凱希還在參加鐵人三項。許多是她一半歲數
的運動員都被她狠甩在後。如果她延遲到六十六歲再提領社會
安全金，每個月可以多33％，還能再加上生活開銷調整。假
如她等到七十歲才領，會比滿六十二歲開始提領每個月多出
76％。

很多美國人都想知道社會安全金的損益平衡點，想知道自
己要活多久，等待才有道理。答案大約是七十八歲。

我們假設你六十二歲開始每月領錢，而剛要過七十八歲生
日前夕過世。這樣的話，你領的總額會比你延到七十歲再開始
領還多。

不過，如果你延到七十歲再領，而且活到七十九歲，那
麼你領到的總額會比六十六歲就開始領還多。雖然這聽來很不
健康，但有些人會參考預期壽命表來估測自己可能活多久。這
些數字根據的是出生時預期壽命，如果你到了六十幾歲還是很

健康，就你不要管那些數字了。舉例而言，一般的六十五歲美國男性會活到近八十三歲。一般的六十五歲美國女性會活到近八十六歲。[11]

同樣值得注意的是，美國人在全球預期壽命排名當中只排到第46名。[12]因此，如果你來自其他已開發國家，你可能還會活得更久。假如你可以選擇延遲提領退休金，這也是一個好理由。而且，假如你是晚年醫療費大增的少數人，那這樣也會更能負擔。

迷你退休？非典型的退休之路

在第3章，我介紹了艾美與她的丈夫席拉斯。他們離開了自己的全職工作，跟自己的兩個孩子在哥斯大黎加旅行好幾個月。那很像迷你版的退休。他們四處探險、擔任義工、拓展自己的視野。

基於很多理由，迷你版的退休比一次性的大退休可能更有意義。我在旅行途中認識了很多辭掉自己工作或留職停薪的人。在紐約擔任設計師的史提芬‧賽格麥斯特（Stephan Sagmeister）每隔七年就這麼做。他說一般人花二十五年的時間學習、四十年的時間工作、十五年的時間退休。為了打散，他「認為將退休期當中的五年拿出來，安插進工作期，或許有幫助。」據他表示，留職停薪會加強他的創造力，待他復職時，

工作會因此進步。

　　加拿大的達爾茲爾（James Dalziel）是新加坡世界聯合學院（United World College）的校長。身為招聘者，他也看到這種放長假的好處。所以，他會鼓勵自己學校的國際教師們當迴力鏢員工。迴力鏢員工就是至少辭職一年去追求個人興趣。運氣好的話，他們最後會帶著新想法與觀點重回他的學校任教。

　　幾年前，我和佩列認識了一對澳洲夫妻，他們帶著兩個孩子過迷你版退休生活。他們停泊在南中國海風景絕美的馬來西亞刁曼島（Pulau Tioman）的茹拉灣（Juara Beach）。這對夫妻並不富有，但他們辭去工作，買了一艘帆船，決定在家教育自己的孩子兩年。

　　留職停薪不一定很昂貴。選對國家就好。我和佩列旅遊時的花費往往比住在家裡還便宜，還有更多人的花費還比我們少很多。創造力可以派上用場。

　　我有個朋友愛極了 WWOOFING。WWOOF 是一個國際組織，讓義工在永續有機農場工作，換取食宿。[13] 你也可以試試 helpx.net。他們會羅列世界各地願意提供食宿讓申請者以勞務交換的主人，而申請者的工作地點可能是社區計畫、有機農場、寄宿家庭、背包客青年旅館或帆船。Workaway.info 也提供類似的機會給全球各地的人。

　　你也可以幫人看家。Trustedhousesitters.com 是媒合房子與照看人的網站裡最完備的一個。其他你可以參考的網站還有

nomador.com、mindmyhouse.com 與 housecarers.com。

　　我認識了凱莉（Kelly Hayes-Raitt）才知道其中原理。我們在墨西哥的一場作家聚會相識，聚會結束後，她主動邀請我和佩列搭便車，載我們回去當時的租屋處。她問：「你們想看看我住的地方嗎？會順路經過。」她轉進了聖安東尼奧市（San Antonio）一條陡坡往上開，行經該區最大的幾間房子，凱莉終於熄火停車。

　　凱莉的家有三座超大的庭院。每一個都能看得到墨西哥最大的湖，景色簡直教人屏息。她還有一座泳池和全職的園丁。我問：「妳住這裡花了多少錢啊？」她回答：「一毛也不用。」她開玩笑說自己是「照看房子的女神」。她每年花四個月住在這間房子裡，照顧一隻她後來逐漸有好感的狗，其餘時間她就在世界各地其他地方幫人看家。這時她才明白：也許妳不需要退休金、大型的投資組合，或者沒有房貸的房子才能奢華退休。

　　凱莉的書《如何替人看家？》（*How to Become a Housesitter*）提供了找到絕佳住宅的小訣竅，幫助想尋找國外度假短住或嶄新全職生活型態的讀者。那本書的前幾頁還收錄一個問卷「我適合替人看家嗎？」，畢竟不是每個人都適合；她在第 3 章〈苦與樂〉中誠實敘述了一些落差很大的情況。她提供的小訣竅都為她犯過的錯下了注解——所以，你就不必再犯錯。[14]

　　或許這個迷你式退休的概念讓你躍躍欲試，但你的生活太過複雜，所以你想等自己老了再說。雖然這個理由很正當，不

過，值得記住的是我們可不一定會活到老。我們都認識年紀輕輕就被死神抓走的人。

不如往便宜的地方去

我與佩列 2014 年辭去全職教職後，花了六年時間旅行。我把一切自以為自己曉得的理財規畫忘得一乾二淨——很快就忘了。不會有理財顧問告訴你：「珍，我知道妳很喜歡冬天時剷車道上的雪。不過，如果妳願意犧牲被凍傷的機會，每年十一月到三月間去熱帶沙灘住的話，那妳就能提早五年辭掉妳痛恨的那份全職工作。」

辭去全職教職幾個月後，我們飛到了墨西哥的瓜達拉哈拉（Guadalajara）。我們在那裡搭計程車，二十五分鐘之後到達湖邊小鎮查帕拉（Chapala）。那裡距離美洲最受歡迎的退休勝地湖濱小城阿西西才 5 英哩（約 8 公里）。我們租的小房子離公車站只要步行兩分鐘，屋頂露臺可以看見查帕拉湖的絕美湖景。

每天早上我都會沿著小城上方的山路慢跑。吃完早餐，我們通常會搭當地的公車到阿西西。我在那裡上西班牙文課。我們每週會和健行小組聚會兩次。我還加入了一個作家俱樂部，也就是在那兒認識了我那個幫人看家的朋友凱莉。佩列會去一家墨西哥／加拿大夫妻開的瑜珈中心。我們一個月生活費大約 1,600 美元，一週起碼上三次餐廳享受美食。

在那裡已經住很久的吉姆（Jim Cook）告訴我，有大量退休族湧入墨西哥，這已經使得查帕拉湖（Lake Chapala）的房價上漲，房租也變高。不過，這對於人數破紀錄的新移民還沒有嚇阻作用。吉姆說：「很多東西都比以前貴，例如油價。但披索幾乎貶到歷史低點，其他的東西跟我十年前和老婆搬來這個區域時一樣便宜，像是餐廳的食物。」

吉姆和她的妻子卡羅（Carole）住在阿西西城上方的山丘上。他們一週至少去餐廳吃三次飯。他們有自己的房子，所以不需要付房租。連同醫療保險在內，他們在阿西西一個月的生活花費大約 1,600 美元。很多美國夫妻，只要不胡亂花錢，都可以靠著社會保險金都在那裡過得很好。我有兩個好朋友就是這樣，個人退休帳戶裡一毛錢也沒有，卻可以上館子吃飯、付健身房會費、每週享受按摩，還租得起某個小型平房社區裡一間有游泳池的漂亮屋子。

1997 年時，楚利博士（Dr. David Truly）展開了查帕拉湖最完整的退休研究。他調查了從其他國家搬到該處的當地退休人士。他在阿西西的某場說明會上分享了自己的研究，會後我與妻子和他共用午餐。

他說：「美國的退休族一直搬來此處，這種情況持續多年了。1900 年代初期，墨西哥總統鼓勵國際觀光，這個地區就開始吸引觀光客。但 1950 年代期間，退休的概念才開始發揮影響力。在那之後，查帕拉湖的人氣就起起落落。」

　　楚利最近從查帕拉湖搬到德州的奧斯汀市，好讓他年幼的孩子可以就讀美國的學校。但他還是繼續研究在墨西哥退休的主題，而且注意到好幾個變化：「1997年時，大部分的退休族只在這裡待個幾年。但情況正在改變。大家待的時間變長了。」

　　北美洲優質的輔助生活方案越來越昂貴。楚利說，或許這就是墨西哥可能「從退休地變成臨終地」的原因。有些人稱查帕拉湖為「等候室」（The Waiting Room），平價的安養中心四處林立，許多甚至都看不出來是安養中心。2019年，有一次我和佩列在查帕拉湖的餐廳用餐，附近坐了兩名退休的美國女性。她們用完餐後，付了帳，接著走進隔壁的屋子。那間屋子從外觀看來只是尋常房屋，但它其實叫做「我的小屋安養中心暨輔助生活中心」（Mi Casita Nursing Home and Assisted Living Center）。

　　按照所需的照護，這類中心每個月收費1,500美元到2,000美元不等。這比部分北美洲城市的公寓租金還便宜。同時，美國的輔助生活收費與這相比也天差地遠，根據簡沃瑟醫療照護費調查（Genworth Cost of Care Survey）的結果，個人房一個月就要價超過8,000美元。[15]

　　墨西哥的可負擔性對許多人而言深具吸引力。楚利先前的研究指出，該地區有50％的退休族表示，由於希望降低生活開銷才來到該處。美國醫療費日漸上漲，這個數字已經增加到80％了。

　　蜂擁到這個地區的人，有些決定得很快。楚利的調查顯

示，過去人們決定在查帕拉湖退休前，會先造訪該處七次。他
說：「現在大家平均只來兩次就決定要搬到這裡了。」

　　當然，墨西哥不是唯一的選項。我和佩列在旅途中遇過完
全移居或部分時間移居泰國、馬來西亞、越南、葡萄牙，與哥
斯大黎加的歐洲和北美洲退休族。這些國家全都比澳洲、紐西
蘭、加拿大、英國，或美國便宜許多。

　　如果你真的決定要搬到低花費的地方，就要心態開放，接
納新文化。你或許可以用比較少錢負擔比較好的生活型態，但
你要參與當地的社群，盡量從他們身上學些什麼。這麼一來，
在你為新社群做出貢獻之時，你的經歷也會更加豐富。

長壽心態：學到老，活到老

　　沒有人曉得自己會活多久。我們或許可以參考預期壽命
表，或根據我們的生活型態與年齡估算大限之日。就統計上來
看，抽菸或生活型態不健康的人，比吃得健康、會運動、不抽
菸的人短命。

　　不過，就算是年輕健康的人也可能隨時翹辮子。我們都讀
過癌症（還有其他難搞的各種疾病）讓人英年早逝的消息。很
多事情是我們無法控制的。不過，我們倒可以控制自己對時間
的知覺。

　　回想一下讓你探索到新事物的假期。我指的不是躺在沙灘

上喝瑪格莉特調酒的那種度假。沙就是沙，海水就是海水，瑪格莉特調酒看起來都一樣，喝起來八成也都味道相同。我指的是，你上一次探索新事物的時候。

這個探索之旅持續一週之後，你回想起抵達的那一天。你可能會有這種疑惑：「我們來這裡才過了一星期嗎？」我每次造訪不同地方，就會有這種感覺。時間似乎延長了。我見到新事物、體驗新文化、學習簡單幾句新語言，還有嘗試不同食物的時候，每天到每週都被拉長了。變化本身，拉長了我對時間的知覺。

顯然，這並非只是我的觀察而已。美國威爾康乃爾醫學院的臨床心理學教授傅利曼（Richard A. Friedman）寫過一篇《紐約時報》的文章，提到「注意力與記憶會影響我們對時間的知覺。你必須能專注並記下一系列的訊息，才可以精確判斷完成某個交辦任務所需的時間多寡」。[16]

回想你的孩童時期。時間緩如牛步。等你是個成年人了，時間似乎全速疾行。沒錯，比起五十歲的人，一年的時間在十歲孩童的人生佔比更大。但成年人也會經歷比較少的新事物。我們會坐困例行公事之中，每週就這麼飛快而過。

如果我們繼續學習，就能改變這個情況。我們可以學習新的語言或是新的用具，或者用不同的工作挑戰自我。迷你型的退休會增加新的經歷，如果還牽涉到去陌生之地，更會如此。我們所換得的，就是自己對時間的知覺因而延伸。

　　我們得以活得久——卻不是按年份計算地活得更久。

　　這讓我又想起我的高中學生和那則有關巴菲特的故事。我們太常自我設限。我們太常專注想著自己為何辦不到，而不是**如何**辦到。我們可能會說，迷你型的退休不切實際；說自己沒有時間繼續學習；說沒有人會僱用我們做兼職工作。

　　雖然如此，我們最好以過個健康、長壽、不斷持續學習的人生為目標而努力。對此，也許沒有人比汽車大王福特（Henry Ford）說得更好了：「障礙是當你把眼光從目標移開後，看到的那些可怕事物。」

活得更好的祕訣

■ 早早退休或傳統式的退休被誇大了。找出工作與玩樂之間的平衡，才是成功的關鍵。

■ 研究指出，如果你退休後還兼差打工，可能會享受更久、更快樂、也更健康的人生。

■ 需要多少錢退休這件事情，跟指紋一樣個人有別。地點、被動收入、還有生活型態都需要納入考慮。

■ 不要讓別人的失敗影響了你的未來。重點在於你**能**怎麼辦到，而不是你為何或如何辦不到。

■ 擺脫既定的思維。迷你型的退休可以帶來變化，同時拉長你對時間的知覺。

■ 考慮完全移居或部分時間移居花費較低的目的地。這麼做可以大大減少你整體的花費。還能增進你的生活水準，同時確保你繼續學習並延長你對時間的知覺。

結語

讓財富真正帶來自由

　　只要看過我的朋友凱西（在第 2 章提到他），幾乎沒人會說：「沒錯，我就想活得跟那傢伙一樣。」畢竟，只有極少數的怪人會嚮往在美國大峽谷旁邊以車為家。不過，我們可以從他快樂又無欲的生活中學到很多道理。他認為不必追隨有錢鄰居們的花錢習慣。凱西在臨終前，對於緩和醫療護士維爾從垂死病人身上發現的那種後悔（詳見第 3 章），大概也不會過於強烈。凱西用自己要的方式過生活。他為人慷慨，心地善良，而且在我認識的人裡面，他最不可能說出「我的老天啊，我太努力工作了！」這種話。

　　我們不需要活得像凱西。但我們還是可以活得有目的、善待他人，而且用符合自己價值觀的方式過生活。這麼做，換來的就是生活滿意度增加，而且更長壽。如果我們建立了財富，又用那些錢換取經歷、做些利社會的付出，便可以更快樂。

　　什麼事都一樣，平衡就是關鍵。我們要專注經營成功的四個部分：

- 擁有足夠的金錢
- 維繫穩固的關係
- 維持身體與心理健康的最佳狀態
- 活得有目標

可惜，通常的情況是，我們的文化會誘惑我們更用心追求第一個部分。電視與網路上的廣告會用最新的流行陷阱，描繪出快樂的人：

多即是好。

新即是好。

物質的東西會讓你快樂。

那就是行銷的瘋狂之處。我們購買之物，大多不會提升生活滿意度。更常見的情況是，那些東西會一點一點消蝕生活滿意度，當我們為了獲得自己不需要的東西而負債時，更是如此。很奇怪，我們往往購買自己不需要的東西，就為了讓我們不認識或不在乎的人覺得了不起，而且還白費功夫。

正因如此，講到物質的東西和金錢時，「夠了」這個詞比「有錢」與「更多」健康多了。

擁有遠多於自身所需的東西，我們不會因此更快樂，也不會讓別人愛我們。諷刺的是，我們還可能因此變糟糕。許多研究都指出，財務狀況比較好的人，比較不具同理心。也許，要賺更多的錢、買更好的東西就必須要有那一種專注力，而副作

用就是讓我們小看別人，也更不在意環境。[1]

　　沒有人永遠快樂。快樂感稍縱即逝，而且每天都有波動。只不過，如果大致上不快樂，我們就很難成功。沒有穩固的關係也很難快樂。與人相處時，應該多聽少講。只要懂提問，就可以從他人的身上學些什麼。同時，當別人知道我們在乎他們時，他們也會更在乎我們。

　　我以前看過一件 T 恤，上頭寫著：「做自己……但要做你最好的那個自己。」我認為這句叮嚀對所有人都有益。歸根究柢，我們每一個人都是尚未完成的再製品。而這個完成的過程，會使我們盡可能活出最棒的人生。

致謝

　　我十二歲時，爸媽幫我報名了去英國、希臘、埃及、以色列，還有土耳其的遊學之旅。為了負擔這筆費用，我媽媽接下一家零售商店的兼差工作。四個小屁孩到學校上課時，她就在店裡上班（我的雙胞胎妹妹們比較文明一點，她們不常打架，打破窗戶的次數也比較少）。

　　回想起來，那次遊學所學的東西，對我寫這本書很有用。那趟旅程激發出我對其他人和其他地方的好奇心。我因而開始閱讀、學習、質疑自己的思考想法，而且還會問陌生人一大堆問題，多年過去依然如此。我的爸爸也做了很棒的身教（除了他以前會故意跟模特兒假人說話，讓我們這些小孩難堪）。爸爸、媽媽，謝謝你們鼓勵我要保持好奇心。沒有好奇心，就不會有這一本書。

　　我也要謝謝我的妻子佩列忍受我亂七八糟的初稿，而且提供我建議和意見。也虧有她，才有人三天兩頭提醒我襯衫穿反了。

　　我要跟我超棒的兄弟姐妹們致意：伊恩（Ian）、莎莉（Sally）、還有莎拉（Sarah）。有個給你們的測驗。如果你們在無人要求之下讀到這句話，我願意給你們100美元。我想我的荷包很安全。

　　我還要謝謝Page Two出版社的絕佳團隊。這是我們第一次合作，大家都太棒了。想自己寫非小說類書籍嗎？我推薦你們找Page Two。除了整個團隊無比專業外，更重要的是，他們都是超好的人。Page Two出版社，謝謝！

附錄

實際上，標準普爾500（舊稱「綜合指數」）在1926年時只追蹤九十家公司的股票，到了1957年才追蹤五百家公司。所以以下列表在1920年至1926年的資料是基於當時美國九十大公司的表現。

表 A1　美國股市的十年滾動報酬率

期間	年均變化率	期間	年均變化率	期間	年均變化率	期間	年均變化率	期間	年均變化率
1920–1930	+15.40%	1939–1949	+7.68%	1958–1968	+12.40%	1977–1987	+14.47%	1996–2006	+9.23%
1921–1931	+13.98%	1940–1950	+9.02%	1959–1969	+10.18%	1978–1988	+15.55%	1997–2007	+8.04%
1922–1932	+6.84%	1941–1951	+12.81%	1960–1970	+8.0%	1979–1989	+15.80%	1998–2008	+6.05%
1923–1933	+2.95%	1942–1952	+16.59%	1961–1971	+7.60%	1980–1990	+17.04%	1999–2009	-1.89%
1924–1934	+6.98%	1943–1953	+16.29%	1962–1972	+7.10%	1981–1991	+14.06%	2000–2010	-0.72%
1925–1935	+4.13%	1944–1954	+13.95%	1963–1973	+9.54%	1982–1992	+17.26%	2001–2011	+1.14%

1926–1936	+5.77%	1945–1955	+16.42%	1964–1974	+5.45%	1983–1993	+15.85%	2002–2012	+2.84%
1927–1937	+7.88%	1946–1956	+16.04%	1965–1975	+0.77%	1984–1994	+14.80%	2003–2013	+6.86%
1928–1938	+0.53%	1947–1957	+18.28%	1966–1976	+2.95%	1985–1995	+13.97%	2004–2014	+6.96%
1929–1939-	1.34%	1948–1958	+16.76%	1967–1977	+5.78%	1986–1996	+15.02%	2005–2015	+7.91%
1930–1940-	0.15%	1949–1959	+19.49%	1968–1978	+3.52%	1987–1997	+14.31%	2006–2016	+7.09%
1931–1941	+1.42%	1950–1960	+19.11%	1969–1979	+3.25%	1988–1998	+17.82%	2007–2017	+6.93%
1932–1942	+6.36%	1951–1961	+15.55%	1970–1980	+5.95%	1989–1999	+18.56%	2008–2018	+9.15%
1933–1943	+8.77%	1952–1962	+16.31%	1971–1981	+8.02%	1990–2000	+18.41%	2009–2019	+12.97%
1934–1944	+6.49%	1953–1963	+13.53%	1972–1982	+6.33%	1991–2001	+17.81%	2010–2020	+13.40%
1935–1945	+9.38%	1954–1964	+15.50%	1973–1983	+6.45%	1992–2002	+12.99%	2011–2021	+13.72%
1936–1946	+8.12%	1955–1965	+12.85%	1974–1984	+10.68%	1993–2003	+9.62%		
1937–1947	+4.07%	1956–1966	+11.31%	1975–1985	+13.87%	1994–2004	+10.62%		
1938–1948	+8.70%	1957–1967	+9.60%	1976–1986	+13.21%	1995–2005	+11.46%		

資料來源：DQYDJ、標普500報酬率計算器[1]

表 A2　股票與債券的投資組合勝過通貨膨脹

五年滾動式週期	平均年報酬率：50%股票／50%債券	五年期平均通膨率	五年滾動式週期	平均年報酬率：50%股票／50%債券	五年期平均通膨率
1972–1976	+6.09%	+7.25%	1994–1998	+14.38%	+2.36%
1973–1977	+3.81%	+7.91%	1995–1999	+17.15%	+3.04%
1974–1978	+6.29%	+8.75%	1996–2000	+11.87%	+2.54%
1975–1979	+11.85%	+8.16%	1997–2001	+9.09%	+2.18%
1976–1980	+11.01%	+9.27%	1998-2002	+4.46%	+2.32%
1977–1981	+7.57%	+10.09%	1999–2003	+4.45%	+2.37%
1978–1982	+12.89%	+9.51%	2000–2004	+4.03%	+2.46%
1979–1983	+14.79%	+8.47%	2001–2005	+4.52%	+2.49%
1980–1984	+13.53%	+6.60%	2002–2006	+6.77%	+2.7%
1981–1985	+15.16%	+4.85%	2003–2007	+9.13%	+3.03%
1982–1986	+17.78%	+3.29%	2004–2008	+3.14%	+2.67%
1983–1987	+12.96%	+3.41%	2005–2009	+4.18%	+2.57%
1984–1988	+12.42%	+3.54%	2006–2010	+5.75%	+2.18%
1985–1989	+14.94%	+3.68%	2007–2011	+4.97%	+2.27%
1986–1990	+9.99%	+4.14%	2008–2012	+5.31%	+1.80%

1987–1991	+11.72%	+4.53%	2009–2013	+11.09%	+2.08%
1988–1992	+13.08%	+4.8%	2010–2014	+10.06%	+1.69%
1989–1993	+13.03%	+3.89%	2011–2015	+7.75%	+1.53%
1990–1994	+8.25%	+3.50%	2012–2016	+8.05%	+1.36%
1991–1995	+13.37%	+4.29%	2013–2017	+8.41%	+1.43%
1992–1996	+10.94%	+2.83%	2014–2018	+4.95%	+1.51%
1993–1997	+13.2%	+2.60%	2015–2019	+6.83%	+1.82%

年回報率與美國通膨狀態來源：portfoliovisualizer.com
注意：回報率是基於美元計算

資料來源

第 1 章　成功跟你想得不一樣

1. Leaf Van Boven and Thomas Gilovich, "To Do or to Have? That Is the Question," *Journal of Personality and Social Psychology* 85, 6 (2003), doi.org/10.1037/0022-3514.85.6.1193.

2. Sarah Bridges and Richard Disney, *Debt and Depression*, Centre for Finance and Credit Markets, working paper 06/ 02, September 23, 2005, nottingham.ac.uk/cfcm/documents/papers/06-02.pdf.

3. Stefan Lembo Stolba, "U.S. Auto Debt Grows to Record High Despite Pandemic," Experian, April 12, 2021, experian.com/blogs/ask-experian/research/auto-loan-debt-study/.

4. Norbert Schwarz and Jing Xu, "Why Don't We Learn from Poor Choices? The Consistency of Expectation, Choice, and Memory Clouds the Lessons of Experience," *Journal of Consumer Psychology* 21, 2 (2011), doi.org/10.1016/j.jcps. 2011.02.006.

5. Norbert Schwarz quoted in Bernie DeGroat, "Consumers Beware: In Reality, Luxury Cars Don't Make Us Feel Better," *Michigan News*, July 25, 2011, news.umich.edu/consumers-beware-in-reality-luxury-cars-dont-make-us-feel-better/.

6. Even most collector cars lose money when compared to inflation. For example, the 1965 Shelby Cobra sports car cost $7,500 when it was new. But in 2021, unless you could sell such a car for at least $62,622, the rising cost of living (inflation) would have outpaced the value of the car. See, for example, Terence W., "1965 Shelby Cobra 427 Roadster (Ultimate Guide)," SuperCars.net, supercars.net/blog/1965-shelby-cobra-427-roadster/#:~:text=races%20or%20shows.-,Pricing,1965%20was%20around%20%247%2C500%20USD.

7. Brittany Chang, "From Volkswagens to Paganis to the Humble Honda Accord, Here Are the Cars That 10 of the World's Wealthiest People Have Owned," *Business Insider*, August 2, 2019, businessinsider.com/cars-billionaires-drivewarren-buffett-elon-musk-mark-zuckerberg-2019-7#dustin-moskovitz-2.

8. Emmie Martin, "9 Billionaires Who Drive Cheap Hondas, Toyotas and Chevrolets," CNBC, August 21, 2018, cnbc.com/2018/08/21/9-billionaires-whostill-drive-cheap-hondas-toyotas-and-chevrolets.html.

9. The *Forbes* World's Billionaire's List is updated annually. You can find the most recent list here: forbes.com/billionaires/.

10. Sam Dogen, "The 1 /10th Rule for Car Buying Everyone Must Follow," *Financial Samurai*, updated May

28, 2021, financialsamurai.com/the-110th-rule-for-carbuying-everyone-must-follow/.

11. Michelle Higgins, "Homeownership, the Key to Happiness?" *New York Times*, July 12, 2013, nytimes. com/2013/07/14/realestate/homeownership-the-key-tohappiness.html.

12. Jenny Olson and Scott Rick, "A Penny Saved Is a Partner Earned: The Romantic Appeal of Savers," *SSRN Electronic Journal*, 2013 (revised September 2017), doi.org/10.2139/ssrn. 2281344.

第 2 章　你能不能拒絕高薪工作？

1. See, for example, Marsha Richin and Scott Dawson, "A Consumer Values Orientation for Materialism and Its Measurement: Scale Development and Validation," *Journal of Consumer Research* 19, 3 (1992), doi.org/10.1086 /209304; Jo-Ann Tsang et al., "Why Are Materialists Less Happy? The Role of Gratitude and Need Satisfaction in the Relationship between Materialism and Life Satisfaction," *Personality and Individual Differences* 64 (2014), doi.org/10.1016/j.paid. 2014.02.009; and Sabrina Helm et al., "Materialist Values, Financial and Pro-environmental Behaviors, and Well-Being," *Young Consumers* 20, 4 (2019), doi.org/10.1108/YC-10-2018-0867.

2. Andrew T. Jebb et al., "Happiness, Income Satiation, and Turning Points around the World," *Nature Human Behaviour* 2, 1 (2018), doi.org/10.1038/s41562-017-0277-0.

3. See, for example, Glenn Firebaugh and Matthew B. Schroeder, "Does Your Neighbor's Income Affect Your Happiness?" *American Journal of Sociology* 115, 3(2009), doi.org/10.1086 /603534.

4. Michael Daly et al., "A Social Rank Explanation of How Money Influences Health," *Health Psychology* 34, 3 (2015), doi.org/10.1037/hea0000098.

5. See, for example, Sumit Agarwal et al., "Peers' Income and Financial Distress: Evidence from Lottery Winners and Neighboring Bankruptcies," *Review of Financial Studies* 33, 1 (2020), doi.org/10.1093/rfs/hhz047.

6. Sarah Hansen, "Warren Buffett Gives Another $2.9 Billion to Charity," *Forbes*, July 8, 2020, forbes.com/sites/sarahhansen/2020/07/08/warren-buffett-givesanother-29-billion-to-charity/?sh=4e1f09343544.

7. Erika Sandow, "Til Work Do Us Part: The Social Fallacy of Long-Distance Commuting," *Urban Studies* 51, 3 (2014), doi.org/10.1177/ 0042098013498280.

8. Annette Schaefer, "Commuting Takes Its Toll," *Scientific American*, October 1, 2005, doi.org/10.1038/scientificamericanmind1005-14.

第 3 章　財富自由的再思考

1. Brene Brown, *Daring Greatly: How the Courage to Be Vulnerable Transforms the Way We Live, Love, Parent, and Lead* (New York: Gotham Books, 2012).

2. Liz Mineo, "Harvard Study, Almost 80 Years Old, Has Proved That Embracing Community Helps

Us Live Longer, and Be Happier," *Harvard Gazette*, April 11, 2017, news.harvard.edu/gazette/story/2017/04/over-nearly-80-years-harvardstudy-has-been-showing-how-to-live-a-healthy-and-happy-life/. See also the Harvard Study of Adult Development's website: adultdevelopmentstudy.org.

3.　Research summarized in Jim Deegan, "How a Tiny Pennsylvania Town Held the Secrets to Long Life," *Lehigh Valley Live*, updated January 2, 2019, lehighvalleylive.com/slate-belt/2016/01/roseto_effect_carmen_ruggiero.html#:~:text=Stewart%20Wolf%2C%20studied%20the%20effect,of%20Roseto%20at%20the%20time.

4.　Dan Buettner, "Power 9: Reverse Engineering Longevity," *Blue Zones* (blog), bluezones.com/2016/11/power-9/.

5.　Brenda Egolf et al., "The Roseto Effect: A 50-Year Comparison of Mortality Rates," *American Journal of Public Health* 82, 2 (1992), doi.org/10.2105/ajph. 82.8.1089.

6.　"Blue Zones Project Results: Beach Cities, CA," *Blue Zones* (blog), bluezones.com/blue-zones-project-results-beach-cities-ca/#section-1. Learn more about Dan Buettner on his *Blue Zones* blog at bluezones.com/dan-buettner/. You can find information about his Blue Zones book series at bluezones.com/books/.

7.　Bronnie Ware, *The Top Five Regrets of the Dying: A Life Transformed by the Dearly Departing* (Carlsbad, CA: Hay House, 2012).

8.　David G. Blanchflower, "Is Happiness U-shaped Everywhere? Age and Subjective Well-Being in 132 Countries," National Bureau of Economic Research, working paper 26641, January 2020, doi.org/10.3386/w26641.

9.　Hanna Krasnova et al., "Envy on Facebook: A Hidden Threat to Users' Life Satisfaction?" paper presented at the 11th International Conference on Wirtschaftsinformatik, Leipzig, Germany, February 2013, doi.org/10.7892/BORIS. 47080.

10.　Jonathan Rauch, *The Happiness Curve: Why Life Gets Better after 50* (New York: Thomas Dunne Books, 2018).

11.　Lucy Rock, "Life Gets Better after 50: Why Age Tends to Work in Favour of Happiness," *The Guardian*, May 5, 2018, theguardian.com/lifeandstyle/2018/may/05/happiness-curve-life-gets-better-after-50-jonathan-rauch.

12.　Tammy English and Laura L. Carstensen, "Selective Narrowing of Social Networks across Adulthood Is Associated With Improved Emotional Experience in Daily Life," *International Journal of Behavioral Development* 38, 2 (2014), doi.org/10.1177/ 0165025413515404.

13.　Lara B. Aknin et al., "Does Spending Money on Others Promote Happiness? A Registered Replication Report," *Journal of Personality and Social Psychology* 119, 2(2020), doi.org/10.1037/pspa0000191.

14.　Lara B. Aknin et al., "Prosocial Spending and Well-Being: Cross-Cultural Evidence for a Psychological Universal," *Journal of Personality and Social Psychology* 104, 4 (2013), doi.org/10.1037/a0031578.

15.　Elizabeth Dunn and Michael Norton, *Happy Money: The Science of Happier Spending* (New York: Simon & Schuster, 2013).

16. Elizabeth Dunn, "Helping Others Makes Us Happier—but It Matters How We Do It," TED2019, April 2019, 14:20, ted.com/talks/elizabeth_dunn_helping_others_makes_us_happier_but_it_matters_how_we_do_it?language=en.

17. Marta Zaraska, *Growing Young: How Friendship, Optimism, and Kindness Can Help You Live to 100* (Vancouver: Appetite by Penguin Random House, 2020).

18. Ashley V. Whillans et al., "Is Spending Money on Others Good for Your Heart?" *Health Psychology* 35, 6 (2016), doi.org/10.1037/hea0000332.

19. Zaraska, *Growing Young.*

20. David L. Roth et al., Family Caregiving and All-Cause Mortality: Findings from a Population-Based Propensity-Matched Analysis," *American Journal of Epidemiology* 178, 10 (2013), doi.org/10.1093/aje/kwt225.

21. Sonja Hilbrand et al., "Caregiving within and beyond the Family Is Associated With Lower Mortality for the Caregiver: A Prospective Study," *Evolution and Human Behavior* 38, 3 (2017), doi.org/10.1016/j.evolhumbehav.2016.11.010.

22. Kurt Gray, "Moral Transformation: Good and Evil Turn the Weak into the Mighty," *Social Psychological and Personality Science* 1, 3 (2010), doi.org/10.1177 /1948550610367686.

第 4 章　像真正的有錢人一樣思考

1. Shawn Achor, *The Happiness Advantage: How a Positive Brain Fuels Success in Work and Life* (New York: Currency, 2010).

2. "Real Median Household Income in the United States," Economic Research, Federal Reserve Bank of St. Louis, fred.stlouisfed.org/series/MEHOINUSA672N.

3. US General Social Survey data summarized in Christopher Ingraham, "Americans Are Getting More Miserable and There's Data to Prove It,"*Washington Post*, March 22, 2019, washingtonpost.com/business/2019/03/22/americans-aregetting-more-miserable-theres-data-prove-it/.

4. Alexandria White, "Alaskans Carry the Highest Credit Card Balance—Here's the Average Credit Card Balance in Every State," CNBC, updated July 8, 2021, cnbc.com/select/average-credit-card-balance-by-state/#:~:text=On%20average%2C%20Americans%20carry%20%246% 2C194,2019%20Experian%20Consumer%20Credit%20Review.

5. Colin McClelland, "Canadians Racked Up $100 Billion in Credit Card Debt for First Time Ever and They're Not Done Adding to It," *Financial Post*, December 9, 2019, financialpost.com/news/economy/canadians-racked-up-100-billion-incredit-card-debt-for-first-time-ever-and-theyre-not-done-adding-to-it.

6. Gordon Isfeld, "Canadians' Household Debt Climbs to Highest in G7 in World-Beating Borrowing Spree," *Financial Post*, updated March 16, 2018, financialpost.com/investing/outlook/canadians-household-debt-highest-in-g7-with-crunch-on-brink-of-historic-levels-pbo-warns.

7. Mark J. Perry, "New US Homes Today Are 1,000 Square Feet Larger Than in 1973 and Living Space Per Person Has Nearly Doubled," *AEIdeas*, American Enterprise Institute, June 5, 2016, aei.org/carpe-diem/new-us-homes-todayare-1000-square-feet-larger-than-in-1973-and-living-space-per-person-hasnearly-doubled/.

8. Alexandre Tanzi, "Millions of U.S. Homeowners Still Under Water on Mortgages," *Bloomberg*, May 29, 2018, bloomberg.com/news/articles/2018-05-29/millions-ofu-s-homeowners-still-under-water-on-mortgages.

9. Morgan Housel, *The Psychology of Money: Timeless Lessons on Wealth, Greed, and Happiness* (Petersfield, Hampshire, UK: Harriman House, 2020); Phil LeBeau, "Auto Loan Payments Soared to Yet Another Record in the First Quarter," CNBC, June 9, 2020, cnbc.com/2020/06/09/auto-loan-payments-soared-to-yetanother-record-in-the-first-quarter.html.

10. "Vancouver Real Estate Trends," Zolo, zolo.ca/vancouver-real-estate/trends.

11. *Survey of Financial Security, 2019*, Statistics Canada, released December 12, 2020, www150.statcan.gc.ca/n1/daily-quotidien/201222/dq201222b-eng.htm.

12. *Vancouver: City Social Indicators Profile 2020*, Social Policy and Projects, City of Vancouver, updated October 2, 2020, vancouver.ca/files/cov/social-indicatorsprofile-city-of-vancouver.pdf.

13. Thomas J. Stanley, *Stop Acting Rich: . . . And Start Living Like a Real Millionaire*(Hoboken, NJ: John Wiley & Sons, 2009).

14. Thomas J. Stanley and Sarah Stanley Fallaw, *The Next Millionaire Next Door: Enduring Strategies for Building Wealth* (Guilford, CT: Lyons Press, 2018).

15. Thomas J. Stanley as cited in Richard Buck, "Doctors Found to Be among the Biggest Spenders," *Seattle Times*, October 3, 1992, archive.seattletimes.com/archive/?date=19921003&slug=1516364.

16. Chris Dudley, "Money Lessons Learned from Pro Athletes' Financial Fouls," CNBC, updated May 15, 2018, cnbc.com/2018/05/14/money-lessons-learnedfrom-pro-athletes-financial-fouls.html.

17. Alec Fenn, "Why Do So Many Footballers End Up Broke? FourFourTwo Investigates . . ." *FourFourTwo*, September 18, 2017, fourfourtwo.com/features/why-do-so-many-footballers-end-broke-fourfourtwo-investigates.

18. See Summer Allen, *The Science of Gratitude*, white paper prepared for the John Templeton Foundation by the Greater Good Science Center at UC Berkeley, May 2018, ggsc.berkeley.edu/images/uploads/GGSC-JTF_White_Paper-Gratitude-FINAL.pdf?_ga=2.142441970.159432767.1620680622-458849061.1620680622.

19. Joshua Brown and Joel Wong, "How Gratitude Changes You and Your Brain," *Greater Good Magazine*, June 6, 2017, greatergood.berkeley.edu/article/item/how_gratitude_changes_you_and_your_brain. See also their study: Y. Joel Wong et al., "Does Gratitude Writing Improve the Mental Health of Psychotherapy Clients? Evidence from a Randomized Controlled Trial," *Psychotherapy Research* 28, 2 (2018), doi.org/10.1080/ 10503307.2016.1169332.

20. Jason Marsh, "Tips for Keeping a Gratitude Journal," *Greater Good Magazine*, November 17, 2011, greatergood.berkeley.edu/article/item/tips_for_keeping_a_gratitude_journal.

第 5 章　價值百萬的消費決定

1.　Andrew Hallam, "Why Buying New Cars Over Used Is a Million Dollar Decision," AssetBuilder.com, September 12, 2019, assetbuilder.com/knowledge-center/articles/why-buying-new-cars-over-used-is-a-million-dollar-decision.

2.　Andrew Hallam, "Leasing Cars Instead of Buying Used Could Be a $1 Million Decision," AssetBuilder.com, August 1, 2016, assetbuilder.com/knowledge-center/articles/leasing-cars-instead-of-buying-used-could-be-a-1-million-decision.

3.　Jack F. Hollis et al., "Weight Loss during the Intensive Intervention Phase of the Weight-Loss Maintenance Trial," *American Journal of Preventive Medicine* 35, 2 (2008), doi.org/10.1016/j.amepre.2008.04.013.

第 6 章　廁所中的市場

1.　"Dow 30," Value Line Investment Survey, research.valueline.com/research#list=dow30&sec=list.

2.　Robb B. Rutledge et al., "A Computational and Neural Model of Momentary Subjective Well-Being," *PNAS* 111, 33 (2014), doi.org/10.1073/pnas. 1407535111.

3.　Morningstar is a subscription-based service. All the data and information I cite comes via that service.

4.　S&P 500 Return Calculator, with Dividend Reinvestment, DQYDJ:dqydj.com/sp-500-return-calculator/.

5.　Stingy Investor Asset Mixer: ndir.com/cgi-bin/downside_adv.cgi.

6.　"Vanguard Portfolio Allocation Models," Vanguard, investor.vanguard.com/investing/how-to-invest/model-portfolio-allocation.

7.　Bankrate's "Current CD Rates" are continuously updated here: bankrate.com/banking/cds/current-cd-interest-rates/.

8.　Portfolio Visualizer is a subscription-based tool.

第 7 章　投資，為什麼不該讓專業的來？

1.　John C. Bogle, "The Arithmetic of 'All-In' Investment Expenses," *Financial Analysts Journal* 70, 1 (2014), doi.org/10.2469/faj.v70.n1.1.

2.　William F. Sharpe, "The Arithmetic of Active Management," *Financial Analysts Journal* 47, 1 (1991), web.stanford.edu/~wfsharpe/art/active/active.htm.

3.　You can browse salary levels for different professions in the United States using the US Bureau of Labor Statistics' Occupational Outlook Handbook tool: bls.gov/ooh/.

4.　Esteban Ortiz-Ospina et al., *Time Use*, Our World in Data, 2020, ourworldindata. org/time-use.

5. S&P Dow Jones Indices, SPIVA, Results by Region: spindices.com/spiva/#/reports.

6. Berlinda Liu and Gaurav Sinha, "SPIVA Canada Year-End 2020," S&P Dow Jones Indices, March 18, 2021, spglobal.com/spdji/en/spiva/article/spiva-canada.

7. Berlinda Liu and Gaurav Sinha, "U.S. Persistence Scorecard Year-End 2020," S&P Dow Jones Indices, May 11, 2021, spglobal.com/spdji/en/spiva/article/us-persistence-scorecard.

8. Srikant Dash and Rosanne Pane, "Standard & Poor's Indices versus Active Funds Scorecard, Year End 2008," Standard & Poor's, April 20, 2009, spglobal.com/spdji/en/documents/spiva/spiva-us-year-end-2008.pdf.

9. David H. Bailey et al., "Evaluation and Ranking of Market Forecasters," *SSRN*, revised July 22, 2017, doi.org/10.2139/ssrn. 2944853.

10. Ken Fisher, *Markets Never Forget (but People Do): How Your Memory Is Costing You Money and Why This Time Isn't Different* (Hoboken, NJ: John Wiley & Sons, 2012); updated unemployment figures (post-2011) came from Trading Economics, using data from the US Bureau of Labor Statistics: tradingeconomics.com/united-states/unemployment-rate.

11. John Cassidy, "Mastering the Machine," *New Yorker*, July 18, 2011, newyorker.com/magazine/2011/07/25/mastering-the-machine.

12. Andrew Hallam, "The Naked Emperors Cost Investors Billions," Asset-Builder.com, August 1, 2019, assetbuilder.com/knowledge-center/articles/these-naked-emperors-cost-investors-billions.

13. "Scion Asset Management, LLC—Investor Performance," Fintel, fintel.io/ip/scion-asset-management-llc.

14. Reed Stevenson, "*The Big Short's* Michael Burry Explains Why Index Funds Are Like Subprime CDOs," *Bloomberg*, September 4, 2019, bloomberg.com/news/articles/2019-09-04/michael-burry-explains-why-index-funds-are-likesubprime-cdos.

15. Dash and Pane, "Standard & Poor's Indices versus Active Funds Scorecard, Year End 2008."

16. James J. Rowley et al., *Setting the Record Straight: Truths about Indexing*, Vanguard Investments Research, March 2018, vanguardcanada.ca/documents/truth-aboutindexing-en.pdf.

17. "Garzarelli to Liquidate Her 6-Month-Old Fund," *Los Angeles Times*, November 6, 1997, latimes.com/archives/la-xpm-1997-nov-06-fi-50727-story.html.

18. Dan Dorfman, "Go-Go Guru Is Bullish on 2008," *New York Sun*, December 7, 2007, nysun.com/business/go-go-guru-is-bullish-on-2008/67694/.

19. Andrew Hallam, "Why *The Big Short's* Michael Burry Is Wrong about Index Funds," AssetBuilder.com, September 18, 2019, assetbuilder.com/knowledge-center/articles/why-the-big-shorts-michael-burry-is-wrong-about-index-funds.

20. Brian Chappatta, "Meredith Whitney Was Flat-Out Wrong about Municipal Bonds," *Bloomberg*, October 30, 2018, bloomberg.com/opinion/articles/2018-10-30/meredith-whitney-was-flat-out-wrong-about-municipal-bonds.

21. The twelve topics are known collectively as the Financial Planning Body of Knowledge (FP-BoK), FP

Canada, fpcanada.ca/bok; one topic is Investment Styles: fpcanada.ca/en/bok/bok-statement?topicUrl=investments&articleUrl=investment-styles.

22. Juhani T. Linnainmaa et al., "The Misguided Beliefs of Financial Advisors," *Journal of Finance* 76, 2 (2021), doi.org/10.1111/jofi. 12995.

第 8 章　設定好就忘記的不干預投資法

1. Kathleen D. Vohs, "Money Priming Can Change People's Thoughts, Feelings, Motivations, and Behaviors: An Update on 10 Years of Experiments," *Journal of Experimental Psychology* 144, 4 (2015), doi.org/10.1037/xge0000091.

2. Myles Udland, "Fidelity Reviewed Which Investors Did Best and What They Found Was Hilarious," *Business Insider*, September 4, 2014, businessinsider.com/forgetful-investors-performed-best-2014-9.

3. Andrew Hallam, "Seven-Year Old Investor Beats Harvard's Endowment Fund," AssetBuilder.com, March 15, 2018, assetbuilder.com/knowledge- center/articles/seven-year-old-investor-beats-harvards-endowment- fund.

4. "Number of Exchange Traded Funds (ETFs) in the United States from 2003 to 2020," Statista, February 18, 2021, statista.com/statistics/350525/numberetfs-usa/. Statista reports 2,204 ETFs in the United States in 2020.

5. Barry Schwartz, *The Paradox of Choice: Why More Is Less—How the Culture of Abundance Robs Us of Satisfaction* (New York: Harper Perennial, 2004). See also Schwartz's TED Talk, "The Paradox of Choice," TED Global 2005, 19:24, ted.com/talks/barry_schwartz_the_paradox_of_choice? language=en#t-505374.

6. Adam Grant, *Give and Take: A Revolutionary Approach to Success* (New York: Viking, 2013).

7. Aye M. Soe, "Does Past Performance Matter? The Persistence Scorecard," S&P Dow Jones Indices, June 2014, spglobal.com/spdji/en/documents/spiva/persistence-scorecard-june-2014.pdf.

8. *Barron's* Top 100 Financial Advisors is updated annually. You can find the most recent list here: barrons.com/report/top-financial-advisors/100.

9. In the United States, check an advisor's Form AD V on the SEC's Investment Adviser Public Disclosure website: adviserinfo.sec.gov/.

10. In the United States, check an advisor's history with regulatory organizations on the North American Securities Administrators Association (NASAA) website: nasaa.org/.

11. In Canada, check an advisor's history on the Investment Industry Regulatory Organization of Canada (IIROC) website: iiroc.ca/.

12. In the United Kingdom, check an advisor's or firm's history on Financial Conduct Authority's (FCA's) services register: register.fca.org.uk/s/.

13. Eugene F. Fama and Kenneth R. French, "A Five-Factor Asset Pricing Model," Fama-Miller Working Paper, *SSRN*, doi.org/10.2139/ssrn. 2287202.

14. Jeffrey Ptak, "Success Story: Target-Date Fund Investors," Morningstar, February 19, 2018, morningstar. com/articles/850872/success-story- targetdatefund-investors.

15. "Vanguard Target Retirement Funds," Vanguard, investor.vanguard.com/mutual-funds/target-retirement/#/.

16. Find more information on BlackRock's website at blackrock.com/ca.

17. "New Vanguard ETFs Offer Diversified Portfolios in One Trade," Vanguard Australia, vanguardinvestments.com.au/au/portal/articles/insights/mediacentre/new-vanguard-etfs.jsp.

18. Find more information on the Vanguard UK website: vanguardinvestor.co.uk/.

19. Find more information on You &Yours Financial's website: youandyoursfinancial.com/.

第 9 章　讓你堅持到底的投資組合

1. "Vanguard Portfolio Allocation Models," Vanguard, investor.vanguard.com/investing/how-to-invest/model-portfolio-allocation.

2. "FIRE (Financial Independence, Retire Early)," TechTarget, whatis.techtarget.com/definition/FIRE-Financial-Independence-Retire-Early.

3. William Bernstein, *If You Can: How Millennials Can Get Rich Slowly* (Efficient Frontier Publications, 2014). You can access the booklet for free on Bernstein's website: efficientfrontier.com/ef/0adhoc/ifyoucan.pdf.

4. Warren Buffett, "1997 Chairman's Letter," February 27, 1998, berkshirehathaway.com/letters/1997.html.

5. Chelsea Brennan, "I Spent 7 Years Working in Finance and Managed a $1.3 Billion Portfolio—Here Are the 5 Best Pieces of Investing Advice I Can Give You," *Business Insider*, October 5, 2018, businessinsider.com/money-investing-adviceformer-hedge-fund-manager-2018-10#index-fund-investing-is-the-easiest-wayto-win.

6. Jeff Berman, "Report of Retirees Fleeing Market Due to Coronavirus Was Greatly Exaggerated," ThinkAdvisor, June 22, 2020, thinkadvisor.com/2020/06/22/report-of-retirees-fleeing-market-due-to-coronavirus-was-greatly-exaggerated/.

7. You can test out Vanguard's Retirement Nest Egg Calculator here: retirement plans.vanguard.com/VGApp/pe/pubeducation/calculators/RetirementNestEggCalc.jsf.

8. Brad M. Barber and Terrance Odean, "Boys Will Be Boys: Gender, Overconfidence, and Common Stock Investment," *Quarterly Journal of Economics* 116, 1(2001), doi.org/10.2139/ssrn. 139415.

9. Ibid.

10. "Fidelity Investments Survey Reveals Only Nine Percent of Women Think They Make Better Investors Than Men, Despite Growing Evidence to the Contrary," press release, Fidelity Investments, May 18, 2017, fidelity.com/about-fidelity/individual-investing/better-investor-men-or-women.

11. Tracie McMillion and Veronica Willis, *Women and Investing: Building on Strengths*, Wells Fargo Investment Institute, January 2019, https://www08.wellsfargomedia.com/assets/pdf/personal/investing/invest-

ment-institute/women-andinvesting-ADA .pdf.

12. "Are Women Better Investors Than Men?" Warwick Business School, June 28, 2018, wbs.ac.uk/news/are-women-better-investors-than-men/.

13. Allison Chin-Leong, "Why Women Make Great Investors," Wells Fargo, July 25, 2017, stories.wf.com/women-make-great-investors/.

14. Yan Lu and Melvyn Teo, "Do Alpha Males Deliver Alpha? Facial Width-to-Height Ratio and Hedge Funds," *Journal of Finance and Quantitative Analysis*, revised December 15, 2020, doi.org/10.2139/ssrn.3100645.

第 10 章　搶救地球的投資與消費習慣

1. Samuel M. Hartzmark Zand Abigail B. Sussman, "Do Investors Value Sustainability? A Natural Experiment Examining Ranking and Fund Flows," *Journal of Finance* 74, 6 (2019), doi.org/10.1111/jofi. 12841.

2. Michael Schroder, "Is There a Difference? The Performance Characteristics of SRI Equity Indices," *Journal of Business Finance & Accounting* 24, 1–2 (2007), doi.org/10.1111/j. 1468-5957.2006.00647.x.

3. "Thematic Investing: Sustainable," Fidelity Investments, fidelity.com/mutualfunds/investing-ideas/socially-responsible-investing.

4. Explore sustainable iShares ETFs on BlackRock's website: blackrock.com/ca/investors/en/products/product-list#!type=ishares&style=All&fst=50586&view=perfNav.

5. See Andrew Hallam, "Are Canadians Wasting Billions on Currency-Hedged ETFs?" *Globe and Mail*, updated September 8, 2020, theglobeandmail.com/featured-reports/article-are-canadians-wasting-billions-on-currencyhedged-etfs/.

6. Visit Vanguard Australia's website here: vanguard.com.au.

7. Kirk Warren Brown and Tim Kasser, "Are Psychological and Ecological Well-Being Compatible? The Role of Values, Mindfulness, and Lifestyle," *Social Indicators Research* 74 (2005), doi.org/10.1007/s11205-004-8207-8.

8. Josephine Moulds, "Costa Rica Is One of the World's Happiest Countries. Here's What It Does Differently," World Economic Forum, January 31, 2019, https://www.weforum.org/agenda/2019/01/sun-sea-and-stable-democracywhat-s-the-secret-to-costa-rica-s-success/.

9. Mary Jo DiLonardo, "Costa Rica Has Doubled Its Forest Cover in the Last 30 Years," Treehugger, updated May 24, 2019, mnn.com/earth-matters/wilderness-resources/blogs/costa-rica-has-doubled-its-forest-coverlast-30-years.

10. "Costa Rica Unveils Plan to Achieve Zero Emissions by 2050 in Climate Change Fight," *The Guardian*, February 25, 2019, theguardian.com/world/2019/feb/25/costa-rica-plan-decarbonize-2050-climate-change-fight.

11. Valerie Volcovici, "Americans Demand Climate Action (as long as It Doesn't Cost Much): Reuters Poll,"

Reuters, June 26, 2019, reuters.com/article/us-usa-election-climatechange-idUSKCN1TR15W.

12. Annie Leonard, "The Story of Stuff," YouTube, April 22, 2009, 21:16, youtube.com/watch?v=9Gorqroi-gqM.

13. Victor Lebow quoted in David Suzuki, "Consumer Society No Longer Serves Our Needs," David Suzuki Foundation, January 11, 2018, davidsuzuki.org/story/consumer-society-no-longer-serves-needs/#:~:text=Retailing%20analyst%20Victor%20Lebow%20famously,our%20ego%20satisfaction%20in%2.

14. Sabrina Helm et al., "Materialist Values, Financial and Pro-environmental Behaviors, and Well-Being," *Young Consumers* 20, 4 (2019), doi.org/10.1108/YC-10- 2018-0867.

15. Countries with Biocapacity Reserve vs. Countries with Biocapacity Deficit(interactive map), Global Footprint Network, data.footprintnetwork.org/?_ga=2.75676629.1953053049.1607448135-275758098.1607448135&_gac=1.2662.

16. Xiaoqian Gao and Hong-Sheng Wang, "Impact of Bisphenol A on the Cardiovascular System—Epidemiological and Experimental Evidence and Molecular Mechanisms," *International Journal of Environmental Research and Public Health* 11, 8 (2014), doi.org/10.3390/ijerph110808399.

17. "Ethylene Oxide," National Cancer Institute at the National Institutes of Health, updated December 28, 2018, cancer.gov/about-cancer/causes-prevention/risk/substances/ethylene-oxide.

18. Joe Schwarcz, "Pollution from Incinerators," McGill Office for Science and Society, March 20, 2017, mcgill.ca/oss/article/science-science-everywhere/pollution-incinerators#:~:text=Incinerators%20may%20reduce%20the%20volume,toxic%20chemicals%20known%20to%20science.

19. Annie Leonard (interview with Patty Satalia), "Annie Leonard: The Story of Stuff—Conversations," YouTube, November 6, 2010, 56:51, youtube.com/watch?v=P5BcJb3BBz8.

20. Tara Shine, *How to Save Your Planet One Object at a Time* (London, UK: Simon & Schuster, 2020).

21. Rebecca Hersher and Allison Aubrey, "To Slow Global Warming, U.N. Warns Agriculture Must Change," NPR's *The Salt*, August 8, 2019, npr.org/sections/thesalt/2019/08/08/748416223/to-slow-global-warming-u-n-warns-agriculturemust-change.

22. "Teapigs Awarded Plastic-Free Trust Mark," *Tea and Coffee Trade Journal*, May 17, 2018, teaandcoffee.net/news/19760/teapigs-awarded- plastic-freetrust-mark/#:~:text=Teapigs%20tea%20brand%20is%20the,temples%20have%20always%20been%20biodegradable.'

23. "Coffee Consumption Worldwide from 2012/ 13 to 2020 /21," Statista, January 2021, statista.com/statistics/292595/global-coffee-consumption/.

24. *Assessment of Fairtrade Coffee Farmers' Income: Rwanda, Tanzania, Uganda, Kenya, India, Indonesia and Vietnam*, Fairtrade International and True Price, August 2017, https://files.fairtrade.net/standards/2017-08_At_a_Glance_Assessment_coffee_household_income_updated.pdf.

25. "Per Capita Consumption of Bottled Water Worldwide in 2018," Statista, July 2019, statista.com/statistics/183388/per-capita-consumption-of-bottled-waterworldwide-in-2009/#:~:text=In%20 2018%2C%20Mexico%20and%20Thailand,capita%20consumption%20in%20that%20year.

26. Annie Leonard, "The Story of Bottled Water: Fear, Manufactured Demand and a $10,000 Sandwich," *HuffPost*, updated December 6, 2017, huffpost.com/entry/the-story-of-bottled-wate_b_507942.

27. Paul L. Younger, *Water: All That Matters* (London, UK: Quercus, 2012); Younger quoted in "Bottled Water Is More Dangerous Than Tap Water," *Business Insider*, January 2, 2013, businessinsider.com/bottled-water-is-more-dangerousthan-tap-water-2013-1.

28. "Taste Test: Is Bottled Water Better Than Tap?" *CTV News Atlantic*, March 22, 2012, atlantic.ctvnews.ca/taste-test-is-bottled-water-better-than-tap-1.785329.

29. Eric Teillet et al., "Consumer Perception and Preference of Bottled and Tap Water," *Journal of Sensory Studies* 25, 3 (2010), doi.org/10.1111/j. 1745-459X.2010.00280.x.

30. Annie Leonard, "The Story of Bottled Water," YouTube, March 17, 2010, 8:04, youtube.com/watch?v=Se12y9hSOM0.

31. Laura Parker, "A Whopping 91 Percent of Plastic Isn't Recycled," *National Geographic*, July 5, 2019, nationalgeographic.org/article/whopping-91-percentplastic-isnt-recycled/#:~:text=Of%20the%208.3%20 billion%20metric,the%20natural%20environment%20as%20litter.

32. Lynette Cheah et al., "Manufacturing-Focused Emissions Reductions on Footwear Production," *Journal of Cleaner Production* 44 (2013), doi.org/10.1016/j.jclepro. 2012.11.037.

33. *The Life Cycle of a Jean: Understanding the Environmental Impact of a Pair of Levi's 501 Jeans*, Levi Strauss & Co., 2015, levistrauss.com/wp-content/uploads/2015/03/Full-LCA-Results-Deck-FINAL.pdf.

34. "UN Alliance for Sustainable Fashion Addresses Damage of 'Fast Fashion,'" press release, UN Environment Programme, March 14, 2019, unenvironment.org/news-and-stories/press-release/un-alliance-sustainable-fashionaddresses-damage-fast-fashion.

35. Ibid.

36. Nathalie Remy et al., "Style That's Sustainable: A New Fast-Fashion Formula," McKinsey & Company, October 20, 2016, mckinsey.com/business-functions/sustainability/our-insights/style-thats-sustainable-a-new-fast-fashion-formula.

37. Francesca Street, "What Happened on the Qantas Flight to Nowhere," CNN, October 12, 2020, cnn.com/travel/article/qantas-flight-to-nowhere-passengerexperience/index.html.

38. Rachel Hosie, "Singapore Airlines Has Cancelled Its Proposed 'Flights to Nowhere' after Criticism from Environmental Campaigners," *Business Insider*, October 1, 2020, insider.com/singapore-airlines-drops-flights-to-nowhereafter-environmental-concerns-2020-10.

39. Tatiana Schlossberg, "Flying Is Bad for the Planet. You Can Help Make It Better," *New York Times*, July 27, 2017, nytimes.com/2017/07/27/climate/airplanepollution-global-warming.html.

40. Chris Jones quoted in "Is It More Environmentally Friendly to Drive a Used Car or a Tesla? The Answer Might Surprise You," Gumtree, July 10, 2018, blog.gumtree.com.au/environmentally-friendly-used-car-tesla/.

41. Jennifer Dunn quoted in David Common and Jill English, "Electric Vehicles Are Supposed to Be Green,

but the Truth Is a Bit Murkier," CBC News, December 29, 2019, cbc.ca/news/technology/ev-electric-ve-hicle-carbon-footprint-1.5394126.

42. Fossil Fuels: What Share of Electricity Comes from Fossil Fuels? (interactive map), Our World in Data, 2020, ourworldindata.org/electricity-mix#fossil-fuels-whatshare-of-electricity-comes-from-fossil-fuels.

43. "Electricity Facts," Government of Canada, updated October 6, 2020, nrcan.gc.ca/science-data/data-analysis/energy-data-analysis/energy-facts/electricity-facts/20068.

44. "Environmental Impacts of Hydro Power," Environment and Climate Change Canada, updated March 30, 2010, energybc.ca/cache/runofriver/www.ec.gc.ca/energie-energy/defaultc410.html#:~:text=In%20 addition%20to%20methane%2C%20hydropower,disrupting%20the%20natural%20river%20flows.

45. See, for example, Sarah Gardner and Dave Albee, "Study Focuses on Strategies for Achieving Goals, Resolutions," press release 266, Dominican University of California, February 2, 2015, scholar.dominican. edu/news-releases/266/; more about Dr. Gail Matthews' study can be found here: dominican.edu/sites/default/files/2020-02/gailmatthews-harvard-goals-researchsummary.pdf.

第 11 章　投資下一代，讓他們贏

1. Amy Chua, *Battle Hymn of the Tiger Mother* (New York: Penguin, 2011).

2. The Braun Research poll and University of Minnesota study are discussed in Jennifer Breheny Wallace, "Why Children Need Chores," *Wall Street Journal*, March 13, 2015, wsj.com/articles/why-children-need-chores-1426262655; more on the U of M study can be found in "Involving Children in Household Tasks: Is It Worth the Effort?" University of Minnesota College of Education and Human Development, revised May 8, 2013, ww1.prweb.com/prfiles/2014/02/22/11608927/children-with-chores-at-home-University-of-Minnesota.pdf.

3. G.E. Vaillant and C.O. Vaillant, "Natural History of Male Psychological Health, X: Work as a Predictor of Positive Mental Health," *American Journal of Psychiatry* 138, 11 (1981), doi.org/10.1176/ajp. 138.11.1433.

4. Julie Lythcott-Haims, *How to Raise an Adult: Break Free of the Overparenting Trap and Prepare Your Kid for Success* (New York: Henry Holt and Company, 2015).

5. Philip Zimbardo and Nikita D. Coulombe, *Man, Interrupted: Why Young Men Are Struggling & What We Can Do about It* (Newburyport, MA: Conari Press, 2016).

6. Vicky Rideout, *The Common Sense Consensus: Media Use by Teens and Tweens*, Common Sense Media, 2015, commonsensemedia.org/sites/default/files/uploads/research/census_researchreport.pdf.

7. Daniel Goleman, *Social Intelligence: The New Science of Human Relationships* (New York: Bantam Books, 2006).

8. Damon E. Jones et al., "Early Social-Emotional Functioning and Public Health: The Relationship between Kindergarten Social Competence and Future Wellness," *American Journal of Public Health* 105, 11 (2015), doi.org/10.2105/AJPH. 2015.302630.

9. Nick Bilton, "Steve Jobs Was a Low-Tech Parent," *New York Times*, September 10, 2014, nytimes.com/2014/09/11/fashion/steve-jobs-apple-was-a-low-techparent.html?_r=0.

10. Anna Attkisson, Teaching Kids about Money: An Age-by-Age Guide," *Parents*, updated March 31, 2021, parents.com/parenting/money/family-finances/teaching-kids-about-money-an-age-by-age-guide/.

11. Walter Mischel, *The Marshmallow Test: Mastering Self-Control* (New York: Little, Brown Spark, 2014).

12. Denise Appleby, "IRA Contributions: Deductions and Tax Credits," Investopedia, updated June 28, 2021, investopedia.com/articles/retirement/05/022105.asp.

13. "Junior ISA," Vanguard UK, vanguardinvestor.co.uk/investing-explained/stocks-shares-junior-isa; "Junior SIPP," Fidelity International, fidelity.co.uk/junior-sipp/.

14. Malcolm Gladwell (interview with Adam Grant), "Malcolm Gladwell on the Advantages of Disadvantages," *Knowledge@Wharton*, December 3, 2013, knowledge.wharton.upenn.edu/article/david-goliath-malcolm-gladwelladvantages-disadvantages/.

15. Susie Poppick, "Should You Pay for Your Child's College Education?" CNBC April 1, 2016, cnbc.com/2016/03/10/should-you-pay-for-your-kids-collegeeducation.html.

16. Laura Hamilton et al., "Providing a 'Leg Up': Parental Involvement and Opportunity Hoarding in College," *Sociology of Education* 91, 2 (2018), doi.org/10.1177 /0038040718759557.

17. Check out the costs of various schools at College Tuition Compare: college tuitioncompare.com/edu/166027/harvard-university. You can find salary information with PayScale's College Salary Report database: payscale.com/college-salary-report.

18. Stacy Berg Dale and Alan B. Krueger, "Estimating the Payoff to Attending a More Selective College: An Application of Selection on Observables and Unobservables," National Bureau of Economic Research, working paper 7322, August 1999, doi.org/10.3386/w7322.

19. PayScale's College Salary Report database: payscale.com/college-salary-report.

第 12 章　退休的逆思維

1. Sam Roberts, "Shigeaki Hinohara, Longevity Expert, Dies at (or Lives to) 105," *New York Times*, July 25, 2017, nytimes.com/2017/07/25/science/shigheakihinohara-dead-doctor-promoted-longevity-in-japan.html.

2. *Pensions at a Glance 2017: OECD and G20 Indicators*, OECD, 2017, doi.org/10.1787 /19991363.

3. "Japan's Silver Human Resources Centers: Undertaking an Increasingly Diverse Range of Work," International Longevity Center–Japan, accessed July 2021, longevity.ilcjapan.org/f_issues/0702.html.

4. Kenneth D. Kochanek et al., "Mortality in the United States, 2016," NCHS Data Brief 293, US Department of Health and Human Services, December 2017, cdc.gov/nchs/data/databriefs/db293.pdf.

5. "Life Expectancy for Japanese Men and Women Rises in 2019," Nippon, August 17, 2020, nippon.com/en/japan-data/h00788/.

6. Chenkai Wu et al., "Association of Retirement Age with Mortality: A Population-Based Longitudinal

Study among Older Adults in the USA," *Journal of Epidemiology and Community Health* 70 (2016), doi. org/10.1136/jech-2015-207097.

7. "Working Later in Life Can Pay Off in More Than Just Income," Harvard Health, June 1, 2018, health. harvard.edu/staying-healthy/working-later-in-life-canpay-off-in-more-than-just-income#:~:text=A%20 2016%20study%20of%20about,study%20period%2C%20regardless%20of%20health; Diana Kachan et al., Health Status of Older US Workers and Nonworkers, National Health Interview Survey, 1997– 2011," *Preventing Chronic Disease* 12 (2015), doi.org/10.5888/pcd12.150040.

8. Carole Dufouil, "Older Age at Retirement Is Associated With Decreased Risk of Dementia," *European Journal of Epidemiology* 29, 5 (2014), doi.org/10.1007/s10654-014-9906-3.

9. Steve Vernon, "Rethinking a Common Assumption about Retirement Spending," CBS News, updated December 27, 2017, cbsnews.com/news/rethinking-a-common-assumption-about-retirement-spending/.

10. William Meyer and William Reichenstein, *Social Security Strategies: How to Optimize Retirement Benefits*, 3rd ed. (self-published, 2017).

11. "Life Expectancy for Men at the Age of 65 Years in the U.S. from 1960 to 2018," Statista, October 2020, statista.com/statistics/266657/us-life-expectancy-formen-aat-the-age-of-65-years-since-1960/#:~:text=Now%20men%20in%20the%20United,20.7%20more%20years%20on%20average.&text=As%2-0of%202018%2C%20the%20average,United%20States%20was%2078.54%20years.

12. "Countries Ranked by Life Expectancy," Worldometer, accessed July 2021, worldometers.info/demo-graphics/life-expectancy/#countries-rankedby- life-expectancy.

13. Learn more about WWOOFing here: wwoof.net/.

14. Kelly Hayes-Raitt, *How to Become a Housesitter: Insider Tips from the HouseSit Diva* (Living Large Press, 2017).

15. Cost of Care Survey (interactive map), Genworth Financial, genworth.com/agingand-you/finances/cost-of-care.html.

16. Richard A. Friedman, "Fast Time and the Aging Mind," *New York Times*, July 20, 2013, nytimes. com/2013/07/21/opinion/sunday/fast-time-and-the-aging-mind.html?_r=0.

結語 讓財富真正帶來自由

1. Paul K. Piff et al., "Higher Social Class Predicts Increased Unethical Behavior," *PNAS* 109, 11 (2012), doi.org/10.1073/pnas. 1118373109.

附錄

1. S&P 500 Return Calculator, with Dividend Reinvestment, DQYDJ: dqydj.com/sp-500-return-calcula-tor/.

一起來 思 038

平衡心態
掌握成功的四腳桌法則，穩步累積你的財富、幸福與健康
Balance: How to Invest and Spend for Happiness, Health, and Wealth

作　　　者	安德魯・哈藍（Andrew Hallam）
譯　　　者	沈聿德
主　　　編	林子揚
編 輯 協 力	林杰蓉

總　編　輯	陳旭華 steve@bookrep.com.tw
社　　　長	郭重興
發　行　人	曾大福
出 版 單 位	一起來出版／遠足文化事業股份有限公司
發　　　行	遠足文化事業股份有限公司 www.bookrep.com.tw
	23141 新北市新店區民權路 108-2 號 9 樓
	電話｜02-22181417　傳真｜02-86671851
法 律 顧 問	華洋法律事務所　蘇文生律師

封 面 設 計	Ancy Pi
內 頁 排 版	宸遠彩藝工作室
印　　　製	通南彩色印刷有限公司
初 版 一 刷	2023 年 3 月
定　　　價	450 元
I　S　B　N	9786267212073（平裝）
	9786267212059（EPUB）
	9786267212066（PDF）

Copyright © 2022 by Andrew Hallam
Published by arrangement with Transatlantic Literary Agency Inc., through The Grayhawk Agency

國家圖書館出版品預行編目（CIP）資料

平衡心態：掌握成功的四腳桌法則，穩步累積你的財富、幸福與健康／安德魯.哈藍（Andrew Hallam）著；沈聿德譯 . -- 初版 . -- 新北市：一起來出版：遠足文化事業股份有限公司發行, 2023.03
　　面；14.8×21 公分 . --（一起來思；38）
譯自：Balance : how to invest and spend for happiness, health, and wealth

ISBN 978-626-7212-07-3（平裝）

1. 個人理財　　2. 投資

563　　　　　　　　　　　　　　　　　　　112000414